BOOK

新自然主義

【致謝】

這本《千里步道，環島慢行》的出版，是由無數志工與在地夥伴通力合作之成果。感謝：

七星潭自行車店、三角里社區、三棧社區、三棧基督長老教會、千里步道雲林籌畫站、千高台文化協會、五溝水佳平溪文化工作協會、內文社區、天人岩屋、牛根草社區發展促進會、冬山鄉八寶村、冬山鄉太和村、北埔鄉南坑村、半線鐵道文史工作室、台中市山線社區大學、台北市獨木舟協會、台南市社區大學、台南市社區大學台江分校、台南市紅樹林保護協會、台灣地方學研究發展學會、台灣頭文化協會、布袋嘴文化協會、永和社區大學、永和社區大學步道行動教室、仰山文教基金會、合家歡協會金山小棧、旭海社區、來義鄉生活重建服務中心、奇美部落、宜蘭社區大學、宜蘭社區大學孔明車隊、林中光樂團、虎尾巴文化工作室、虎尾糖廠、屏北社區大學、屏東縣教師會生態教育中心、屏東環境保護聯盟、美濃愛鄉協進會、苗栗縣自然生態學會、海佃國小小台江讀書會、荒野保護協會、荒野保護協會新竹分會、梅子社區、朝陽社區、雲林縣虎尾鎮公所、新開社區、達基力部落屋、彰化縣溪州鄉公所、彰化環境保護聯盟、旗美社區大學、碧候社區、綠元氣產業交流促進會、綠色走廊遊客中心、龜山文史工作室、藍色東港溪保育協會、豐南社區、羅山有機村、羅東社區大學。王呂福來、古國威、江茂山、吳茂成、吳國維、吳進添、李元治、李孝誠牧師及師母、李美玲、李嘉智、阮文清、林文彬、林志明、林宗弘、林祖棋、林朝成、洪輝祥、施月英、陳世一、張正揚、張志湧、張素真、張捷隆、張淑玲、張雯玲、張賀融、莊華堂、莊顏好阿嬤、許乃懿、郭正煌、黃天人牧師及師母、黃丹力、黃毅智、楊彥騏、楊肇庭、詩人吳晟、詹運喜、鳳祥早餐店王老闆夫妻、熊伯清、劉坤秀、劉炯錫、劉銓芝、蔡建福、蔡振中、蔡嘉陽、鄭文正、魯台營、盧銘世、蕭澤倫、藍浩瑋。以及王拓、甘泉、何函慧、邱麗惠、林三元、林美秀、紀政、翁桂香、張舒眉、張勝雄、莊國榮、陳尚仁、陳志雄、陳敏澤、游麗花、黃素霞、黃德慈、曾文鼎、戴逸群、Po,Anne&Ji；大鄴紙業、上河文化、中華電信基金會、友邁科技、巨大機械、台灣雲豹、台灣國際航電、希望基金會、佳必琪公司、吳尊賢基金會、帝亞吉歐公司、彩麗廣告、感恩基金會、翰門科技、榮科實業、國泰慈善金會、KEEN；和所有具名推薦這本書的好朋友。

也謝謝所有選購這本書的讀者—旅行也可以是一種公益，讓我們一起透過慢行，看見台灣、留住台灣的美。

文・周聖心

千里步道，環島慢行

一生一定要走一段的土地之旅

【10周年紀念版】

周聖心・徐銘謙・陳朝政・黃詩芳・楊雨青　共同執筆

台灣千里步道協會　策畫

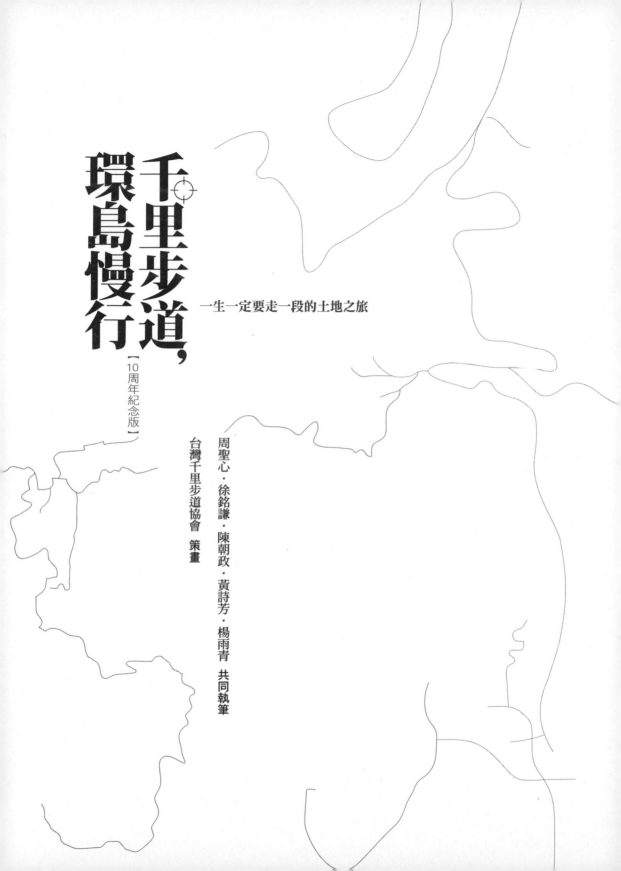

千里步道
環島慢行

目錄

⊙本書隨時舉辦相關精采活動，請洽服務電話：02-23925338 分機16。
⊙新自然主義書友俱樂部徵求入會中，辦法請見本書末讀者回函卡頁。

【熱情推薦】

跟著千里步道環島走透透

田秋菫（前立法委員）

小時候，父親常帶全家人去步道健行，在白色恐怖戒嚴時代，全家人走在藍天之下被青山環繞的點滴，成為我成長過程中最珍貴的記憶。長久以來，大自然的美麗與力量，陪伴我度過對抗獨裁的孤獨歲月。請給你的孩子最美好的禮物，接近大自然，千里步道就是最好的開始。

＋

何献瑞（「背包客棧」站長）

凡事講究速度的現代，目的往往太被看重。且讓我們隨著這本《千里步道，環島慢行》，放慢腳步，重新認識那些以往被忽略的景物、歷史與故事。

卓政宏（友邁科技董事長）

曾經，路是人走出來的。現在，路卻是機器開出來的，也是機器走的。《千里步道，環島慢行》一書引領你回去人走的路。

＋

林三元（中華電信基金會執行長）

人經常看大不看細，目光所及，泰半是光鮮亮麗，從自身健康到國家危機，都是禍到臨頭才著急，此時才明白「魔鬼藏在細節中！」的深意，這是我從「走路」悟出來的道理。歡迎加入《千里步道，環島慢行》行列，讓台灣環境改觀、你我生命更精采！

姜惠琳（美商如新華茂台灣分公司總裁）

環台千里步道網帶來的不僅是健康及環保議題，更是啟動人文與自然緊密連結的大地行動；期待有更多人一同來參與這場守護台灣文化與大地的新公民運動。

+

紀政（希望基金會董事長）

寶島台灣之美，國際健走友人衷心讚嘆；千里步道與萬步寶島，則是美麗的結合；全力推薦《千里步道，環島慢行》這本充滿熱情與生命力的好書，並祝大家：走出自己的精采一條路！

+

連錦堅（希望基金會顧問）

感謝「千里步道」好夥伴們的用心與付出，《千里步道，環島慢行》這本書讓我們「行」銷台灣的意志更加堅定。環島11號國道——你行，我行，台灣一定行！

+

張曉風（知名作家）

讓我　用腳趾　丈量大地
　用手指　為后土描容
　用肉眼　俯仰山水
　並以我凡胎之身
　叩問一條古道的悉悉索索道之不盡的語言

+

陳文彬（「不能沒有你」製作人、編劇、男主角）

推動「千里步道」並不只是要維護一條可以讓你健身、觀賞風光、心情舒坦的有型道路，「千里步道」其實是我們終極一生，努力在心底追尋的那處安逸、和諧的故鄉！

陳曼麗（立法委員）

能欣賞大自然的人，真有福氣。每天能在自然步道上行走的人，更有福氣。在環境保持美好的地方，會有很多自然界的朋友往來，樹梢腳下都有輕輕的問候。生命與自然結合，真美！

+

曾志朗（中央研究院院士）

慢慢的走，細細的看，雙腳貼著地面，一步又一步，踏上環繞這塊瑰麗島嶼的手工道路。台灣，頭是海，尾也是海，東邊是海，西邊也是海。漫漫步道是祖先魂魄的停留處，你惟有經過，才是這土地的主人！

+

賀陳旦（台灣生態工法發展基金會董事長）

浮躁的台灣，需要放慢速度；善良的天性，需要互動蔚成友善的國民性；一窩蜂，把好事都擠成壞事。

「千里步道」不給答案，只知道：起步往前，問題就在腦後了！走路去吧！走向自己喜歡的路，悠悠的走去……

+

黃淑德（主婦聯盟生活消費合作社理事）

厭倦高速道路、高鐵，千篇一律的停車、上車旅遊了！《千里步道，環島慢行》這本書邀請你用腳的速度、眼的視野，走入山野、老徑，從拜訪小地方體驗身為台灣人的幸福。

+

+

劉克襄（知名自然作家）

走路是一種反抗。反抗現有的鋪路狀態，爭取一個人可以安心走在鄉野城市的空間，也爭取被汽車和機車所過度占有的道路基本所有權。走一段千里步道吧，從這一段走出另外的生活價值。

+

魯文學（開卷好書獎《說走就走》作者）

自己環島後發現，雙腳走過，才有情感；全台千里步道將把我們的心、情感和記憶，像絲網上的水珠般地綴在這土地上。

+

賴榮孝（荒野保護協會理事長）

邀請大家透過這本書一起親腳踏騎，感受土地的起伏與脈動，領受大自然的美好與創傷。

+

謝怡芬-Janet（《瘋台灣》節目主持人）

因為主持旅遊節目，上山下海造訪台灣許多美景，親身感受濃濃的人情味。得知現在有一條環台千里步道的慢行路網，讓我也迫不及待想走一趟！

【編者序】

千里步道上綴滿粒粒珍珠

中學時因為不善背書，想避開史地，所以讀了甲組。到了後來才知道，就算只是要應付史地考試，也不能單靠背誦死記，尤其，史觀和地理感，更需要以文化作為整體掌握和脈絡理解的基底；我的台灣史地學習，一直遲至參與步道運動，走訪各地進行路網串連時，才得到全新啟蒙的機會；因為，唯有當你一步步慢行深入在地時，才能更真實的體驗我們所生活的這塊土地，之傷、之美、之夢。

還記得千里步道甫發起的二〇〇六年，一天早晨在公園裡，一起運動的媽媽們看到報上報導，便興奮的問我：「千里步道在哪裡？什麼時候帶我們去走一走？」步行、走向遠方的想望，不論是誰、在人生中某個階段或許多時候都會自然萌生——雖然每個人的理由和目的都不一樣，但不論步行的目的為何，都有著共同的核心內涵：透過身體的移動、心靈的鍛鍊、視野的延伸，不僅能暫時逃逸框架，逸出原本慣習的生活軌道，同時還能強健體魄、接近自然，創造無限的精神之美；而在走向他鄉的旅程中，遇見社區、遇見他人，因為是路過、是短暫，常常更形浪漫、珍貴，也因此許多小說和電影，即是以旅程作為生命轉折與蛻變的場景。

小小島嶼，處處都是小宇宙，說不盡的精采與故事，每一次行旅，都是再一次生命的展讀；而千里步道環島路網就像一首永無休止的樂曲，沿線經過的社區、小徑、自然風光，既是千里步道上的珍珠，更是五線譜上美好的樂符。因此，這本書不以帶你去到觀光名勝為目的，而是透過參與步道串連最深的五位核心夥伴的眼睛和感動，要將我們在串連三千公里環島主幹道過程中，最縈繞不去的路上風景、土地記憶、生命故事與社區印象，透過樸實的筆，分享予你。書中每條行腳浪遊路線，都盡量避開川流不息車潮的大馬路、且緊密扣連著不同在地特色、生活內涵與價值。例如：

沿著南勢溪畔充滿六〇年代自然野趣的童年上學路、拉扯於環境守護與開發主義之間的蘇花線、徜徉於海岸山脈與中央山脈懷抱間有機綠活的浪遊之旅、島之南境亟待守護的最後一段珍貴原始海岸線、盤根交錯充滿原客風情與猶如歷史劇場重現的南島路網，當然也有以嘉南大圳為横軸串連山海的台江青春夜行路、或是蜿蜒於母親之河濁水溪流域間的社區走讀、以百年糖鐵軌跡為肌理所鋪展開來的兩鐵並行與世紀交會、廣袤達八千公頃蘊含豐富潮間帶生態的大城芳苑海岸、靜謐隱於竹苗山巒間的客家聚落與停駛十二年後重新復駛的舊山線所代表的歸鄉情懷，以及大台北盆地為腹地，結合社區都會自然健康手作創意等多元主題的台北里山新郊山運動，和將浪漫夢想化為具體實踐的宜蘭太和八寶示範道的點滴故事……。透過十二篇精選慢速地圖主文的呈現，以及在地生活達人的帶路，要陪你一起走向遠方，展讀屬於這塊土地的記憶、當下與未來。

夢想的種子已在你的心中悄然萌芽，有一天，你將拾起行囊，走向遠方，走向無限；而這條匯聚眾人之力所串連起的環島千里步道路網，也將因你的啟程，譜寫出更多動人詩篇與行旅故事；而我們的美麗之島，也將因眾人的夢想澆灌，不再有過度的水泥與工程、毒害山川農田的除草劑、和迫使我們閉上眼睛的夜間強光……。有一天，你我攜手同行，步道已然成蔭，化為綠道，串成一張美麗的網！

文・周聖心（台灣千里步道協會執行長）

千里之行，
始於足下

千里步道運動始於二〇〇六年，
這是一群熱愛環境、勇於做夢的人的偉大夢想
而運動的三位發起人：
黃武雄、徐仁修及小野，
是如何詮釋他們心目中的千里步道？
對這個夢想的實踐，又有什麼樣的期待……

發起人的話❶黃武雄

慢慢形成的路跡最美

試想，一條環島的「11號國道」，專為雙腳及單車所提供的美麗步道；試想，一條沒有水銀燈、除草劑與水泥護欄「鄉野三害」的山徑古道；試想，一條不經大興土木，就能串連起台灣各地美麗風光的千里步道。

——黃武雄，〈夢想一條環島的千里步道〉

經常聽聞人們由於長時間生活在城市中，一到假日便想盡辦法往戶外跑，藉以釋放有如水泥般固結窒悶的生活壓力。然而也愈來愈多人發現，即使到了郊外，「水泥」仍如影隨形，「現在到處都是水泥化，很多山路也都水泥化了……；山壁弄了一個水泥護牆，山崖也弄了一個水泥護牆。」千里步道運動發起人之一的黃武雄老師便形容，「人走在上面，就像走在排水溝一樣。」

二〇〇六年四月二十三日，在黃武雄老師、徐仁修老師與小野先生等發起人的號召下，千里步道運動正式啟行，盼透過環島路網的建立，串連起各地美好風光與社區，並拋出議題引發社會討論、帶動公民參與，其中「鄉野三害：水泥化、水銀燈與除草劑」正是一道刻不容緩卻又不容易解決的習題。

千里步道，不只是步道……

由於喜愛獨自步行在鄉野小徑中，黃武雄深刻地觀察到，水泥化、水銀燈及除草劑正是破壞鄉野環境與景觀的重要元凶。他生動的形容，走在兩側都鋪滿水泥的山路中，就像走在排水溝，看不見外頭的景色，也無法走近就在路旁的小溪，「望不到未來，也望不到世界……。」

擔心山壁崩塌、擔心洪水或溺水、種種擔心……，於是人們用水泥框出一個「安全」的世界，人們因為過度的擔心、不安全感，反而將整個環境塑造成今天水泥化的樣子，嚴重破壞生態、破壞環境。而被廣泛大量使用的除草劑，則使得農村鄉野經常可見路邊成片枯萎焦黃的草叢，黃武雄認為，這些年台灣開發得過了頭，「整個開發的過程，我們完全忽略了精神生活、忽略了自然之美，更忽略了環保與生態。」

「我們還是一直沒有回過頭來好好珍惜這些東西，」黃武雄認為，在這樣的環境中，人們的生活變得非常窄迫，「緊張、快速、注重所謂效率」；他說，有很多問題應該重新去思

考，而千里步道提出一些願景、一些議題，讓大家重新思考我們要經營出什麼樣的生活環境、跟自然之間的關係是什麼，相對於社會主流，這是極其微弱的聲音，但這樣由下而上的討論和公民參與，將會讓這個社會慢慢變得成熟。

千里步道運動關心的議題包括生態保育、地方文史、在地產業、綠色交通、弱勢路權等，尤其是行人與單車的路權，黃武雄特別指出，由於台灣大部分的道路都為汽、機車設計，行人與腳踏車幾乎沒有存活的空間，而千里步道串連的環島路線不只是在鄉間、山野與海邊，也會經過城鎮與都市，若有一條管制汽、機車的路網，有可以安靜下來而不用沿途躲車子的人行空間，這樣的環島路網將會變得更吸引人，甚至成為台灣在國際間重要的象徵和景點。

黃武雄舉例，日本的道路兩側都很寬，保留單車與行人使用的空間，「腳踏車跟人所占用的路面常常超過汽、機車的路面」，他說，因為路幅較寬，騎單車的人不會威脅到行人的安全；反觀台灣近幾年興起的單車熱潮，則是朝向休閒化，單車道幾乎都設在河濱，然後與行人步道擠在一起，威脅行人安全。本來單車與行人可以共存的，卻因空間窄迫，變成對立。

在都市裡想要爭取單車與行人的空間，何其困難。黃武雄表示，千里步道提倡單車生活化，希望讓單車成為一種交通工具，上班或上學都可以走路或用單車代步，減少了汽機車的污染，整個環境和生活品質就會提升。

千里步道是台灣的文化網、環保網、生態網

伴隨著諸多參與者對千里步道運動的想像和著力，環島路網逐漸串連成形，談到對路網最初的想像，黃武雄說道，由於山有山的景觀、海有海的風趣，環島路網的基本設計是沿山一條、沿海一條，加上台灣許多東西向的河川，可以把山與海的兩條路徑，密集的串連起來，形成很多方格子的的環狀路網。「千里步道網不只是一個路網，更重要的是步道運動結合了很多專業者和在地達人，沿途勘查許多文史景點、生態環保據點，走在路上可以去拜訪、去參觀那些景點，而這些景點則說明或展現了台灣文化與自然的特色。」他舉例，比如鍾理和紀念館、虎尾布袋戲館和糖廠、宜蘭酒廠，還有鍾肇政人文步道、瑞穗的掃叭遺址、過港的貝塚等，「這些景點就像珍珠，千里步道網就像一張大漁網，而這張大漁網掛滿著無數珍珠，構成了台灣的文化網、環保網、生態網。」

目前這個步道的初步規劃已經完成，下一階段就是與公部門討論，將千里步道的理念具體落實。黃武雄說，路是人的腳跡走出來的，而慢慢形成的路跡是最美的，但現在很多地方已經過度開發，「所以要慢慢把它恢復過來」。重回自然、減少人為，再加上一些適當管制，而這些都需要更多社區與在地居民的參與。

黃武雄分析：過去，很多人存在一種幻想，認為有「車潮」就會帶來「錢潮」，「但這只是一個想像，因為汽、機車往往只是呼嘯而去」，人們最終不會停留在這裡；他認為，我們要的是「人潮」，當人們走路或騎腳踏車經過的時候，他們會注意周邊發生些什麼事、

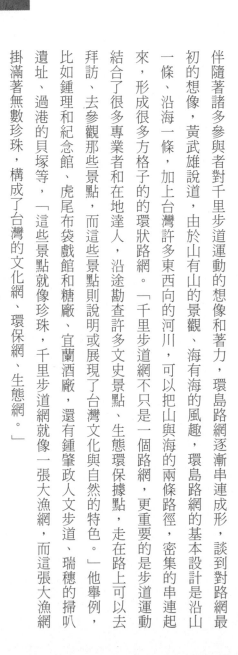

會察覺這邊有間小店或是吸引他們的有趣事物，他們才會留下來停駐或住宿。黃武雄說，千里步道運動，不只是中產階級的運動，也同時照顧地方產業重視「小民生計」。千里步道路網經過的地方會帶來商機，因為「腳跡就是肥」，社區也將因此而活絡。車潮只有帶來破壞，給地方居民會發財的幻象，其實只是方便土地炒作，方便大財團進來開發，留下一大堆環保、生態難解的問題，把台灣原有山海之美，變得醜陋不堪。

因此，千里步道選定宜蘭開始推動「示範路段」，與地方居民對話、取得公部門支持，「提出我們認為比較理想的道路規劃，例如縮減水泥路面及拆除護牆，恢復道路兩旁的綠帶及植栽，近河溝處自然親水，周遭以人工割草代替殺草劑，減少光害。」黃武雄說，示範路段的推動，必須與在地力量結合，與社區農民漁民溝通，爭取他們的支持，改變主流的觀念。推動的過程，包括宜蘭的農路、雲林示範道和台南山海圳綠道等等，將會在千里步道網站上持續披露，各地可以參考，以此參與認養、維護環島路網中的一段。

當作獻給孩子的成年禮

「走在這樣一條路，讓你的心可以安靜下來，」黃武雄說，他喜歡獨自走路，夜裡或白天，山裡或海濱，一個人慢慢走路，可以想很多東西，有些時候欣賞周邊的景物，沐浴於日月星光，接近蟲鳥花草、甚至默默的進入內心世界，靜靜的跟自己對話，這對於每個人，是重要的生命經驗。「即使對一個年輕人來說，」他說，在這塊土地長大的孩子，每天都在考試的壓力、在父母教師的督促下過日子，而空間擁擠的城市，能給孩子去感受的東西又很侷限。「孩子們是望向未來的，」孩子們長大前，若能以自己雙腳踏上這塊土地，踩單車或走路，沿著這一條美麗的千里步道，去遊歷、去經驗，繞行台灣一周，「這對孩子們會是滿有意思的成年禮。」（採訪撰文・陳朝政）

【黃武雄】

生於新竹。曾任台灣大學數學系教授，專業幾何研究。也是社區大學運動的倡議人，一向關懷教育發展與台灣公民社會的形塑。除專業論著外，並著有《木匠的兒子》、《童年與解放》、《那裡有條界線》、《學校在窗外》、《台灣教育的重建》等書。

發起人的話❷

徐仁修

千里步道，讓人和土地重新連結

農曆年前的台北，陰雨霏霏讓缺乏色彩的水泥城市更增添一分灰暗，但很幸運的，與徐仁修老師相約在新店花園新城的午前，灰白的天空綻出許久不見的金色陽光，而充滿綠意的花園新城更令人感覺充滿活力，「人需要跟大自然生命連結！」

荒野保護協會創會會長、自然生態攝影家、作家，同時是二〇〇六年共同號召千里步道運動的三位發起人之一的徐仁修老師說，若問他什麼是「心曠神怡」，「我會說，是當你走到一個地方，全身細胞告訴你：『現在就是我們想要的、我們想念的……』，那就是心曠神怡！」

荒野，重回生命真正的鄉愁

回到近五年前，千里步道運動開始的出發點——花園新城女童軍訓練中心，遍地橘紅的青楓落葉，與常綠依舊的榕樹，共同訴說著生命各自所擁有與生俱來的自然律動，「為什麼都市人會想要養寵物、種盆栽？」徐仁修說，人居住在都市裡，與大自然生命切斷連結，內心會產生許多不愉快的東西，因而需要透過和小貓、小狗的互動、照顧幾根花草來與大自然連結，「那是人類細胞遺傳自遠古的記憶。」

徐仁修回想二〇〇六年，黃武雄老師提出發起千里步道的夢想，「對我而言，什麼是步道？」他認為，步道是相當荒野的地方，走在荒野的步道上與走在台北的巷子不一樣，「當你回到荒野，就是回到你生命真正的鄉愁。」

而透過步道，不僅與自然連結，也是與人的連結，「我想，關心大自然有很多角度，但是人非常的多，所以需要有不同的協會、團體，最後共同達到相同的目標。」因此，徐仁修說，即使他必須忙於透過文字、影像、演講傳達理念，但仍願意共同發起，並希望荒野保護協會的會員也能參與千里步道運動。

提起荒野與鄉愁，徐仁修想起小時候逃學的去處，一處屬於他的「秘密花園」。「童年的那條溪非常美麗，」他說，河的兩岸種滿岸樹，只有轉彎處因為有大水流過，樹離岸較遠一點而有片沙灘，就是人家說是荒野的地方，「那裡有棵大樹，我常常坐在樹下，只要安靜的坐個十分鐘，就會慢慢發現，原來我們稱作荒野的地方，住了許多生物。」

徐仁修認為，這就是荒野在他心中最早的銘印（Print），也成為他鄉愁的一部分，「有鄉愁就表示有故鄉，即使在最寂寞的時候，鄉愁也會給予源源不斷的力量，」他說，即使到了現在，不論是自傳式小說或前些年出版的詩集，寫的都是那時的環境與朋友，「而我喜歡探險，也是那時候奠定的。」

然而，這條長滿岸樹、灌溉兩岸的美麗小溪，卻在徐仁修出國回來後全部變了樣，「那些縣議員、鄉公所，弄了一大筆『地方建設經費』，把岸樹都挖掉變成水泥護岸，把小溪變排水溝。」徐仁修認為，現在的環境會有這麼多問題，就是因為成人缺乏環境教育，「所以要從小開始學習！」

荒野保護協會在一九九五年成立，「一開始我就確立了荒野的兩個主題：『棲地守護』和『兒童教育』，」徐仁修認為，對大自然而言，哪裡是荒野？「就連沙漠都不是荒野，都有許多生物，」因此，荒野是從人類的角度來看，無法獲取經濟利益的就叫做荒野，「那是人類的偏見，是人的心荒了！」

在自然荒野中，活出生命的精采

大自然的人工化，不僅是生態環境無以復存，連帶的人與人之間的距離也被拉開、產生隔閡。「從前我們村莊還有一條溪，從頭前溪引過來，」徐仁修說，村子裡的婦女們經常四、五點就到小溪邊洗衣服，「為什麼美國人需要看心理醫生，因為人與人的隔閡太遠，」但在村子裡的洗衣場，心裡的壓力就隨著洗衣服時一個告訴一個，說出來、得到安慰後，問題也就解決了。

然而，這種景象與心理治療的機會已經完全改觀。「記得小時候有一次，爸爸買了豬肉在回家的路上，豬肉不小心掉在地上，爸爸要我拿去溪邊洗一洗，」徐仁修開懷的笑著說，

當他把豬肉放到溪裡洗一洗再拿起來時，已經有三隻蝦子緊緊的夾在豬肉上面！

「為什麼以前的人洗菜或殺雞、殺鴨，什麼東西都可以直接丟到河裡也不會髒？」自然的河岸，兩旁長滿樹，河邊有樹根、泥洞，河底就是泥巴，什麼生物都有，徐仁修說，蝦子、螃蟹以這些腐食維生，因而溪流可以一直保持乾淨，「但水泥化後，所有生物都沒有了；河川開始發酸發臭，當然就不會去那裡洗衣服，家裡開始用洗衣機。」這種人與人的隔閡，隨著住宅公寓化日益加深。

此外，即使環境意識在當前的台灣社會逐漸抬頭，圳溝水泥化依然是農村的現況——為了方便維護而不願意恢復自然圳溝。千里步道在農村推動示範區，強調去除草劑、減少紐澤西護欄、水泥圳溝與光害等，也常常遭遇到一些挫折。「這就像吃東西只追求吃飽而不求美味一樣，」徐仁修認為，這樣實用主義者的想法，還停留在最基礎的求生存的狀態，只求省工。

徐仁修舉例說，因為台灣土地狹小而昂貴，許多台灣移民到了加拿大，一開始都會買庭院非常大的屋子，然後向親戚炫耀庭院的草皮有多大一片。可是當他們慢慢發現，庭院需要經常除草，一偷懶就會被檢舉，「然後就會換房子，換一間庭院小一點的，」他苦笑地說，最後沒辦法，還是會全部鋪上水泥一勞永逸。

「這就是為什麼台北市的房子會這麼貴！」徐仁修指出，都市人經常以生活的便利當作重要需求，把方便當成生活的幸福與快樂，像是要住得離捷運、超商、醫院愈近愈好，「但如果生命只是要求平安，活一百歲跟活一歲是一樣的！」

「我曾經對一些媽媽作過調查，發現有百分之八十的媽媽希望孩子一輩子平安幸福的過日子，」徐仁修笑說，他都會告訴她們，全世界最幸福平安的就是他家的狗，「但我知道，牠最快樂精采的時候，就是餓著肚子在山林裡與山豬搏鬥時，那種激發出生命精采的時刻。」

這類追求安全感的不安全感，也是千里步道推動減少光害的過程中，最常面臨的挑戰，「這就是為什麼我要強調兒童環境教育，因為人充滿了恐懼！」徐仁修認為，人們從小就被這樣教導，就連宗教都將教育建立在恐懼上，「我們應該是提供孩子平安的環境，而不是希望他的生命就這樣平安幸福；生命是來活出精采，而不是為求平安度日。」他便曾發現，荒野炫蜂團裡的家長，往往玩得比小孩更瘋，「因為他們曾經失去過。」

現在，就挑選幾條美麗的步道走走吧！

隨著開發主義與安全感的無限擴張，我們失去的愈來愈多。「台灣不僅不關心別人，連自己都不關心，環境也愈來愈糟，」徐仁修表示，台灣最大的悲哀就是以前為了賺錢而破壞自然，以為破壞一百塊賺回一千塊是值得，「但現在賺了一千塊卻還是繼續破壞，而且威力更大！」

「哥斯大黎加的山區有一片五萬公頃的原始森林，原本政府想要全部砍掉來開發，」徐仁修說，有個北歐團體得知這件事，便詢問哥國政府：這片森林砍掉後可以有多少獲益？政府估計有二十萬美金。於是，這個團體號召北歐的小朋友募款，給哥斯大黎加政府二十萬美金，希望他們不要砍樹，並且之後每年再給五萬美金，最後這片森林被留下來成為國家公園。

徐仁修指出，台灣是一個島嶼，向全世界做生意，也是在破壞全世界，「而千里步道提供一個與自然連結的機會，我們可以挑幾條美麗的步道舉辦活動，讓人們開始感受串連步道是為了什麼……。」他相信，和土地重新連結可以得到許多回饋，雖然這些回饋有時候是看不見的，「千里步道正是讓人們得到去關懷（環境）而不尋求回報的機會。」（採訪撰文．陳朝政）

【徐仁修】

生於新竹，在芎林鄉下度過童年生活。一九九五年發起成立荒野保護協會，匯聚更多力量來保護大自然。同時，也寫文章、出書、演講，帶孩子做自然觀察與體驗。

發起人的話❸ 小　野

希望每個人都能找到自己的步道

就在捷運麟光站附近，一派熱鬧街景轉進小巷卻立即能感受到一股清涼迎面襲來，眼前竟是截然不同的綠色原始風貌，「這就是我最常走的步道，」前華視總經理、作家、電影人，亦是二〇〇六年共同號召千里步道運動的三位發起人之一的小野老師說，他的母親便常在這裡爬山，「即使她過世前不久，因為非常衰弱而毫無興趣，我們還是推著輪椅帶她來富陽公園看螢火蟲。」

富陽自然生態公園，一九九四年前為一處軍事管制的廢棄彈藥庫，經過在地居民建議，並於一九九七年開始在荒野保護協會與台北市政府等單位合作規劃下，正式於二〇〇六年十月重新以保育自然生態為目標的森林公園面貌見世。

步道的安靜，有一種神奇的力量

「千里步道也是從二〇〇六年開始的，」小野坐在富陽公園自然生態演替區前的木造涼亭下，緩緩道出二〇〇六年影響他人生甚鉅的三件事。「二〇〇六年二月，黃武雄老師跟我提了千里步道的想像，」他說，他一開始搞不太懂什麼是千里步道，但覺得這是一件很偉大的事，偉大的事他就願意參與。隨後，他獲聘成為華視公共化後的第一任總經理，期待可以透過媒體的力量，為千里步道運動做些什麼；同年年底，紙風車兒童劇團的三一九鄉村兒童藝術工程開跑。

「台灣地處亞熱帶，颱風、地震頻繁，感覺是個很急躁的地方，」小野說，近年來這股急躁漸漸變得安靜，直到二〇〇六年紅衫軍運動，台灣社會才又熱鬧了起來。相較之下，千里步道是用比較「安靜」的方式改變社會，「我後來才慢慢想通什麼是千里步道，」走在富陽公園軍事遺跡的石階上，小野認為，每個人都有一條自己的步道，寂寞的時候、孤獨的時候就會去走的步道，將這些步道串連起來，這就是千里步道。

因為兩位姊姊就住在附近，加上母親過世前也經常在富陽公園走動，富陽公園成了小野最常走的步道，「我會挑人比較少的時候，比如中午十一點大家在用餐，或是早上人家運動之後，」小野說，這時候的富陽公園沒有什麼人聲，可能走了好長一段才會遇見正在聽廣播的老先生，播音機放送著戲曲或賣藥的廣告，「這是另外一種安靜。」

「我的姊姊在這邊住得更久，每當家裡有什麼不愉快的時候，她就會來走步道，」小野覺得，步道有種神奇的力量，因為步道兩旁長了許多植物，它們就靜靜的待在那裡，「這讓我想起王維的兩首詩：『空山不見人，但聞人語響。返景入深林，復照青苔上』、『獨坐幽篁裏，彈琴復長嘯。深林人不知，明月來相照。』」

不過談起植物，小野便自謙汗顏地說：「雖然我是師大生物系畢業，卻認不得幾種植物。」他回想起求學時的趣事說，教授拿著兩個魟魚標本說明這兩種有什麼不同，但因為標本都已經被摸得黑壓壓，只能想像哪裡是白色的，哪裡有條線，「但明天就要考試那怎麼辨呢？我就想了一個方法，偷偷把一顆小石頭塞進某隻魟魚標本的嘴裡，然後告訴同學，只要摸嘴巴有沒有石頭就能分辨，」小野哈哈朗聲笑說，直到最後都沒有被教授發現！

只靠標本學習知識，卻無法讓人認識環境的教育方式，令小野想起他很早期的一本小說《試管蜘蛛》，他表示，《試管蜘蛛》寫的是人自己創造一個環境，然後將自己困在裡頭，就像蜘蛛走不出自己編織的網。要到很久以後，小野才知道，原來蜘蛛也是會離開網子的。

「有次到富陽公園，看到一位攝影師對著一株觀音座蓮蕨和姑婆芋的中間猛拍，」小野說，「但我走靠近看，卻什麼也看不到，便問他是在拍什麼？」這下才知道，原來那人是在觀察「五紋鬼蛛」。「五紋鬼蛛很有趣哦，」小野說，五紋鬼蛛會在兩片葉子間織出「防空壕」，防空壕和捕獵昆蟲的網子則有幾條線連接著，「牠就在防空壕和網子間不斷遊走。」

當獵物上鉤，五紋鬼蛛便將昆蟲拖回防空壕；若是天敵螞蟻出現，牠就帶著食物跑向蜘蛛網躲避攻擊。「我覺得，千里步道就很像五紋鬼蛛在防空壕與蜘蛛網間拉起的線，」小野說，千里步道就像是將人帶向生存與安全的路。

沿著自然天成、毫無鋪面的泥土小徑，小野指認著剛才提到的觀音座蓮蕨或是板根裸露橫據路面的香楠，「這是整棵都很有用的烏桕，」他一面輕撫著烏桕縱裂樹皮，一邊解說烏桕的種子能夠榨油，烏桕葉則是天然染料。

相較於家姊曾經誤以為蝌蚪、青蛙是兩種不同的生物，小野笑說，過去的生物課沒有戶外觀察，如今還能認得不少動植物，都是後來自己常跑野外學習到的。「我有個在鄉下長大的鄰居，曾經和他出去玩，他隨手就能認出這是龍眼樹、那是蓮霧樹，」小野很疑惑的問他，他是怎麼認出來的？是葉子嗎？或是樹型？

「我的鄰居納悶的說，他也不知道，就是一看便知。」小野這才明白，如此親近植物的人，認植物就像認人一樣，沒有什麼道理，但卻能很清楚掌握到其中的差異。「小朋友對大自然的差異也是很直覺的，」小野認為，因為大自然的多樣性非常豐富，對擁有辨識這些差異的直覺的小朋友來說很有幫助，「反而是學了很多知識後，會害這種直覺消失；知識是會害人的。」

生命中的「天堂角落」

富陽公園軍事遺跡古道一路向上攀爬至頂便是福州山公園，「這裡被我稱作『天堂角落』，」小野笑著說，他經常在夏天沒有什麼行程的日子，拿著一兩本翻了一半的書，走到福州山公園旁的這座仿木構造涼亭，「涼風徐徐，如果能睡著就更好了！」

走進福州山公園，小野提到，早期的公園不像現在，懂得去思考如何與周遭自然環境融合，不過現在許多近郊的山上、步道，也仍然有許多民眾帶著家裡不要的地毯、家具，占出各自地盤，「過去富陽公園也一樣，步道上鋪了地毯，害長吻白蠟蟬無法爬出地面產卵。」

對小野來說，富陽公園到處信手拈來便是故事。「記得二〇一〇年夏天，這裡有棵水同木，就長在步道上，」走近位於富陽公園入口、橫跨生態水道的一座小小木棧橋，兩旁都是枝繁葉闊的闊葉木，小野蹲下將步道上的碎石稍微撥開，露出淺淺兩道殘根，「這棵樹就在步道的正中間，原本就有居民要求砍掉，到了那年六月，它終於枯掉而被圍起黃線。」

「最後它還是被砍掉了。」小野說，這棵長在路中央的水同木，可以適當阻絕公園與外頭車水馬龍的景觀，不至於一眼通透，而更令他悵然的是，在枯樹上築巢哺育雛鳥的黑枕藍鶲夫妻，「因為是六月時發現牠們的，所以我稱他們作『六月夫妻』。」小野笑說，他當時很好奇，在完全沒有樹葉遮蔽的枯樹上築巢，下起大雨時該怎麼辦？

後來遇到颱風，狂風暴雨之際他想起這窩黑枕藍鶲，便穿起雨衣撐著傘跑到公園樹下觀察，「原來父母親是分別去覓食，但不論什麼時候，一定會有一隻斜斜的擋住鳥巢的開口，雨水就會順著牠的羽毛流走，而找到食物的回來後，兩隻就會在空中交換位置，」小野感動得說，他就這樣在樹下看了半小時。

至於為什麼會在枯樹上築巢，小野猜想，或許是因為松鼠會在兩旁生長茂密的樹上跑動，唯獨這株枯樹既沒有葉子也沒有果實，自然不必擔心松鼠的干擾。談起樹，小野充滿感情，「民間認為老樹有生命、有靈氣，」他說，他曾在大安森林公園撿到台灣欒樹的種子，並帶回去種，「現在已經長得有一間屋子高。」

你我他的步道，串起來就是千里步道

「進步的社會，對身邊的一草一木都會很重視，」小野認為，若要台灣更進步，或許得讓人們的話題圍繞在哪裡有螢火蟲、何處有大樹，「我希望，以後每個台灣人都能找到自己的步道，有自己的故事、自己的歷史，然後串連起來，變成千里步道。」

位於能遠眺一〇一大樓、盡為水泥樓房所包圍的都會郊山公園，有著開闊明亮視野的觀景平台，邊緣是棵婀娜生姿的相思樹，站在樹下，小野說，「我希望，未來能牽著比我小六十歲的小朋友，一起去走千里步道，然後告訴他：『有一年，我們說想要有一條千里步道，很多人說不可能，但我們做到了。』」（採訪撰文・陳朝政）

【小野】

本名李遠，生於台北。工作範圍橫跨許多不同的媒體，如電影、電視、廣告、文學和教育。文學作品及電影劇本創作超過一百部，深得廣大讀者的喜愛，並榮獲許多大獎。

環島千里，
展讀一頁風景

千里步道環島路網像一首永遠沒有休止的樂曲，
沿線經過的社區、小徑、自然風光，
既是千里步道上的珍珠，更是五線譜上美好的樂符，
我們選擇十二條精選路線，
藉以訴說這五年間我們所看見的風景，
以及千里步道運動中的深刻內涵……

00

行前通知，旅人必讀

…響應「輕裝慢速・節能減廢・無痕旅行」的環島方式…

致親愛的旅人：

很高興你收到這份「行前通知」，代表你計畫或即將在千里步道環島路網上展開一段充滿浪漫與挑戰的旅程。千里步道所經之處無不值得你細細品嚐、深入探訪，為了協助你充分利用本書，以便在出發前做好萬全準備，請你務必詳讀這份行前通知。

關於本書的使用方法

千里步道環島路網的山、海線各約一千兩百公里，我們考量里程、起訖等諸多因素後，概分為十二段，並於二〇一〇年展開第一次「環島協奏曲」活動，邀請各地朋友以分段、每段七至十天的方式，完成環島試走行動，其中東、西部海線以單車進行，其餘十段則是用步行完成。

本書便是以環島協奏曲的十二段為基礎，挑出最令人難忘且扣連步道運動核心價值的精選路線；精選路線或位於分段上、或鄰近某一段，適合你規劃成單日或兩天一夜以上的深度旅程。

此外，我們也提供各分段的基礎資訊，並由「分段行者」精心撰寫「路線報馬仔」，讓你初步認識路線概況；沿線社區的在地達人則提供「非去不可」及「達人帶路」的介紹，呈現不同於坊間旅遊書，更強調深度、生態、生活的行旅去處。

關於出發前的各種準備

出發準備❶：輕裝慢速的原則

慢，是基本要求；行程規劃請以慢速為原則，用最舒服的走路速度安排旅程長度與天數，不趕路、不躁進，細細品味沿途每一道風景、每一次友善的邂逅。為了步行愉快，輕裝上路也是一大學問；我們將幾位分段行者的經驗整理成以下建議供你參考：

①一雙舒服的走路鞋：請別在出發前買雙新鞋來折磨自己的腳。

②一公升以上的水壺：非到山窮水盡請勿購買瓶裝水或飲料徒增垃圾；但到了山窮水盡之處多半有錢也沒得買。

③環保餐具：碗、筷、杯、匙等吃飯工具務必隨身攜帶。

④長袖排汗衣物：排汗透氣的長袖衣物可減少流汗的不適感，而排汗材質方便快乾，可在住宿處洗滌晾乾，減少換洗衣物的負擔。

⑤雙肩背包：請勿以名牌手提包或單肩背包消磨長途步行所剩無幾的意志力。

⑥個人物品：包括手帕毛巾、盥洗用具、個人藥品、重要證件、睡袋睡墊及雨衣等。

出發準備❷：節能減廢的原則

我們鼓勵旅人善用大眾運輸工具展開行旅；搭乘火車、客運或結伴共乘，都是很好且能留下美好記憶的移動方式。我們也鼓勵你自行準備餐具和盥洗用具，並主動建議店家避免使用拋棄式產品，減少廢棄物對當地環境的負擔。飲食更可以當地、當季的食材為主——進入客家聚落享用傳統粄條，或在原住民部落品嚐在地野菜，因為「食物零里程」既可促進在地消費，也能將食物運送過程的碳排量降至最低。

千里步道環島路網圖

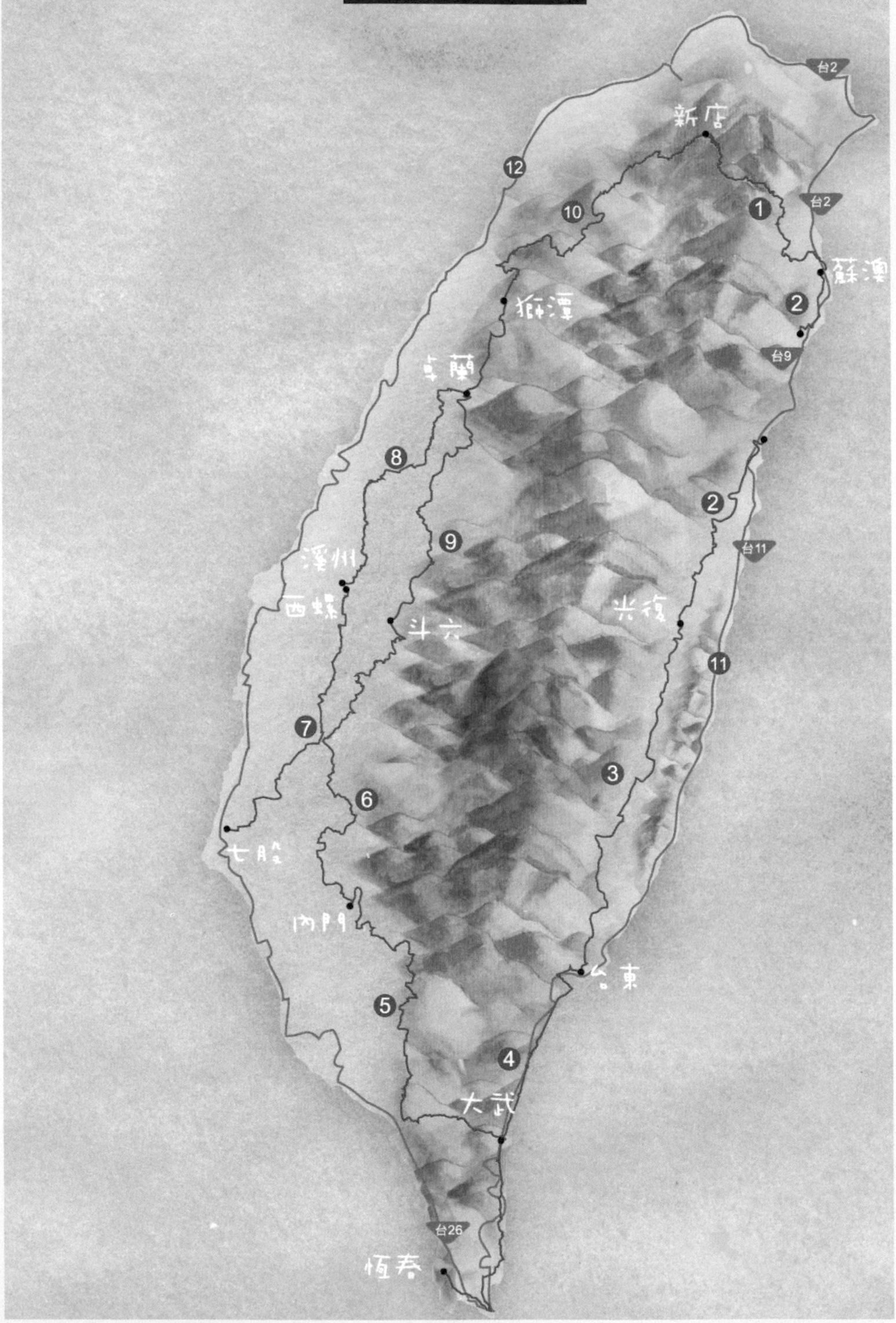
台2
新店
12
10
1
台2
蘇澳
2
獅潭
台9
卓蘭
8
2
台11
9
溪州
西螺
斗六
光復
11
7
3
6
七股
內門
台東
5
4
大武
台26
恆春

出發準備❸：無痕旅行的原則

無痕旅遊（Leave No Trace, LNT），為美國於八〇年代因大眾旅遊對環境造成嚴重衝擊而發展出的全國教育推廣運動，教育大眾以正確的觀念與技巧，將對自然的衝擊降至最小。

LNT七大原則包括：①事前充分的規劃與準備；②在可承受地點行走宿營；③適當處理垃圾維護環境；④保持環境原有的風貌；⑤減低用火對環境的衝擊；⑥尊重野生動植物；⑦考量其他的使用者。

除了輕裝慢速、節能減廢，我們期待LNT原則能提供你更周全的準備，用更開放、更尊重的態度，面對自然環境、身邊夥伴與社區朋友。

最後，祝你以最輕鬆舒服的姿態，享受這一段走過必留下故事的精采。

慢行台灣各地，建議以輕裝慢速、節能減廢、無痕山林的方式，
以及開放悠然的心情與步調去體會這片土地的美好。

從「漢順上學路」開始

…走一段千里步道…

千里步道第一條舉辦試走活動的步道，以屈尺古道為主，
從前是在地志工陳漢順每日步行上學的路徑；隨著都市擴張、公路開發，
搭船渡過青潭的光景不再，而一條上學路，也成為我們的鄉愁……

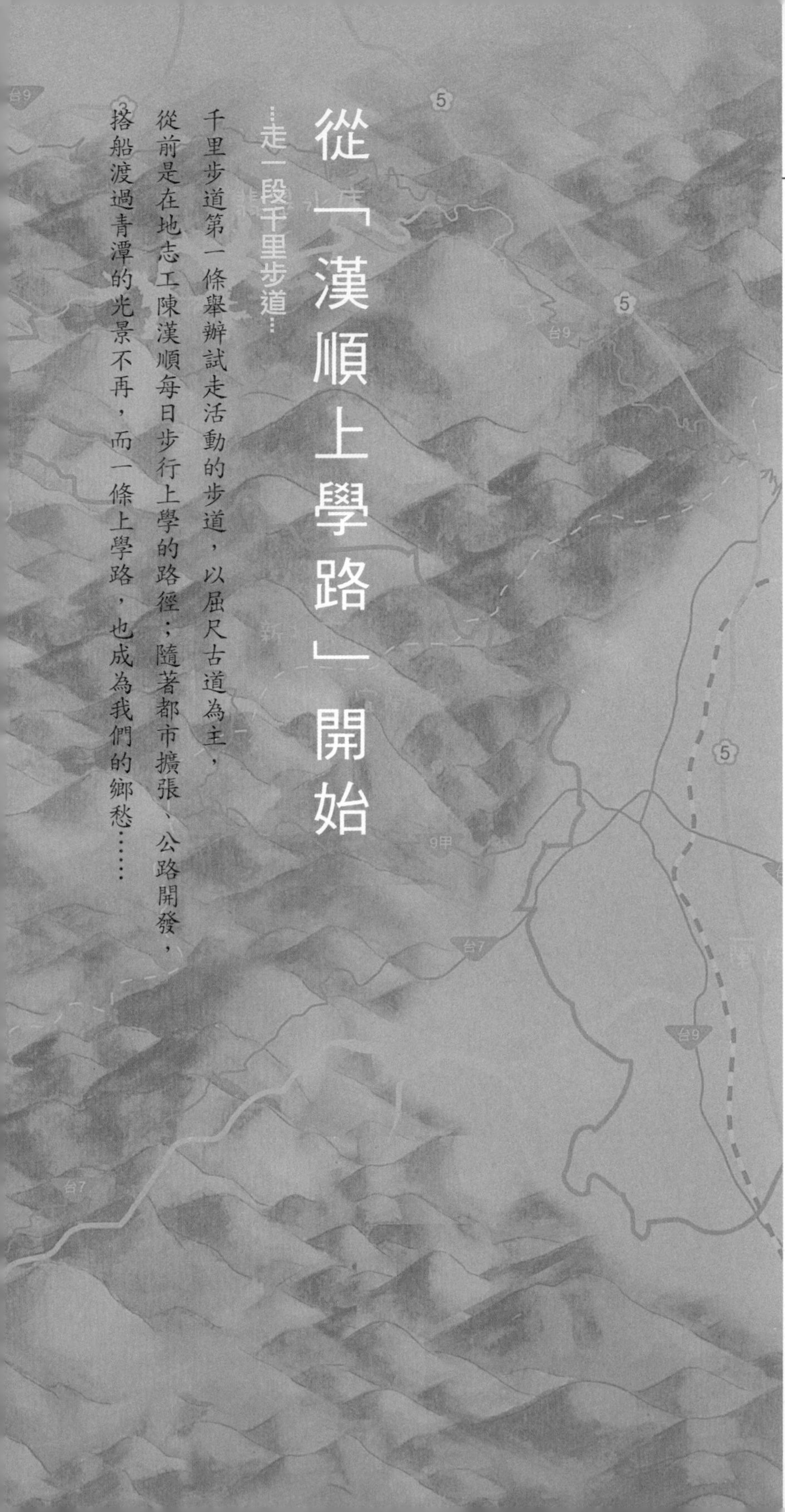

許多人會問，千里步道的「步道」，指的是古道嗎？是人走的步道或是騎單車也可以？「千里」步道，所以有一千公里長嗎？這千里的步道是連在一起的？或是散於各地一段一段？

千里之長的步行與單車道？

通常我都會這樣回答：千里步道是一個串連的運動，透過串連起台灣土地上的微血管，包括古道、圳道、農路、舊鐵道、堤防道、自行車道、人行道、綠地、老街……，藉由雙腳行走與單騎的慢速行旅方式，讓人逸出原本的生活軌跡與作息，去到他方，親身體會不同的人文歷史與故事，在看見別人的同時，重新看見自己，也對我們所生活的土地有更真切的了解。尤其，台灣福爾摩沙之島，不管從歷史、從族群、從生態、從地理、從城鄉形態……，無不充滿特色，而我們總是因為忙碌與快速，錯過了太多路上的風景，也錯過了許多可以大口呼吸與深度體驗這個寶島的機會。透過千里步道

路網的串連成形……

「有一天，你可以徒步去走遠路，或騎著單車去環島，你走過一村又一村、一鎮又一鎮，沿途沒有汽機車的威脅，沒有工廠廢棄物的污染，只有美麗的山海與清綠的田野風光。你腳沾夜露，迎著晨風。你默默的走，默默的想……這條路乘載你的思緒，伸向遠方，有間斷……。」

黃武雄教授寫於二〇〇五年的這段文字，促成了千里步道夢想的實踐之路；歷經五年，透過各地熱情參與朋友們的合力，三千公里的山海環島路網主幹道與山海間東西向主支線已完成串聯；至於與主幹道連結，深入社區與聚落的區域路網，則仍持續串連、延伸中。然而，因為台灣社會長期將快速／開發視同進步／繁榮的思維，這三千公里無斷點的環島路網，雖已盡可能避開大馬路，但仍有許多路段目前仍須與汽機車共道，要能真的達到沿途沒有汽機車的威脅、沒有工廠廢棄物的污染……，仍需要後續長期的努力。但是，千里步道環島路網，不論

環台千里步道，串連古道、圳道、農路、自行車道、人行道、綠地、老街……，藉由雙腳行走與單騎的慢速行旅方式，深度體驗台灣不同的人文歷史與故事。

是山線或海線環圈，仍是你想長時間環島、週休連續假期進行生態旅遊，甚或進行半日或一日近郊慢行時，最好的選擇。

第一條串連完成的區域型步行路線——漢順上學路

「漢順上學路」是一條很適合大台北地區朋友利用半日或一日尋幽漫行的路線；而這條以屈尺古道為主的「漢順上學路」，也是千里步道在地志工陳漢順兒時步行上學的路徑。

六〇年代，少年郎「漢順」還是個初中學生，每天往返龜山與新店間上課，每遇颱風季節，新烏路坍方交通中斷時，這條先人們曾走過的、沿著南勢溪與新店溪畔的古道小徑，便成為孩子們因禍得福、流連忘返的通學路：「同學們三五成群的沿著小徑，一邊欣賞山光水色，一邊嬉戲遊玩。現在想起，仍是幸福」。（參見第49頁「達人帶路」）

漢順的上學路，起自翡翠水庫旁之龜山，一路北走往新店方向，首先會來到燕子湖、屈尺壩和屈尺水圳。屈尺壩水圳引水路長二・六三二公里，沿途風景秀麗，往左望去即為梅花湖河域，沿著水圳即可來到屈尺里。屈尺是一個安靜的聚落，許多安養中心、仁愛之家、休閒渡假村……，都選址座落於此。就在屈尺國小旁有家早餐店，千里步道啟動五年來，每次舉行智庫沙龍討論會，就是由這家早餐店的王老闆夫妻，親手準備上百個手工包子和豆漿，慰勞著遠從各地前來參與討論會的朋友們。沿著聚落裡唯一的鬧街——屈尺路往另一頭走去，則通往濛濛谷，那是許多四、五年級生，年輕時必去的露營地之一，就在路邊一處不起眼的水窪溼地，更是許多賞螢人的夜間秘境。

沿著樸質古意的屈尺古道拾階而行……

造訪了社區、小學旁好吃的早餐店後，就要開始拾階而上了。蔥鬱的綠蔭和小徑旁彎腰耕作的農家，是路上最美的風景；當微微爬升的蜿蜒小徑來到嶺頭（伸仗板）與小補碑（近文山農場）附近時，便會再度與台九甲線（新烏路）交會，由於位於山的稜線最高點，視野遼闊，可以俯瞰屈尺壩、燕子湖。從這兒起，便開始踏上極具樸質古意的屈尺古道石板階梯。順階而下，一路上最令人驚喜的是，「沿著山坡而闢的梯田，綠油油的秧苗，在陽光照射下格外美麗，幾戶農家的煙囪冒著裊裊白煙，空氣中撲鼻而來的是煮飯的稻草香……」，這幅漢順所描繪的六〇年代的鄉村景致，在這條郊山小徑上，竟然至今還時而可見。只是現在的孩子們，已少有閒暇能接觸這樣充滿泥土香味、有著豐富動植物生態，以及縈繞著淙淙流水聲的環境，更遑論能擁有一條自然野趣的上學路。

沿著山壁旁的羊腸小徑而下，時而蔥鬱、時而開闊，一路幽靜中總是滿滿的綠意，和來自農家屋前不絕於耳的犬吠聲。上學路的一端，來到具有百年歷史的「小粗坑發電廠」。這個小型電廠，自一九〇九年發電啟動迄今，是目前尚在運轉中，台灣僅存最古老的發電廠之一。九〇年代版的「漢順上學路」，自此暫告一段落。因為青潭堰以上的新店溪水域已被劃為水源保護區，灣潭與小粗坑間的三個渡口：粗坑渡、直潭渡與新店渡，如今只剩下位於開天宮下方的新店渡尚有人力擺渡，每遇假日常見絡繹不絕、排隊於兩岸渡口的遊客。如今，要從小粗坑電廠續行至漢順當年上學的文山國中（近新店捷運站），只能回到台九甲與台九線上，與車爭道。想要盡量避開車陣，另一個方法就是在新店國小與新店捷運站間，直接取道於碧潭湖畔或碧潭老街了。

為自己安排個隨時可及的喘息秘徑

雖然近幾年，因為單車風潮，在台九甲（新烏路）上，常會看到迎風馳騁驚險穿梭車陣的單車身影，然而很少人知道——與新烏路一路相傍蜿蜒而上的新店溪畔，隱沒著這條美麗的小徑。

想要尋訪「漢順上學路」，透過大眾運輸系統的轉乘和雙腳慢行，只需半天或一天的空暇即可成行，且可有效避免假日期間台九甲線的壅塞。你可以在新店捷運站直接搭乘客運直上燕子湖站或龜山，從南勢溪、北勢溪交會處開始，如兒時的漢順上學一般，沿著新店溪一路北走至新店。當然，你也可以搭乘捷運至新店捷運站後，從碧潭吊橋下一路步行至新店國小後，轉乘一小段客運，至小粗坑站下車後開始慢行，沿途即會經過小粗坑電廠—嶺頭—小補碑—屈尺—屈尺壩水圳，來到位於翡翠水庫入口處的龜山里，單程約計五公里。龜山街上有幾家平價好吃的小館子，享用小吃美食之後，還可續行翡翠水庫旁的桂山路，買枝可口的冰棒，清風中一路蜿蜒徐行；或搭乘客運至烏來享受泡湯之樂、或搭車下山返抵新店捷運站；腿力較佳者，亦可考慮原路折返再走一遍，歡樂再加倍。

千里步道運動二〇〇六年四月二十三日正式啟動後，同年六月十一日第一場南北開步走活動，選擇「阿塱壹古道」與「漢順上學路」兩條步行路線，

新店碧潭的人力擺渡，每遇假日總是湧現人潮。

所欲彰顯的便是千里步道的兩大核心要旨——環境守護與綠色路權。透過雙腳慢行，不僅看見路上風景，也要營造一個更適人居的綠色空間、永續環境。

你的，以及孩子們的上學路

千里步道環島路網，除了串連各具特色的聚落、社區、鄉鎮，讓路網沿途的鄉村美景與特色活力，透過低碳生態的深度遊程體驗，得以被看見、被守護；而當路網行經都會生活圈時，則需面對「綠色路權」問題。漢順兒時的上學路，歷經三十年，仍然可以作為一條近郊秘徑，尋得一方綠意，納入千里步道區域路網之內，最重要的原因，是它得天獨厚緊臨溪谷與台九甲線旁的地理位置，因此得免於被拓寬、駛入大量汽機車的命運。

但是，我們大部分人的兒時路呢？孩子們現在的上學路呢？隨著都市擴張、公路蔓延，深印銘刻在我

「漢順上學路」沿著滿是綠意的屈尺古道而行。

們心底深處的兒時記憶，已成為我們共同的鄉愁。尤其，每次在上學時間，行經小學附近時，總是會看到不絕於途的汽機車，一個個可愛的小臉，擠在烏煙瘴氣的校門口；孩子們的上學路別說已不見蟲鳴鳥叫、陽光輕灑，連乾淨的空氣和安全的路徑都是奢想！

有沒有可能，我們就從自己的生活圈做起，以小學或公園為中心，進行寧靜巷道（允許當地住家之汽機車進入，但限速二十公里以內）、上學路（以鼓勵、保障孩童可以步行方式安全上學去）、社區散步路線（以綠色廊道串連起社區綠點）的規劃，讓孩子們的上學路，雖在都市空間裡，仍能保有更多清新的早晨和值得記憶的畫面。也許，多年之後，一如漢順——當年的孩子們，仍能重返兒時上學路，而那上學路已然綠意成蔭。

文・周聖心

綠意成蔭的上學路；圖為日本的寧靜巷道。

達人帶路

背著書包走在田埂上——漢順上學路

文・陳漢順（龜山文史工作室）

一九六二至一九六五年間，當我還是文山初中的學生，每天往返龜山—新店上課。因新烏路每年夏天颱風季節，常常會造成交通中斷，先人們走過的古道，便成為每天往返的最佳選擇。從小粗坑電廠旁上屈尺山嶺，一條羊腸小徑依山而上，右邊鄰山，左邊則是一大片沿著山坡而闢的梯田。翻過屈尺山嶺眼前所見，就像進入另一個時空，眼前景致開闊，一大片的田野、彎曲的溪流圍繞，循著蜿蜒小徑到處蟲鳴鳥叫。

順著屈尺水圳沒有欄杆的水圳旁，走在湍急的堤堰上不免心驚；當水位下降，則可攀梯下到水壩底的平台上，猶記得當時眼見滿坑滿谷的小鱔魚，趕緊拿出空的便當盒，一下子裝滿一盒回家加菜。

一九六〇年代沒有娛樂設施，伴隨童年的農田、青蛙、蟬、鳥、魚、昆蟲、火金姑、筍龜、森林、溪水、蛇、泥鰍、百香果（俗稱美麗瓜）、釣土龍，這些曾經伴隨身邊的大自然好朋友玩伴，卻隨著工業的腳步，而不斷的在我們眼前消失。

你的上學路在那裡？是不是已經被開闢成大馬路了，還是依然埋沒在荒煙蔓草中？試著將它找出來，帶著自己的家人、小孩及周遭的朋友，來個健行活動，把車子放到車庫裡，讓台灣的天空少一些廢氣排放，享受一下兒時的回憶，重新體驗「背著書包走在田埂上的感覺」，擁抱一下大自然。

【精選慢速地圖1】

漢順上學路

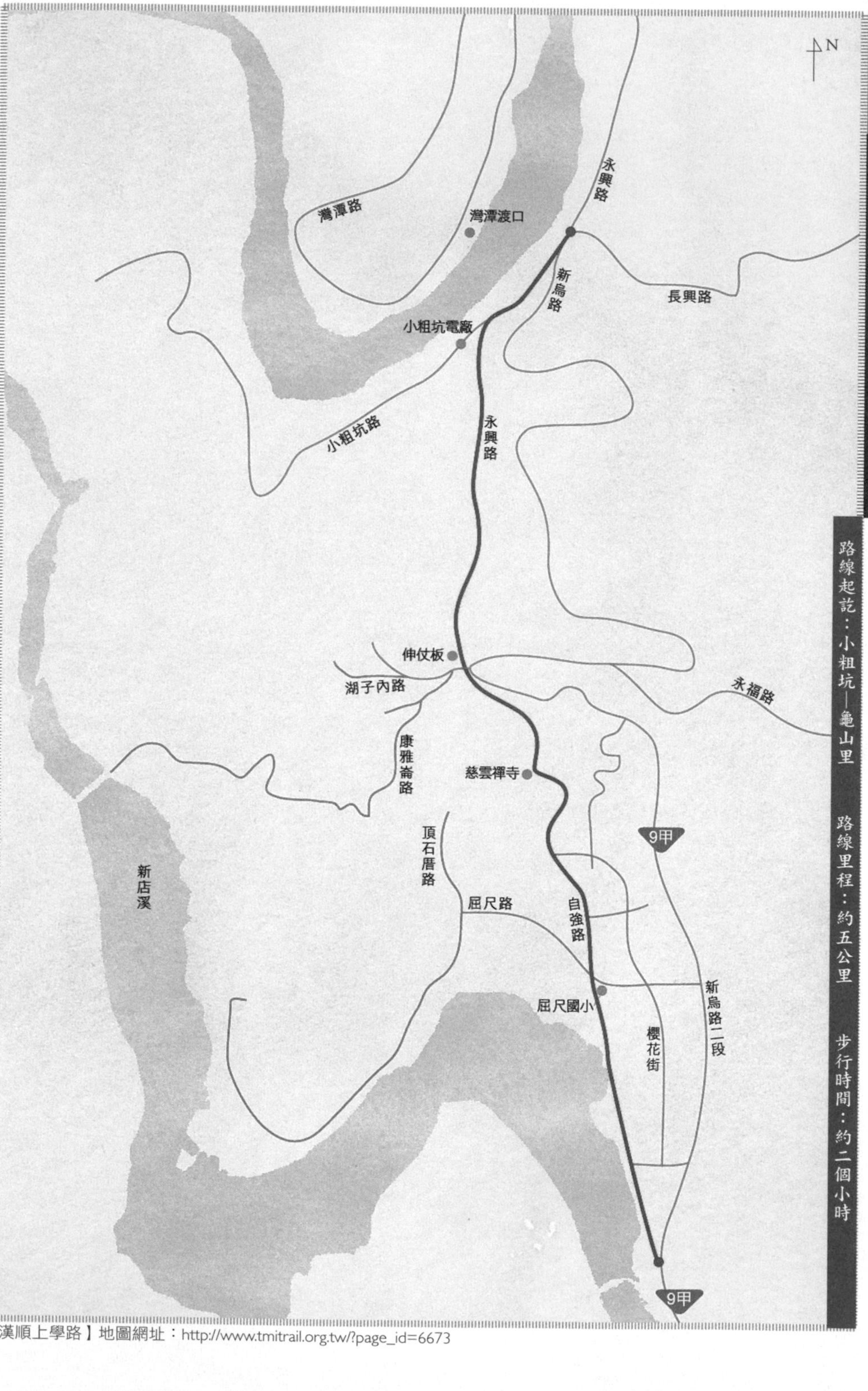

路線起訖：小粗坑—龜山里

路線里程：約五公里

步行時間：約二個小時

【漢順上學路】地圖網址：http://www.tmitrail.org.tw/?page_id=6673

行—前—通—知

建議裝備：

⊙長袖衣物及長褲，既能防曬又防蚊蟲。

⊙水壺、環保餐具、適合步行的鞋子與悠遊卡。

建議交通方式：

⊙由北往南行：於捷運新店站搭乘新店客運往烏來公車至「小粗坑站」，下車沿台九甲線前行至永興路口即為起點。

⊙由南往北行：於捷運新店站搭乘新店客運往烏來公車至「龜山腳站」，下車即為龜山里，可於街上享用美食後再開始步行往北。

2006年4月23日千里步道成立後，第一次試走活動「611開步走」便選擇漢順上學路。

路線起訖：新店安康路—蘇澳新站
路線里程：約一〇六公里
建議行程天數：五～六天

【環島慢速地圖 ❶】

新店——蘇澳

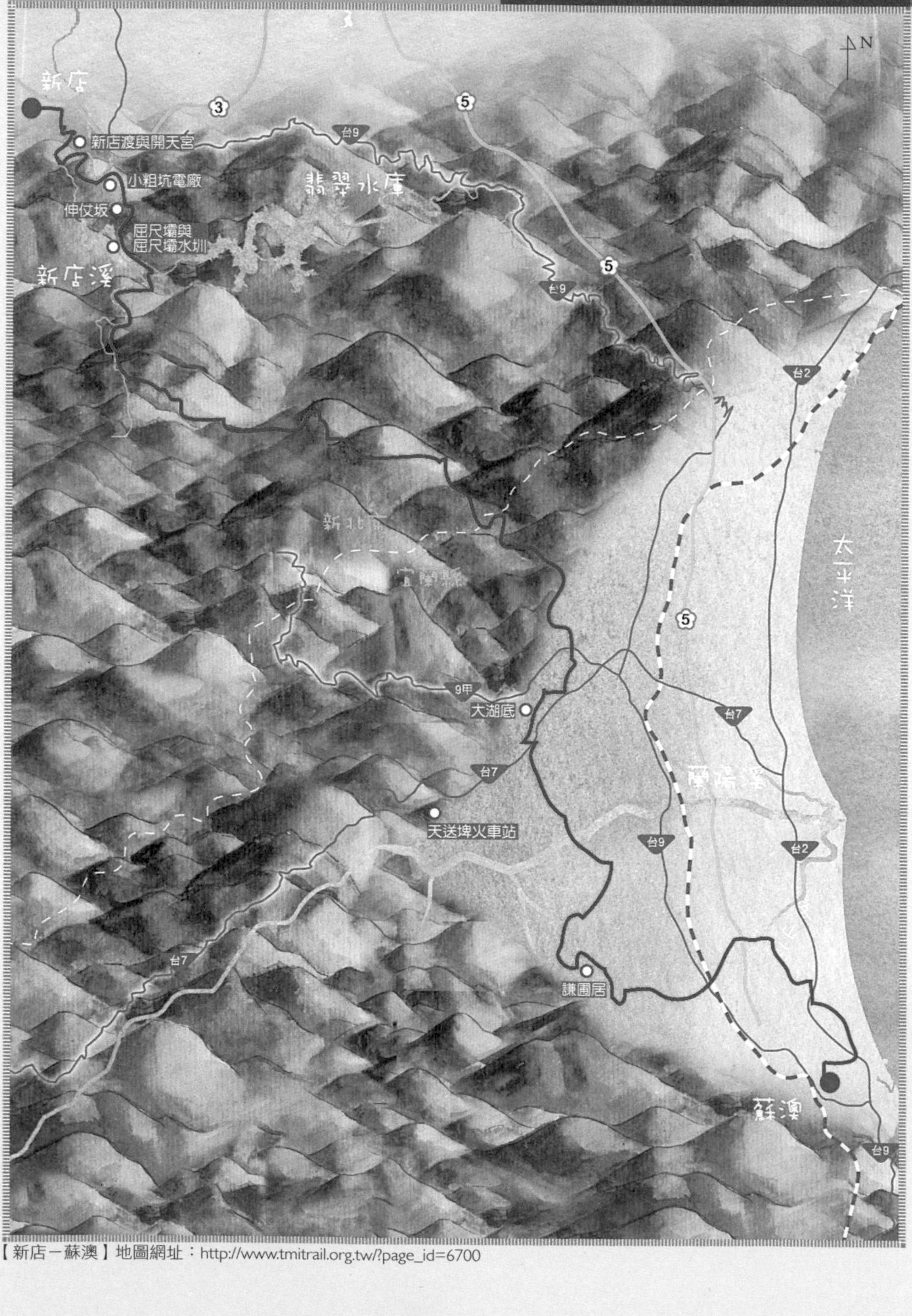

【新店－蘇澳】地圖網址：http://www.tmitrail.org.tw/?page_id=6700

路—線—報—馬—仔

自新店安康路出發後，經下城社區、新店戒治所沿華潭街到直潭淨水廠，再接小粗坑路到被列為十大土木史蹟的小粗坑發電廠，然後沿屈尺古道到文山農場、碧山公園、梅花湖、燕子湖，經翡翠水庫管理局就來到烏來老街。

+

從老街旁的啦卡路至孝義派出所辦入山證，接上桶后林道至造林中心、吊橋，一路飽覽桶后溪的清澈優美，沿途林木幽幽、水色清清，還有台灣藍鵲家族居住。接著就是風景絕佳的桶后越嶺古道之行，越嶺路段約七公里，步行約三至六小時，新手務必由嚮導帶領通過；經過大小礁溪山登山口，從烏來區進入礁溪鄉，最後從小礁溪走匏杓崙路到枕頭山下。

+

枕山休閒農業區風景美空氣佳，還能登高俯視蘭陽平原；接著走大礁溪、宜蘭河自行車道到員山公園、八甲魚場、尚德河濱公園，再接深洲路經葫蘆堵大橋、大洲橋、萬長春橋、北成橋抵達羅東運動公園，再沿羅東溪堤自行車道到梅花湖風景區。

+

走茅埔城、內湖、中山農場經新寮溪堤到寶君路的太和社區，然後從冬山河的上游開始享受這新綠清爽的自行車道，只是堤岸離聚落較遠、沿途補給不易，步行時需注意多攜帶飲水。直到嘉冬橋轉入五十二甲溼地，從隆恩路轉到福德路接龍德大橋，再轉進功勞埔及無尾港水鳥保護區；從社區走三民路穿過省道台二線，沿著山邊走再接上省道台二戊線便可進入蘇澳鎮。

桶后溪清澈優美，有時還可看見台灣藍鵲蹤影。

非去不可

新店渡與開天宮

新店溪出山口處右岸，於嘉慶初年形成山產貿易的小店街，為有別於下游十四張的店子街，故名為「新店」。新店老街原位於堤防內側，一九二四年秋為大水沖蝕，後新建堤岸，岸外的新街就是現在的新店路。「新店渡」是往昔新店溪兩岸十餘個渡口中，唯一現存者，為碧潭重要景點增添古風。新店渡頭的開天宮始建於乾隆中葉，當年鑿石開圳先民，因為工作艱困又屢遭番害，乃供奉開天闢地神話裡的「盤古公」。開圳成功後，改建為廟，是為新店最古老的廟宇，廟下方有穿岩而過的石腔，是大坪林圳的水源圳頭，乾隆二十五年由石匠鍾阿傳等人鑿成，為台北著名水利古蹟。（節錄整理自莊華堂「平潭春秋」．新店市志）

小粗坑電廠

位於新北市粗坑里新店溪旁，省道台九甲線新烏路約一．二公里處，過小粗坑橋取右岔路進入永興路後直行約三百公尺。「小粗坑發電廠」於一九〇九年正式發電，是台灣第二座水力發電廠，也是目前還在運轉中，台灣僅存最古老的發電廠之一。目前由桂山電廠遙控運作，是為桂山發電廠粗坑分廠。第一座水力發電廠則是龜山發電廠，於一九〇五年啟用後曾遭遇三次洪水沖毀，直到桂山發電廠正式供電之後才於一九四三年廢棄。小粗坑發電所的外型受巴洛克式建築風格所影響，外牆以紅磚建造，斜面屋頂設有通風用的長型鐘樓式氣窗，至今仍然保存完整。（節錄整理自莊華堂「平潭春秋」．新店市志）

伸仗板

舊名台語叫「嶺頭」，意指山的稜線最高點。是通往屈尺與龜山必經之路，視野非常遼闊，站在嶺上可以

鳥瞰屈尺壩、燕子湖，景色宜人，這裡也是過往行人休息補充體力的休息站，假日總是吸引很多遊客前來踏青的「文山農場」，就座落於附近。從前由台北、新店一路走上來，總要花上半天時間，到了「嶺頭」頂，肚子也早已餓了，所以有人也叫這個「嶺頭」為「夭人嶺」（餓人嶺）。（節錄整理自莊華堂「平潭春秋」．新店市志）

屈尺壩與屈尺壩水圳

屈尺壩是台灣第一座設有魚梯的欄水壩，興建於一九〇七年，屈尺壩主要功能是提供下游三・六公里處的「小粗坑電廠」發電所需，水落差為十七・五公尺，相當於六層樓的高度，是一座有生態觀念的攔水壩。屈尺壩水圳引水路長二・六三二公里，採三處暗渠三處明渠引水入廠，沿途風景秀麗，是新北市境內僅存水量豐沛水質乾淨的大型水圳，發電後的水流（又叫尾水）再度流入新店溪，豐沛民生用水，可說是一舉兩得。（節錄整理自莊華堂「平潭春秋」．新店市志）

大湖底

員山大湖底位於蘭陽平原西隅，處蘭陽溪北岸。為雪山山系阿玉山的嶺脈餘緒所環抱，地處蘭陽平原近山海拔二十至二十五公尺的湧泉地帶。清朝嘉慶年間，先民聚八十之眾開發「大湖底」，迄今已然有兩百餘年，開墾後畫分為八十二塊土地，其中兩塊是為土地公所擁有的義田，義田收成用以幫助地方貧困及助學，據此「大湖底」有個「八十佃」的古地名。此地梯田田地落差大，在開闢時將石頭當成田埂，造就最完整石砌田埂文化，發展出五抱法、七抱法、斜砌法等美麗石砌田埂，亦將惡水之地化為魚米之鄉與園藝產出之地。此外，「大湖底」是歌仔戲的發源地。即將失傳的舊卷歌仔戲——落地掃——不穿戲服、不化妝，忠於傳統的演出。（文・藍浩瑋、林祖棋）

天送埤火車站

天送埤火車站，曾是昔日太平山森林鐵路重要的轉運站，木構造小站相當古樸，注重門廊、半戶外空間的日式建築特徵，亦反應宜蘭地區多雨的氣候，保留當年站體原貌，讓人體驗早期鐵道風華與伐木文化。而天送埤為宜蘭縣三星鄉天山、天福二村舊稱，位於蘭陽平原前端，空氣清新、水質純淨無污染，保有淳樸的農村田園風光，因土質肥沃非常適合農作物生長，且農民勤於耕作，田園間布滿銀柳、蔥蒜、水稻、上將梨、芭蕉等作物，田園景色多采多姿，如同一幅擁有絢麗色彩的油畫。（摘錄自林務局「拳頭姆步道工作假期」活動手冊）

謙圃居

謙圃居農場主人為千里步道志工林祖棋，此農場作為他的居所名為「謙圃居」，而作為對外的農場名稱則命之為「我的桃金孃天空」。這個農場是祖棋十六歲時，由他父親所一手打造的養雞場，位於羅東市郊、地近梅花湖。農場有地三分、約一千坪，其上有兩棟近百坪的日式木造建築，另外還有一棟原來做為倉庫之用的二十坪木造小屋。此農場乃祖棋年少時期，幾乎每天都會來幫忙父親養雞或雜務的地方，他在此接受父親的調教與鍛鍊，造就強健的體魄。高中畢業負笈台北，成家、就業離開蘭陽故鄉三十載；命運的推手讓他在五十之年回到故鄉，從此安身立命於這一處小小農場，而好客的他亦歡迎千里步道志工來訪、借宿。謙圃居主人連絡方式：0912-563626、0920-481271（摘錄自千里步道「二〇一〇年歲末交流會」活動手冊）

慢行島嶼之東

…一二〇公里蘇花行腳…

從日人修築的臨海路到蘇花公路，從蘇花高的爭議到以山區道路改善方案的蘇花改，象徵環境守護與開發主義拉扯的一條路；只有慢行，才能感受到浩瀚海洋與巍峨山峰交會處的壯麗景致……

北迴與蘇花

腦海裡有一個畫面常常會浮現：高中生的我，和許多陌生人擠身在一列鬧哄哄的火車廂裡。中學時候，為賦新詞強說愁地總是孤僻內向，最常做的事，就是一個人騎單車到海邊發呆，但高二那年，我竟然破天荒的跑去湊熱鬧，和一大群人鬧哄哄地擠在北迴線南段「花蓮─和平」通車試乘的火車廂裡；那已是一九七九年的事。隔年我花蓮女中畢業，負笈北上的日子，有北迴鐵路的相伴，求學、返鄉，已不用再搭長途客運走那漫漫蘇花道。

記得最早是在一九七〇年代，當我還是個小小孩時，曾因陪伴外婆而有幸進（台北）城，在那個還沒有北迴鐵路的年代，能到台北親眼看看大城市的小孩是少之又少。記得那天，遊覽車裡坐滿了人，沿途導遊小姐不斷提醒大家，會暈車的一定要坐到前座，而且要大家有心理準備，若遇蘇花公路落石太大，擋住去路，也有可能取消行程原車返回。記得那次長達八、九小時的「首航」車程，終於在華燈初上、換搭火車後，結束一整天的顛簸、昏眩和嘔吐。也許，暈車的銘刻記憶，就是從那時候開始，如影隨形迄今未減。

一轉眼，我已是個旅居台北二十多年的出外人。大學期間，或是女兒學齡前往來花蓮、台北兩地輪住的時候，北迴鐵路不知伴隨我多少個晨昏，移動在山、海、隧道間，串連起生命中極為重要的一段記憶。

而總是和北迴鐵路交錯，忽在左右、或上或下的蘇花公路，在這二、三十年裡，持續的截彎取直、挖掘山壁邊坡、擴建隧道……，已讓它越來越平穩；但不斷拓寬與天爭地，加上極端化氣候，終於讓這條傲視全球的景觀公路，在二〇一〇年梅姬颱風所造成的崩塌中奪去多人生命，也讓多有爭議、延宕許久的蘇花公路改善方案，在短短兩週內連續召開兩次專案小組環評會議，在尚有四十六個問題未完全釐清時，就「有條件通過」並快速發包。「人定勝天」是否仍有它的極限？七〇年代時速三十公里

遠眺壯闊無邊的海天一色，島嶼之東美麗的太平洋，毫無掩藏地鋪展在眼前。

單線通車，迄今時速五十公里雙線通車的蘇花公路，我們還要付上多少代價，只為了讓它變得更直、更寬、更快一些些？蘇花道上，壯麗浩瀚的太平洋與巍峨山巒的美麗景致，如今只能隔著車窗快速瀏覽，甚或隔著厚厚的隧道山壁遙想神遊，這又是我們的想望嗎？

散落於島嶼之東的珍珠

二〇〇七年，蘇花道在離開我的生活很久很遠的二十多年後，再次以另一種面貌，重回我的生活裡。這次我是用雙腳慢行、騎乘，用心用眼讀她看她。

若你問我，最美的地方在哪兒？我會說，在那山巔水湄的蘇花道上，尤其當你用慢行的速度，走進那片美麗的山海，和彷若散置玉盤上珍珠般的聚落、社區時。

結合大眾運輸低碳節能的蘇花行腳旅程，你可以從南端的新城（太魯閣）火車站開始。但是，正式啟程之前，你不妨先在火車站前借部腳踏車，沿著鄉道「花5線」往南騎，尋訪距離新城火車站僅兩公里的布拉旦（三棧社區）：一個自然淳樸、不滿千人的太魯閣族聚落。

二〇〇七年五月天，千里步道籌畫中心首次踏上蘇花道，展開五天四夜蘇花一百二十公里「慢行島嶼之東」的行腳活動時，便是從新城火車站集合點開始，先拜訪了布拉旦後，再一路北行，經崇德、漢本、武塔、南澳，抵達蘇澳。之後，更多次以不同的形式、主題、天數、區間、駐足的社區點，慢行在這島嶼之東，例如：以單車或步行或獨木舟行旅、以原鄉或社區為串連主題，為期三天或五天、起迄於新城—蘇澳或崇德—武塔、停留碧候或朝陽。

令人驚艷的崇德海邊

山就在身旁，海就在眼前，小白花開滿小徑的兩側，偶爾一隻翱翔而過的鷹……，這是一條位於崇德台地、與省道台九線相距不遠、綴滿野花矮木的無名小徑，一條令人美得無以言說的海邊路。行過蜿蜒小徑，浪就在腳下，清水斷崖壯闊無邊的海天一色，毫無掩藏地鋪展在你的眼前。

因為地形、地勢，當你慢行島嶼之東，幾乎不可能全然避開台九線。背山面海幾乎是蘇澳與崇德間的必然，幾段接連的長隧道，對想透過慢行或單騎的行旅者來說，更是充滿威脅。所以當我們在未懷抱任何期待的小型試走活動中，能發現這樣一條替代部分省道的小徑時，它所帶來的快樂真是無可言喻！多希望這樣的風景，在千里步道路網上能處處被發現、被珍惜，換來世世代代每一個往來行旅者一聲由衷的驚嘆。

跨越台九線，路的另一側有一家壁上滿是油彩、木雕與石雕作品的「補給站」——達基力部落屋。「達基力」正是崇德的泰雅語地名，意思是「石頭很多」，也是此地地質堅硬的寫照。經營這一

崇德海岸，一條綴滿野花矮木的美麗小徑。

方角落的是小學教職退休的泰雅族人郭爸爸，他一九九七年退休後便投入木雕與石雕創作，一方面透過泰雅美食部落屋的經營，提供當地農民銷售辛苦摘種在地蔬果的管道，當然也呈現給旅人們一個富含泰雅文化特色的風味餐飲體驗。

雖然，過去五年，千里步道運動投注很多心力進行地毯式的路線探查，希望在台灣島嶼上串連起像崇德海邊小徑般美麗蜿蜒的路網，以及像布拉旦、達基力等珍珠般亮麗多彩的社區聚落，但在蘇花段，我們終究得順應大自然的限制，既然目前無法以蘇花古道作為替代道路，又不願看見道路工程無限蔓延，因此，千里步道路網在島嶼之東的崇德—漢本間，乃以北迴區間火車作為行旅方式，讓旅人避開與車爭道的長隧道。

北迴鐵路從花蓮崇德一路北上，越過和平溪進入宜蘭縣後，第一個停靠站便是南澳鄉澳花村的「漢本」。

透過步行、單騎、區間火車，你將深刻感受蘇花沿途聚落、小站之美……

澳花六百歲大樟樹，和寧靜的小街

漢本過去是百里蘇花古道的中間點，因此，清朝古地名叫「百里分」。因為僅有少數班次的區間車會在此停留，電影《單車練習曲》上映前，知道或來過這個美麗海邊小站的旅客並不多。除此之外，澳花村還有一處夢幻地，就是位於澳花國小內、身形優美、樹齡超過六百年的大樟樹。這棵大樟樹不僅是宜蘭縣政府列管老樹中唯一的樟樹，也是唯一座落在學校中的一棵，據說也是「全台灣校園內最老的樹」。來到澳花，一定要到澳花國小裡，和這棵樟樹太爺爺打聲招呼。

還記得千里步道慢行島嶼之東蘇花行腳活動舉行時，一行人浩浩蕩蕩，揮別美麗的崇德海邊無名小徑後，便搭乘區間火車來到漢本火車站，出站時，千里步道資深志工Homer夫妻還仿照「練習曲」中的劇情，以湛藍的太平洋為背景，擺Poss打手勢，引來許多欽羨和祝福。

來到澳花國小，
別忘了跟樟樹太爺爺打聲招呼。

從漢本火車站走到澳花國小約莫半小時多的步行路程，因為必須走在省道上，加上鄰近許多水泥廠大砂石車出入頻繁，大夥兒得全副武裝蒙住口耳鼻嘴，直到轉進澳花村泰雅聚落小街時，一切又回到尋常生活。澳花國小就在小街上，小街上隔幾步路便有教堂、學校、派出所和矮牆上植滿花草的民宅，屋前許多大大小小正在納涼的族人，好奇地看著我們這些背著背包、步行來訪的訪客。

我們不僅來和樟樹太爺爺打招呼、合影，這晚我們全體三十多人，全都住進了澳花國小唯一的地板教室。夜幕逐漸低垂，每個人各自在教室裡找到一方角落，有些人早早便鑽進睡袋休息、有些人坐到校門口小酌談天、有些人依序到學校裡僅有的兩間浴室洗戰鬥澡，有些人到小街上走走看看串門子、有些人則躲在校園一角或靜思或與遠方友人連線談天，人世依舊多姿繽紛，天地卻已安靜無語。

在武塔小村，度過泰雅如夢似幻的那夜

五月天，走在台九線上，只能用「熱」或「酷」字形容——來自柏油路面的慍熱與大貨卡車的排氣，伴著行旅者的步伐如影隨形；二〇〇七年從漢本走到武塔的這一天，正是個熱得地會發燙的「好」天氣，側身在省道邊線與水泥護欄不到五十公分的狹小空間裡魚貫前行，大夥兒沿途不斷前呼後應，提醒「有大車」、「有車隊」、「靠邊走」……，但是美麗的崖壁襯著壯闊的藍天碧海與浪濤，仍讓我們的心靈受到了震撼，也得到了撫慰。二十六公里從早晨到傍晚、伴隨大山大海與日曬的長途步行之後，慢行隊伍來到了「武塔」。

武塔之名，由泰雅語「buta」音譯而來。由省道大路轉進部落產業道路後，首先可以看到右手邊有座背後傍著綠色山脈、位於兩層樓高無人管理的車站月台，接著就來到面對武塔國小草地操場的「三枝的家」民宿，沿著路再往村裡走去，穿過鐵道下涵洞，就到了武塔村民聚落核心；聚落南邊有條盛產青毛蟹的清澈小溪——南澳南溪。

住在武塔的晚上，用過民宿主人惠美親自烹煮豐富美味的風味餐後，大夥兒信步走往聚落；沒有路燈的產業道路，讓夜空的星光更加閃爍晶瑩，連白天裡那樣翠綠的校園草地，都披上一層混合著夜色與星光的靜謐顏色。

聚落裡竟然熱鬧異常，彷若在空山之中，有著不為外人所知的盛宴正在進行。原來，一位老婆婆喝得微醺，正在邀請身旁的人跟她一起唱歌跳舞，族人自顧自聊天並不特別理會，她看見我們在路旁，便走來邀我們一起跳舞。不敵她的熱情和執拗，在歌聲和舞步的催促下，我們索性牽起手踏起步跟著跳。這一跳，聚來更多村民，老老小小男男女女，跳舞的圈子不知何時已占據整個街弄，所有人都牽起手跳著原住民舞步，一圈一圈又一圈，一遍一遍又一遍，跳到酒酣般亢奮、跳到酒醒般迷離。一個至今想起，仍如夢似幻的夜晚。

蘇花行腳的補給車駕駛王呂福來，摘下長在崖壁上的野百合，喜孜孜的說：送你一朵野百合……。

送你一朵野百合，歡迎你到碧候來

二〇〇七年蘇花行腳隊伍第一次來到武塔與南澳間，乃取道南澳農場，即進入已享有盛名的朝陽社區；之後，行經這段路則都會再加上碧候與金岳這兩個小村落。會與這兩個泰雅聚落結緣，全拜陪伴蘇花行腳隊伍，擔任補給車司機、來自碧候村漢名「王呂福來」的泰雅族朋友所賜。

還記得第一次五天四夜、一行三十多人的慢行隊伍，在崇德上火車前，是由千里步道花蓮在地好友，七星潭自行車租車店吳進添老闆協助補給、運送單車；來到武塔，則是由王呂福來擔任補給車駕駛工作。王呂對我們要到朝陽，卻沒有到他家「碧候」去走走，很是「不滿」，好幾次甚至想把大家一整車載去部落裡看看，「你們下次一定要到碧候才可以啦」，王呂身材精瘦，曾是馬拉松國手，參加多年區運、縣運，金銀銅牌不計其數，標準泰雅族人的身型更顯黝黑矯健。

開著小貨車在台九線上，一段一段慢慢的跟著步行隊伍，對天天在山林裡奔跑的他來說，應該是很拘束的工作。果然，聽說他在等候隊伍的時候，就曾不費吹灰之力的「跑」上山壁，摘下幾株長在巍峨崖壁上的野百合。大夥兒嚇唬他說那是保育植物，他卻不為意喜孜孜的說：「送你一朵野百合，歡迎你到碧候來，我們那裡的溫泉天下最棒。」

王呂視碧候為天底下最棒的地方。而我們有幸，因為慢行，認識這位留守在家鄉、以家鄉為榮的跑步健將；更因為慢行，我們深度親炙了蘇花沿線每一個或傍山或依海的聚落，盡享一路的浩瀚與巍峨。

蘇花行腳是一個新的嘗試，透過慢速的步行、單車騎乘、區間火車，讓我們看見快速移動下，無法體會到的靈動世界；更讓我們有機會，在同一個座標與路徑上，尋找百年前日人修築臨海路的蹤跡，或是透過蘇花道開發的歷史縱痕，重新思索蘇花高所揭櫫的環境守護與開發主義的對立與爭議……。

一二〇公里島嶼之東蘇花道，歡迎你一起來慢行。

文・周聖心

達人帶路

慢行島嶼之東——蘇花行腳路線

花東景觀秀麗，適合以大眾運輸交通工具及單車、步行的方式，慢行品味。三天兩夜的蘇花行腳遊程，可以從台鐵花蓮火車站開始，向單車出租店挑一部舒服好騎的自行車，拿一份花蓮自行車導覽地圖，便可按圖索驥沿「雙潭自行車道」，北行可前往七星潭，在海風吹拂陪伴下，連接一九三號縣道至三棧部落，當晚可夜宿民宿「布拉旦的家」。

次日沿花五接台八線轉台九線續北行至崇德台地，公路旁有條幽密小徑通往海灘，沿著海岸慢行，感受聆聽太平洋的聲音；再回到公路前往崇德火車站，告別自行車，搭車至武塔火車站。從武塔開始以雙腳親炙名聞遐邇的蘇花公路，經金岳部落至碧候部落，里程約六公里。

第三天一早，可以散步於部落小路，感受難得的靜謐，或探訪南澳原生樹木園區，午餐後再啟程步行至南澳火車站搭乘火車前往東澳。出東澳火車站，便可步行至東岳部落，東岳部落依山傍海，社區可以提供導覽服務，值得細細探訪，而東岳湧泉更是不能錯過。

文・整理自「慢行島嶼之東——蘇花行腳活動手冊」

旅行至東岳村遇見升旗典禮，一夥人加入學生行列重返年輕。

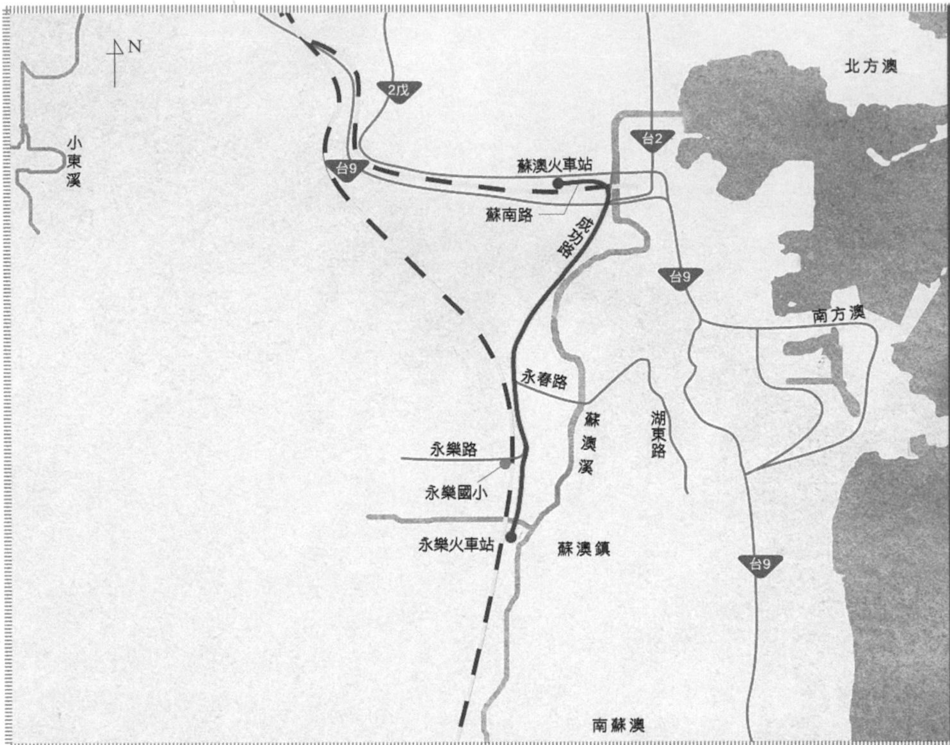

三日遊 騎車去

【精選慢速地圖❷之①】

蘇花行腳—蘇澳段

路線起訖：蘇澳火車站—永樂火車站　步行、單車里程：約三・五公里

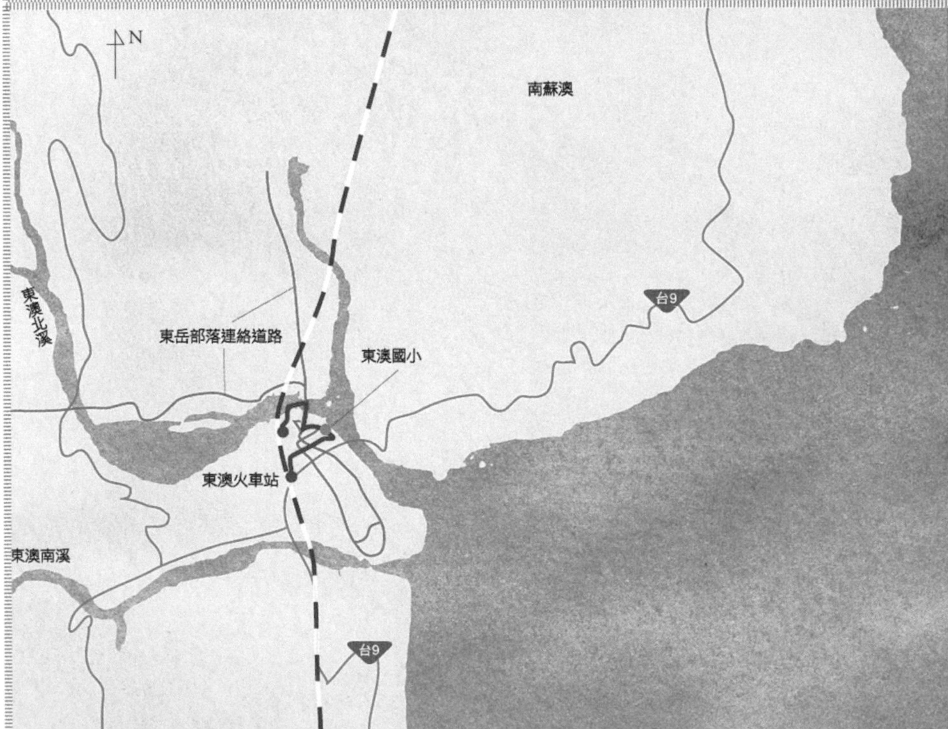

三日遊 騎車去

【精選慢速地圖❷之②】

蘇花行腳—東澳段

路線起訖：東澳火車站—東岳冷泉　步行、單車里程：約一・三公里

【蘇花行腳】地圖網址：http://www.tmitrail.org.tw/?page_id=6679

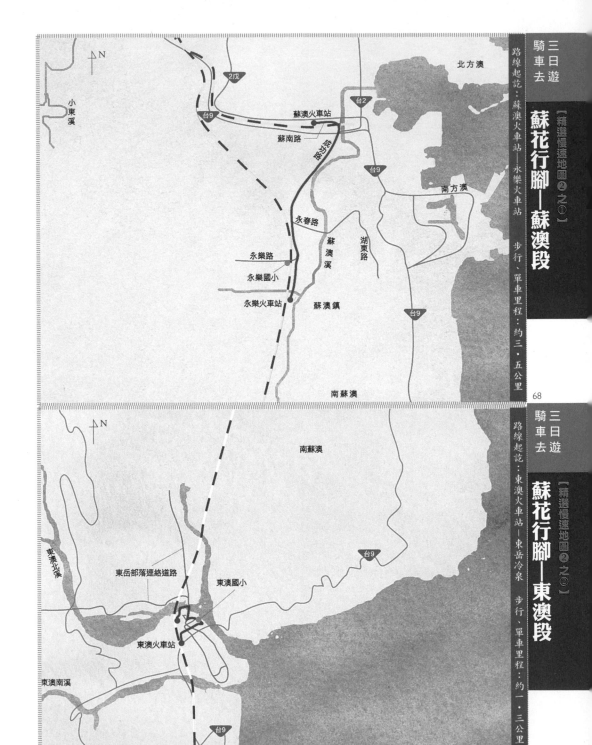

蘇花行腳—南澳段

【精選慢速地圖②之③】

路線起訖：武塔火車站—朝陽社區—金岳國小

步行、單車里程：約十四公里（含朝陽國家步道、碧候部落導覽路線）

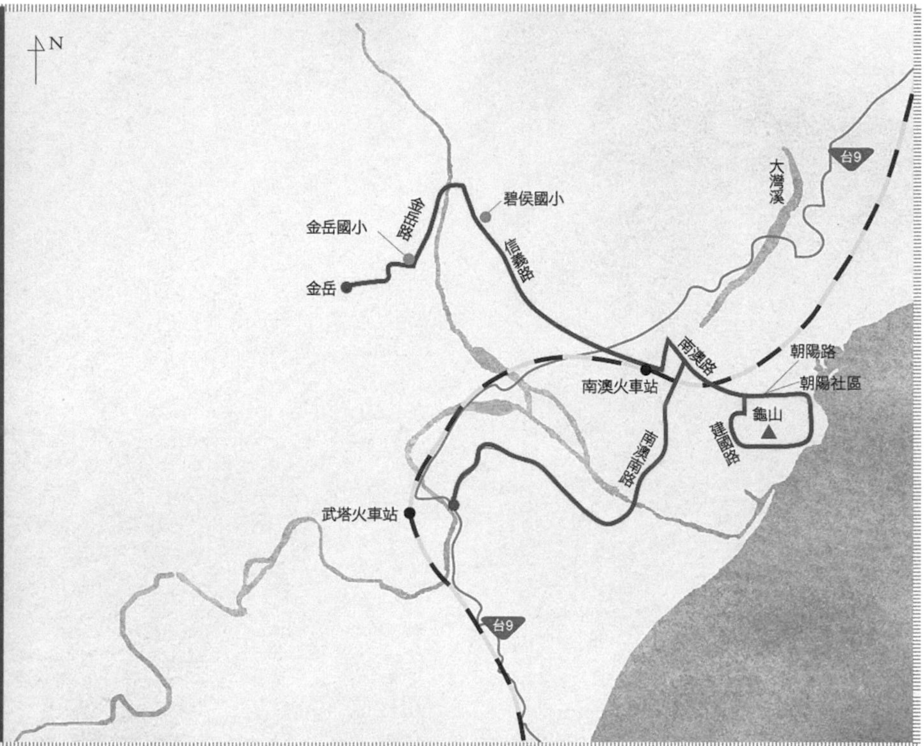

三日遊
騎車去

蘇花行腳—漢本段

【精選慢速地圖②之④】

路線起訖：漢本火車站—澳花國小

步行、單車里程：約六・一公里

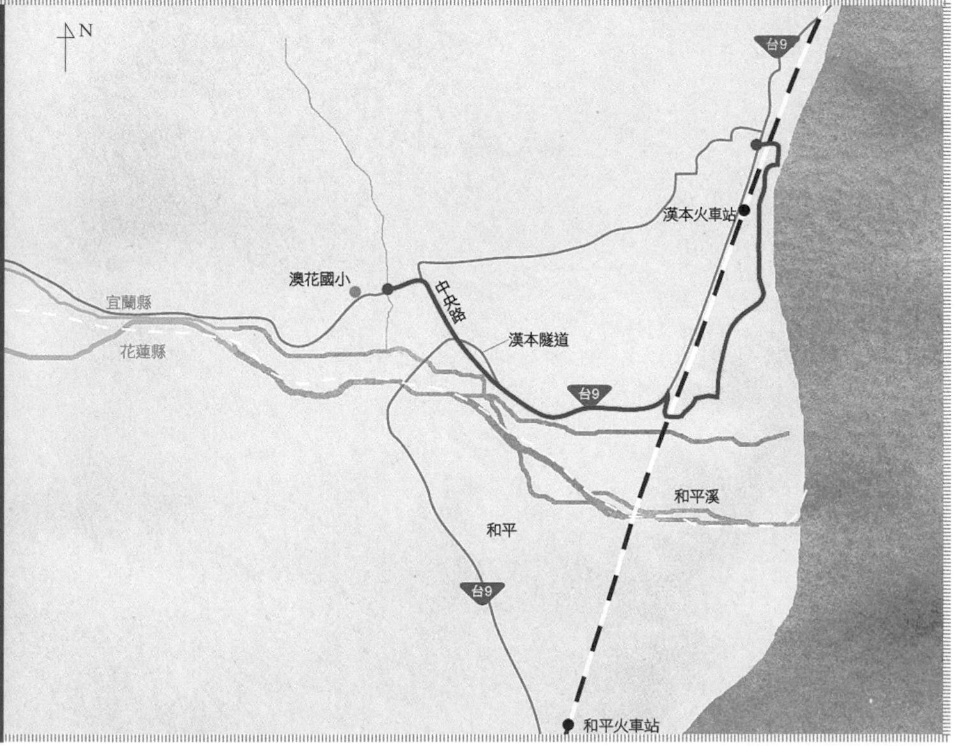

蘇花行腳—花蓮段

【精選慢速地圖❷之⑤】

路線起訖：崇德火車站—花蓮火車站　步行、單車里程：約三十七公里

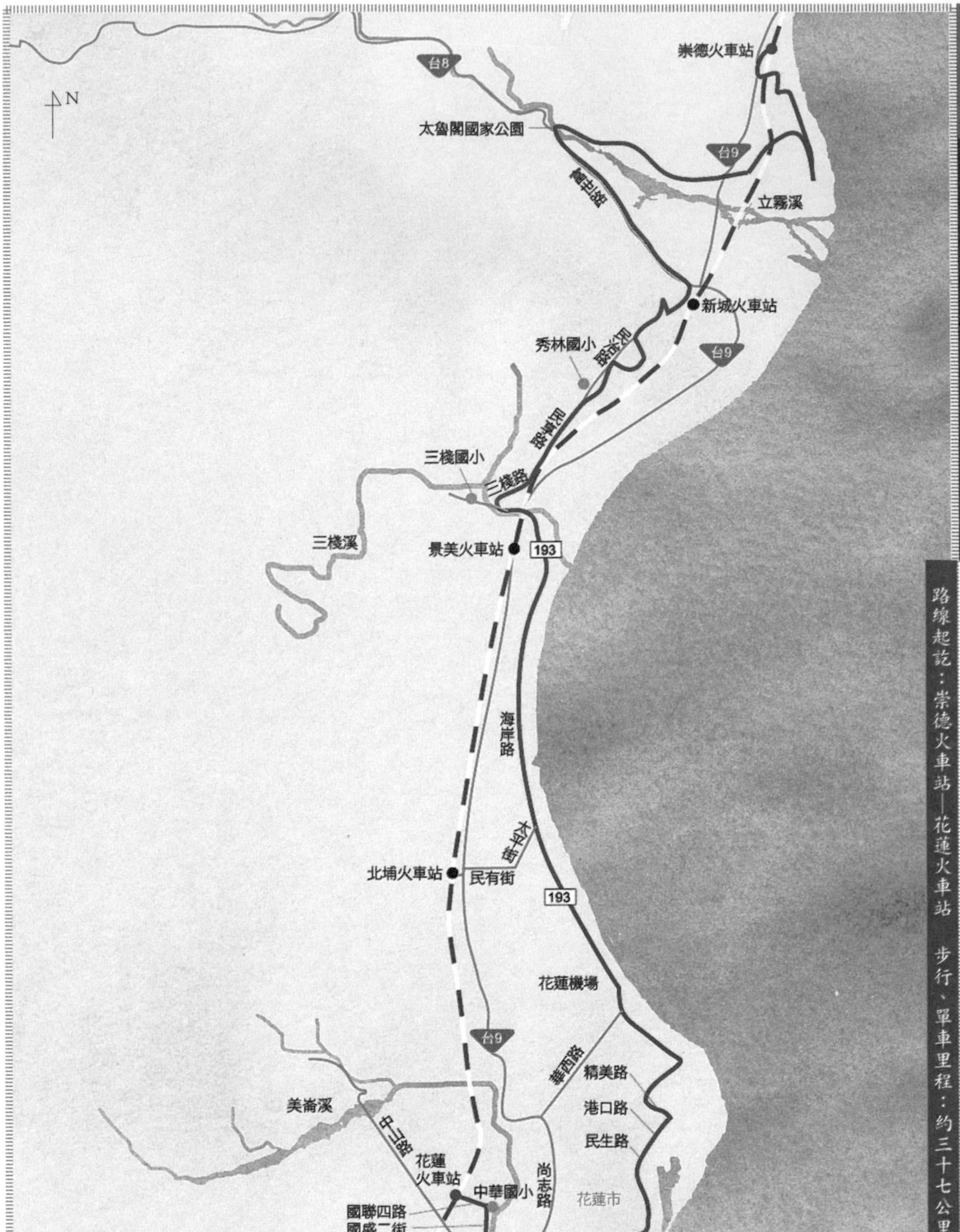

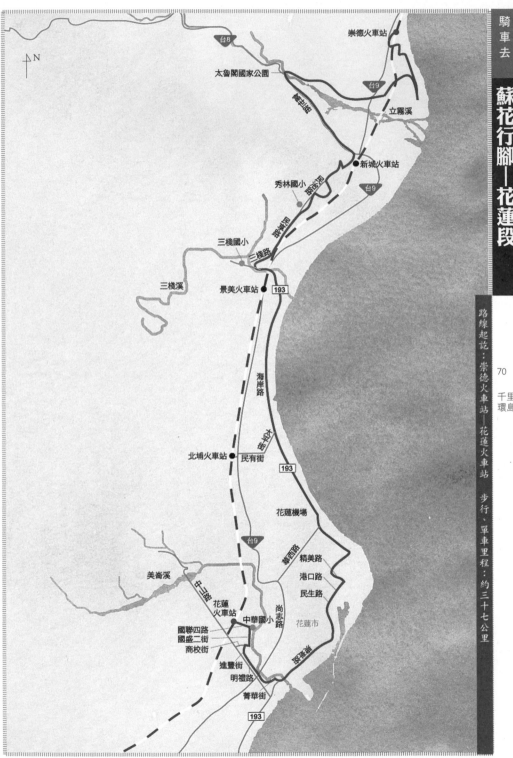

行—前—通—知

建議旅程時間：三天兩夜。

建議裝備：

⊙行程以單車為主，步行里程較短且有機會至海灘踏浪、湧泉戲水，建議穿著輕便適合運動，並搭配不怕水的涼鞋即可。

⊙三天兩夜行李盡量簡便，換洗衣物準備兩套應該足夠。

⊙步行於海灘時，應注意日照與海風。

建議交通方式：

⊙沿途均可以台鐵火車站為節點，建議先索取台鐵火車時刻表，方便隨時查詢車班、調整行程。

多久沒有享受踏浪的樂趣？花蓮湛藍純淨的海，正在呼喚你投入她的懷抱。

路線起訖：蘇澳新火車站—光復火車站
路線里程：蘇澳新火車站—武塔火車站（約四十・二公里），崇德火車站—光復火車站（約九十一・六公里），總計一百三十一・八公里
建議行程天數：六～七天

【環島慢速地圖 ❷】
蘇澳——光復

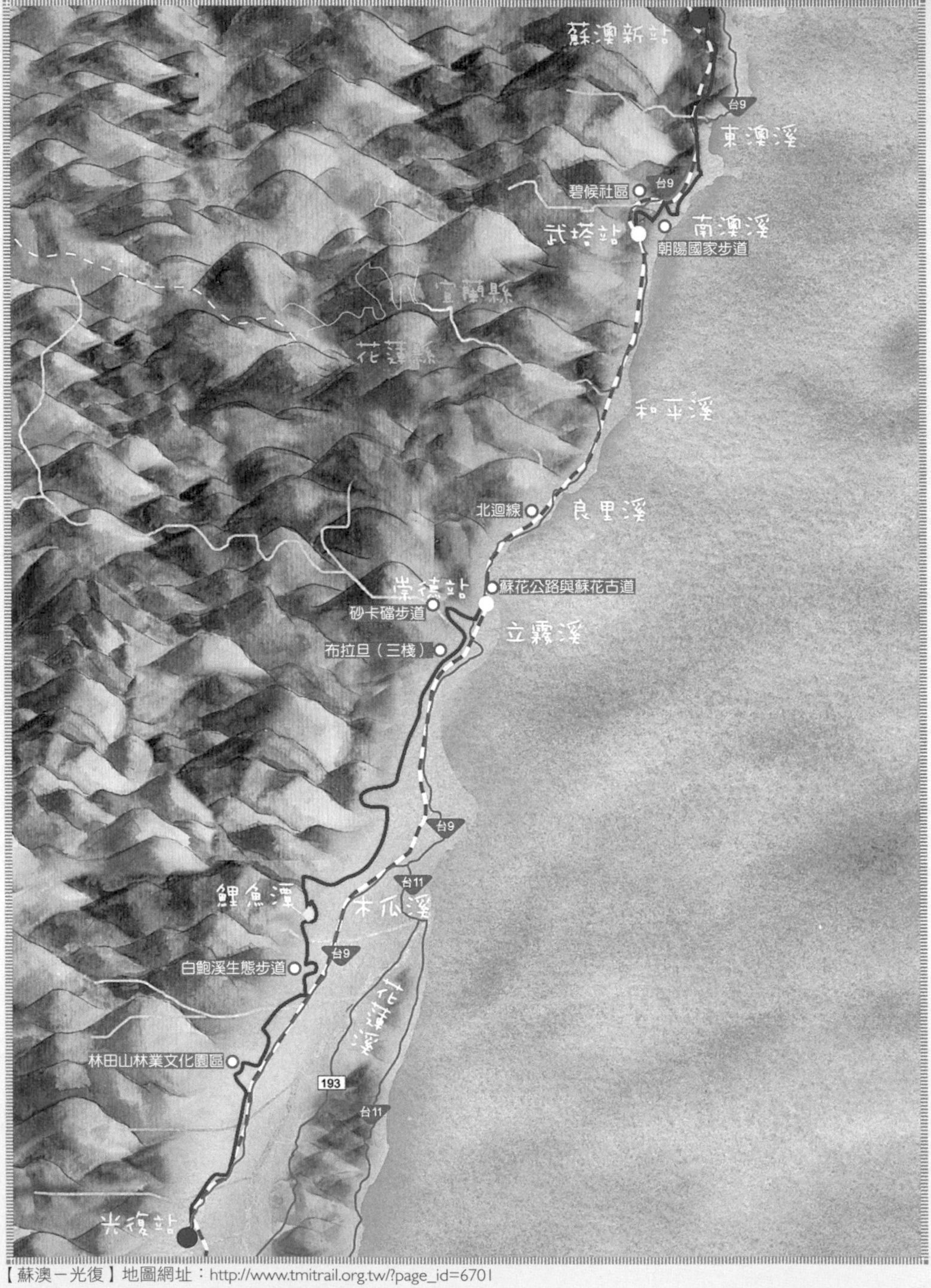

【蘇澳－光復】地圖網址：http://www.tmitrail.org.tw/?page_id=6701

路—線—報—馬—仔

自蘇澳出發後，往南經市區及著名的冷泉到白米木屐村和永樂火車站，再沿著圳頭坑溪旁的採礦產業道路南行，就可登上東澳越嶺古道；但因河流改道，從北端路口進入後得過溪尋找接續的路徑，越嶺古道則已經化身為台電的保修道路，路徑明顯寬大好走。

＋

翻過山脊接東大石礦的產業道路到東澳的東岳部落；東澳不僅湧泉有名，當陸上至省道台九線回望粉鳥林漁港，美麗的東澳灣更不禁令人充滿讚嘆與感謝。離開東澳沿著省道在新澳隧道前轉入林道，接續是平行於蘇花古道的大南澳越嶺古道，踏著先人拓墾的步跡抵達朝陽社區。

＋

登上舊名龜山的朝陽國家步道，樹林濃密生態豐富；走過清軍營遺址和羅提督開路碑見證歷史，繞過南澳農場來到莎韻之鐘的武塔部落後，便建議以鐵路替代不利步行的蘇花公路。搭乘火車在崇德出站後，走一小段沙灘、遠眺清水斷崖再回到省道，經秀林村、三棧橋，沿著鐵道旁散步，行過景美、佳民村，再沿佳山機場至撒奇萊雅族自治會所在的國福里。

＋

接著由美崙溪上游的水源社區到吉安鄉的慈濟技術學院；步行田園間，一路欣賞井然有序的日治移民村街道和山景，經慕谷慕魚生態園區、池南森林遊樂區，到白鮑溪谷生態步道、豐田社區，沿著山腳邊的社區小徑來到鳳林鎮。跨越萬里溪橋後再沿山邊路過馬太鞍溪橋到光復鄉，從林森路的獅子公園接馬錫山環山道路就可抵達光復火車站。

⊙注意事項：

- 武塔至崇德段，建議以搭乘火車替代。
- 路線經過東澳越嶺道以及大南澳越嶺道，長度皆約十公里，建議進入步道前，準備充足飲水與乾糧。

非去不可

碧候社區

碧候村位大南澳北溪左岸，與金岳村隔溪相望，背山面溪，多平坦地，適合農耕，有一村道，當地住民暱稱「碧候中央高速道路」，直通南澳，與蘇花公路、北迴鐵路相接，交通頗為便利。相傳碧候的祖先是從一座叫做Papaqwaka的山遷徙下來，遷徙到如今碧候人稱「老碧候」的Piya-haw；族人約在日治時期昭和年間，翻山越嶺、歷經災難才來到現在的新碧候。（摘錄自千里步道「慢行島嶼之東——蘇花行腳」活動手冊）

朝陽國家步道

朝陽國家步道位於蘇澳鎮朝陽社區南側，沿朝陽路經過南澳漁港後，便可看見通往步道口的指示牌。朝陽國家步道的出入口有三，由南澳漁港附近的入口登至最高點後，再分為主線與支線，主線長二・二公里、步行時間約九十分鐘，支線稍短，步行時間約八十分鐘。步道當年為先民開墾路徑，近年重新修建，為減少對周邊生態的擾動並盡可能融入現地環境，步道僅在坡度較陡峭的前半段，就地取材進行防腐處理後，修建木棧階梯與枕木步道；後半段則保留原有土徑。由於步道已畫為自然生態保護區，免受人為破壞，步道周邊動植物生態豐富，是一條老少咸宜的登山步道。（文・陳朝政）

北迴線

蘇澳花蓮間崇山峻嶺，清朝以來，雖有蘇花道的不斷修築，但始終無法提供大量的交通運輸。一九七三年，挪拉颱風侵襲使東部交通嚴重受創，當時省政府主席謝東閔視察災區後，於行政院會中報告，獲行政院長蔣經國裁示，興建北迴鐵路，以徹底改善東部之交通，列為當時十大建設之一。一九七三年十二月二十五日，北迴鐵路北起南聖湖（今蘇澳新站）、南從北埔，正式施工，至一九八〇年二月一日全線通車。北迴鐵路全長八十公里，隧道長合計三萬一千〇二十九公尺，歷經雙軌化、電氣化等改善，逐步縮短通車時間。（文・周聖心）

蘇花公路與蘇花古道

蘇花公路開發史可追溯到一八七四年牡丹社事件後，清朝為鞏固邊防與安撫原住民，欽差大臣沈葆楨特派福建省陸路提督羅大春，費時兩年開闢「平路一丈，山蹊六尺」為準之路，當時稱作「北路」（蘇花古道），然因路況不穩定、時有坍塌，交通功能極為有限。一九一六至一九二三年間，日本人重修北路，陸續改稱為「大南澳路」、「沿岸理蕃道路」、「東海徒步道」等，並將路徑拓寬至十二台尺，但車輛依然無法通行；可通行汽車的公路直到一九三二年才完工通車，命名為「蘇花臨海道」，從蘇澳至花蓮，全長一百一十九公里。戰後，此路改稱為「蘇花公路」，並持續新建隧道及拓寬為柏油路面，一九九〇年十月二十五日改為雙向通車。蘇花公路大致依海岸線修築，間或進入平坦河口三角洲腹地，沿路可見浩瀚太平洋與綿延峭壁交織景色，是一條世界著名的景觀公路。

（文・周聖心）

砂卡礑步道

砂卡礑步道位於太魯閣國家公園花蓮縣境內，早期是日人為了建造立霧電廠，從砂卡礑溪沿岸的岩壁上，鑿出一條長四・四公里、寬一公尺的步道，早期被稱為「神秘谷步道」。砂卡礑步道倚傍砂卡礑溪而行，在砂卡礑溪十六公里的流域中，峻秀的峽谷，清澈的溪水、美麗的岩石褶皺及蓊鬱的森林，讓砂卡礑步道兼具景觀與生態之美。湛藍湍急的溪水滑過溪床，與溪石合奏出清亮的自然樂音，而溪水也將岩石琢磨得圓潤柔美，褶皺在兩岸山壁和溪中岩石上形成一幅幅抽象壁畫，美不勝收。

（摘錄自千里步道「慢行島嶼之東——蘇花行腳」活動手冊）

布拉旦（三棧）

「布拉旦」在太魯閣族語中是一種菇類的名稱，因為早期此地盛產這種菇類，就以布拉旦為名，又因聚落位處三層河階地、依山傍水而建，閩南人稱之「Sajan」，國民政府接管後，便以類似音「三棧」命名。這裡也是

三棧南、北溪的匯流處，兩溪匯流處有一座狀似「駱駝峰」的小山脈，駝峰鞍部的平台就是布拉旦舊部落。三棧南溪裡的黃金峽谷，水質清澈、生態豐富，盛夏時候常吸引許多喜好親水活動的人來到這裡進行溯溪活動。「布拉旦」因其景色秀麗，素有小太魯閣之美名。（文・周聖心）

白鮑溪生態步道

白鮑溪為荖溪的上游之一，曾以出產「豐田玉」聞名。白鮑溪在荖溪橋與荖溪匯流，近年歷經水土保持局以水土保持生態工法整治，現為生態工法教室，在此可見到緩坡砌石護岸、砌石固床工與魚梯等工法，而入口處因「河川襲奪」產生的特殊地形，更是「活的地理教室」。此外，白鮑溪水量豐沛、擁有絕佳水質，清澈溪底可以觀察到苦花、啦氏清溪蟹與蝦虎等珍貴生態。（文・陳朝政）

林田山林業文化園區

林田山為日治時期東部最早開採伐木的地區，當時稱為「摩里沙卡」，現已廢站的台鐵林榮站，即是日人為了運送木材而在花東鐵路增設的「平林驛」，於此有一條輕便鐵道延伸上山。在林務局接收林場、歷經林業轉型後，曾有「小上海」或「小九份」之稱的林田山林場景況不再，但保留下來的大量日式建築群，以及重新修復的部份林鐵，讓林業園區以全新的面貌重回世人面前。改編自日本文豪芥川龍之介短篇小說的電影《軌道》，便是以林田山為拍片場景。（文・陳朝政）

山海之間的縱谷記憶

……浪遊縱谷……

海岸山脈與中央山脈懷抱著一片沃土，豐富的不僅是山光水色，更有著溫厚的人情。

來到後山，別只沿著省道台九線移動，它會讓你錯失太多的美麗。

面對她們最好的方式，就是留下記憶，不留下不屬於那片土地的……

貼著山、靠近海、沿著溪，每一條蜿蜒小徑，都有可能引你去到一個秘境、送給你一個小小驚喜。打開花東地圖，長長的縱谷上，與花東鐵路或平行或遠望、間或交錯的一九三縣道、花五號鄉道……，讓自己徜徉在山海縱谷之間，記住那片僅屬於海岸山脈與中央山脈懷抱中的青翠沃土、山光水色，以及點點滴滴數算不盡的縱谷記憶與人情味。

山海之間的「奇美」珍珠

曾在花東縱谷上長時間走路或騎車，就會知道，一路南行時，總會有壯闊聳立、綿延不絕於你右側、跟隨著你步履的青色山脈，它和你往左側望去，輕緩起伏的秀麗山脈，有著截然不同的氣勢和姿態。

你不需要指南針，只需環伺周遭，便可知道自己的方向。輕緩秀麗的是海岸山脈，壯闊高聳的是中央山脈。有段時間，我住的地方，洗手檯前一扇小小的窗，只要推開，整扇窗滿滿都是中央山脈的山影，雖然伸手不可及，卻是整個世界。推窗看見山，是住在後山最幸福的事了。來到台北二十多年，最大的心願便是可以擁有一處窗外看得見山影的小屋。

約是二十歲的時候吧。我和大學同學騎著一部九十C.C.的光陽打檔車，從花蓮市沿省道台十一線海岸山脈外側，一路騎到大港口，沿著秀姑巒溪向西騎行，一九八〇年代初期，奇美公路（瑞港公路）還沒全線暢通，從大港口右轉彎進之後，產業道路愈來愈窄，最後全部都變成碎石子路。還記得當時雖然一路忐忑，憂心機車若爆胎，在幾無人煙且暗夜將至，將陷入進退維谷的窘境，卻仍不敵美景吸引，不忍半途折返；當時，真有一種騎乘駿馬強渡關山的豪情，伴隨著空山萬仞遺世獨立眾人皆醉我獨醒的絕決，翻越秀姑巒溪岸數不盡的迴腸山徑與奇巖峻嶺後，在最後一抹夕陽餘暉中，迎接我的是廣袤開闊的縱谷平原，和秀姑巒溪潾洵靜謐的溪水與橙黃的金色稻穀。那是我生命中永存的記憶和顏色。

走在花東縱谷中處處是山景，清緩秀麗的是海岸山脈，壯闊高聳的是中央山脈，其間有花田小路的農村風景，翻越山嶺又是一頁海岸部落的淳樸熱情。

奇美的美，空谷迴響；而縱谷的風土人情精采魅力，則一直到我因步道運動重返故鄉後，才有機會更深刻的體會、更豐富的浸淫其中。

風鈴之鄉牛根草的朋友們

花蓮鳳林鎮牛根草社區發展促進會的一群「大男生」，是透過東華大學蔡建福老師牽線所認識的地方上的朋友。他們自稱是社區裡的年輕人，年紀卻已四十好幾，生活歷練明白的寫在臉上，一個是警察，一個是記者，一個是郵差，但都熱愛著自己的故鄉，在人口外流、農地大量休耕，農村急速萎縮的現實裡，歡歡喜喜的攜家帶眷，利用營生工作之餘投入營造社區的義務工作中：廢棄的豬圈搖身變成生態教室，廢耕的農地租下來當作生質能源的試種區，每到週末假日帶著一群群小孩和家長，來到這兒播種，向日葵、黃豆、芥菜籽……，連放下農事已久的老人都來了。牛根草的一群「年輕人」，就這樣把社區的美麗小徑、男女老幼、荒廢農田、

牛根草社區發展促進會將廢棄豬圈活化再利用，作為田野生態教室，也是接待遊客的社區據點。

地方故事……，熱鬧哄哄的串連起來。

所有來到鳳林的朋友，都會對後山客家農村的豐富和熱情，留下深刻的印象。還記得第一次來到鳳林時，我們甫抵鳳林火車站，一些社區朋友們，就已經候在車站外，十幾部從各家募集來的生活單車，錯落的擺放在一旁。一位朋友手上捧著茶盤，上面十幾個小杯子，還不認識的國恭，便要大家一起舉杯，說這「紅糟迎賓酒」表示社區對大家的歡迎，以及希望大家來到鳳林能有賓至如歸的感受。

兩天鳳林之行，有社區媽媽準備的客家美食、有田裡的葵花子播種實做、有山腳下讚炭工坊的參觀導覽、有讓人彷若回到從前的菸樓巡禮、有大樹下聽老人們吟唱的感動……，還有吹不盡的清風，和緩慢到——你可以向許久才會遇到一個的路人微笑、對著蹺在路旁的小狗打招呼——這樣的生活節奏。這是鳳林，一個可以讓你放下匆促，靜靜看世界的後山小鎮。

說起社區媽媽的客家美食，一定不能不提媽媽們的好手藝，和農村婦女特有的純樸親切，不論是活化再利用的菸樓或是豬圈裡，簡餐或辦桌，媽媽們在拼出的餐桌上，精心鋪上客家紅花布，一面親切的招呼你要多吃一點這、多喝一點那，還不忘告訴你：這是早上自己菜園裡摘的地瓜葉、這是隔壁家養的土雞、那是去年蘿蔔盛產時醃製的菜脯燉的湯、這是誰家新移民媳婦做的甜糕、這是誰家釀的小米酒……。讓你吃進肚腹的每一口，都是補充生命的養分，和對天地人世無盡的感謝。

浪遊縱谷的青春行腳

蔡建福是東華大學環境政策研究所的教授，二〇〇六年千里步道透過網路邀請對步道運動有興趣、有願景的朋友共襄盛舉時，蔡老師是最早寫信給我們的朋友之一，他不僅來信表達對步道運動的支持，更提供給我們過去幾年他在花東縱谷所進行的浪遊紀錄短片，也提供英國鄉村保護法、美麗風光保留區的各種法案資料。

二〇〇六年四月二十三日千里步道啟動大會上，蔡老師帶著他的學生風塵僕僕的從花蓮來到台北；五月，千里步道第一次智庫沙龍討論會上，蔡老師再次來到，並為我們做了更多關於「綠道（Greenway）規劃」與「花蓮鄉村發展」的議題分享。蔡老師更長期帶著東華的研究生們，進行花東地區部落與農村的調查和培力，並透過「浪遊縱谷」的活動規劃與執行，串連社區資源網絡，在浪遊過程中體現人與人、人與自然的親密關係。

二〇〇四年開始的「浪遊縱谷」，一走迄今已是八個年頭，從最早的一行十五人，到現在兩路會師，浩浩蕩蕩，四天三夜，迎晨曦、沐清風、送夕陽、觀夜空、品鄉情，近百人慢行在花東縱谷的部落之間，沿山、濱海、近溪行。

蔡建福老師在二〇〇四年第一次浪遊前所擬的「浪遊宣言」中這樣寫道：「……我們選擇布滿油菜花田的花東縱谷來欣賞自己的『心靈風景』。縱谷的美，難以用言語傳達；縱谷的美，難以透過車窗體會，為了感受光的變化，感受水的流動。為了體會空氣的溫度，呼吸土地的芬芳，為了練習與環境對話，重新審視自我的存在，為了尋找老農夫與我們片刻間駐足相望的溫潤眼神，為了聆聽農莊禾埕嬉戲的孩童傳來的輕盈笑語，我們選擇用雙腳——浪遊縱谷。」

零廢棄物、零食物里程，以及最少的排碳量，是浪遊過程中的三大原則。也因此，在行腳的過程中，也和沿路招待的村莊部落約定，使用村子裡自己種植的蔬果，或者，和阿美族朋友們一起體驗生鮮野菜的採集和烹調。

許多參與「浪遊縱谷」的學生，包括現在已擔任鳳林北林國小家長會長、千里步道在花蓮很重要的社區夥伴——美玲，還有更多青年後來都以不同的方式投入社區、環境、小農等領域，守護著我們的大地。而我相信，這都是因為她／他們在最年輕純真時，便親身走進過最樸質真實的農村和生活裡。

豐南村，國境之南、豐饒之鄉

二〇一〇年的浪遊，我們來到位於花蓮最南端的富里鄉豐南村。一個位處東南邊隅、巒山環抱的世外桃源。富里鄉是狹長的花蓮縣最南的鄉鎮，族群多元，阿美族原住民、平埔族、外省人、客家人及閩南人共融生活；而豐南村又位於富里鄉南部，屬於海岸山脈區，海拔高度約三百五十公尺，以阿美族原住民為主要人口。

豐南社區在我們行腳至此之前，已曾主動邀請籌畫中心全力推動手作步道的銘謙，到社區看看他們做的步道。短暫的首次拜訪後，銘謙帶回許多美麗的照片和感動：「那裡真的很美，千里步道的路網有沒有規劃到那裡？而且他們做的社區步道已經很棒了，在地取材、有自己的工法。」

二〇一〇年的浪遊，我們緩步，再次來到。日暮後大夥兒乘夜風坐在與山林融為一體的院子裡，聽原住民歌手即興唱歌、吃烤全雞和炒野菜、喝小米

由山嶺上往下俯瞰寧靜安祥的吉拉米代 — 豐南村，有一種闖進與世無爭桃花源的錯覺。

酒、說笑話，歡呼鼓掌酒酣，天空下起細雨也只是助興而已。

蔡建福老師曾說：「豐南部落是我看過最淳樸的村莊之一，一個晚上聽得到山羌鳴叫的村落……」社區裡唯一一家雜貨店，櫃台後方的黑板上，還可以看到古早農村裡的賒帳記錄；部落居民自發手作沒有水泥的自然步道，就在社區石厝溝溪旁，加上先民在山壁刻鑿的水田灌溉系統，和山坡上美麗蜿蜒的梯田景觀，這個位於中央山脈與海岸山脈交會處的世外桃源，未來極有可能被登錄為文化地景。

除了得天獨厚的自然美景與地理環境，豐南的豐饒，還包括社區裡熱心參與社區事務的總幹事、社區幹部、志工媽媽們。在社區活動中心裡享用的早餐，即是社區朋友們的熱情呈現，社區媽媽們自己做的醃漬蘿蔔，配上自耕白米熬煮出來香噴噴的稀飯，好像永遠都可以再添下一碗，但肚腹還是渴望著一旁地瓜、豆漿……。面對過量的早餐，只能安慰自己：反正會走很長很長的路，自然會消化。

「富里—羅山」間的花田小徑

在東華大學環政所學生們的規劃帶領下，揮別世外桃源般的豐南社區，大夥兒要前往羅山有機村。

走在山林綠野之中，蜿蜒鄉道旁知名或不知名的果樹和小花、偶一擦身而過的農用拼裝車、荷鋤的老農、迷你小學校、巧思點裝的鄉野工作室……，走路真是一種幸福，看不盡的沿途風光。

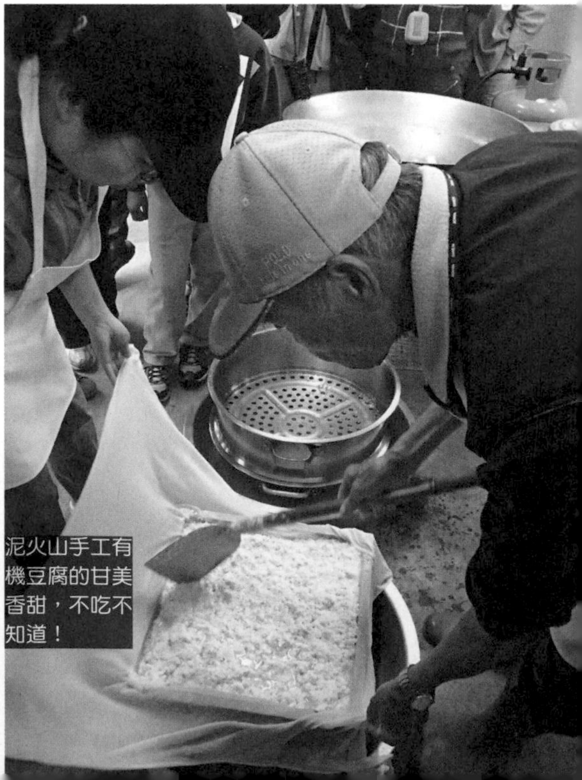

泥火山手工有機豆腐的甘美香甜，不吃不知道！

漫行的路徑很快的又彎進更靜謐的小徑，不時有衝出來對著我們吠的小狗，路旁唯一一家家戶女主人好奇問我們，要去哪兒？「羅山？還很遠耶，要用走的喔，好厲害。不過前面就沒有路啦，你們走錯路了……」，女主人甚至要跟我們打賭，說我們一定會折返。

我們沒有折返，因為腳下就是路，千里步道浪遊慢行的路徑，除了一般人刻板印象中、每天都會走的「馬路」之外，還包括阡陌土路、沿溪跳石、後巷街廓……。前往有機村的路徑就該這樣充滿驚喜吧：走過農家小庭院、跨過河堤岸、行過溪間跳石、攀過壁上石階、穿過一小段竹林子，迎在我們面前滿滿的都是金黃色的油菜花田，襯在燦爛陽光裡，隨風搖擺閃爍。這是縱谷最美的季節！

走不完的油菜花田、拍不完的美麗角落，還有田間辛勤耕作的老農，這是一個以有機耕作為農業發展的後山小村。行行重行行，行經梅花林和梯田、行經小山丘和田埂路、行經泥火山噴發口和引自羅山瀑布的清澈水圳，下午三、四點間，微疲的小腿帶著我們來到了位於海拔約一千公尺的羅山有機村。

作為農委會所輔導的台灣第一個有機農業村，羅山村無疑已大大有名，不僅是連日本人都趨之若鶩的「銀川米」出產地，各季節還出產有梅子、愛玉子、香菇、桶柑、柚子、紅毛丹等好吃又健康的有機蔬果；而採用泥火山鹵水取代石灰，加入以有機大豆所製成之豆漿，以及用傳統柴火熬煮豆漿，經過凝結、壓模成型的羅山泥火山有機豆腐，伴隨著些許炭燒味特有的甘香濃醇，更是一絕。若你愛吃豆腐，一定要嚐嚐火山豆腐的真滋味。

來到羅山，喝杯豆漿吃塊豆腐，住下來，至少一晚。來到縱谷，離開車廂離開大馬路，乘著風慢慢走，愈遠愈好，清風會為你拂乾汗水，陪你走向遠方……。

文・周聖心

【精選慢速地圖③】浪遊縱谷

路線起訖：花蓮縣富里鄉羅山村—豐南村

步行里程：十六公里

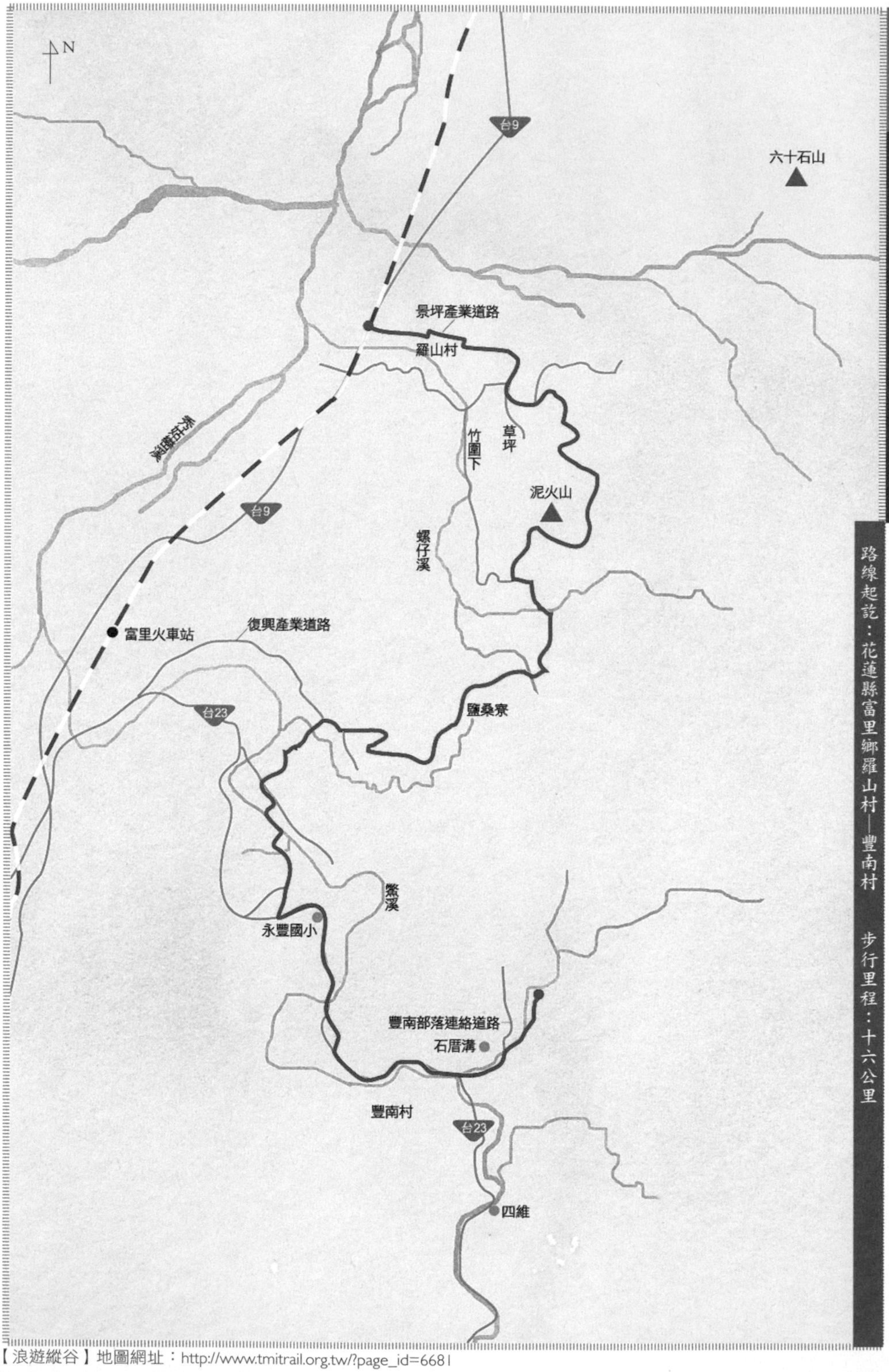

【浪遊縱谷】地圖網址：http://www.tmitrail.org.tw/?page_id=6681

行—前—通—知

建議旅程時間：

⊙三天兩夜，可分別夜宿羅山村、豐南村。

建議裝備：

⊙兩套簡單衣物、環保餐具打包成行囊即可上路。

⊙水陸兩棲的輕便舒適走路鞋。

建議交通方式：

⊙搭乘台鐵至富里火車站後，轉乘花蓮客運到羅山站下車，沿景坪產業道路便可步行至羅山有機村。

⊙豐南村可搭乘花蓮客運，沿省道台二十三線返回富里。

青山、藍天、白雲、金黃花海，構成一幅縱谷風情畫。

路線起訖：光復火車站—台東市
路線里程：一百五十六公里
建議行程天數：七～八天

【環島慢速地圖 ❸】

← 光復——台東

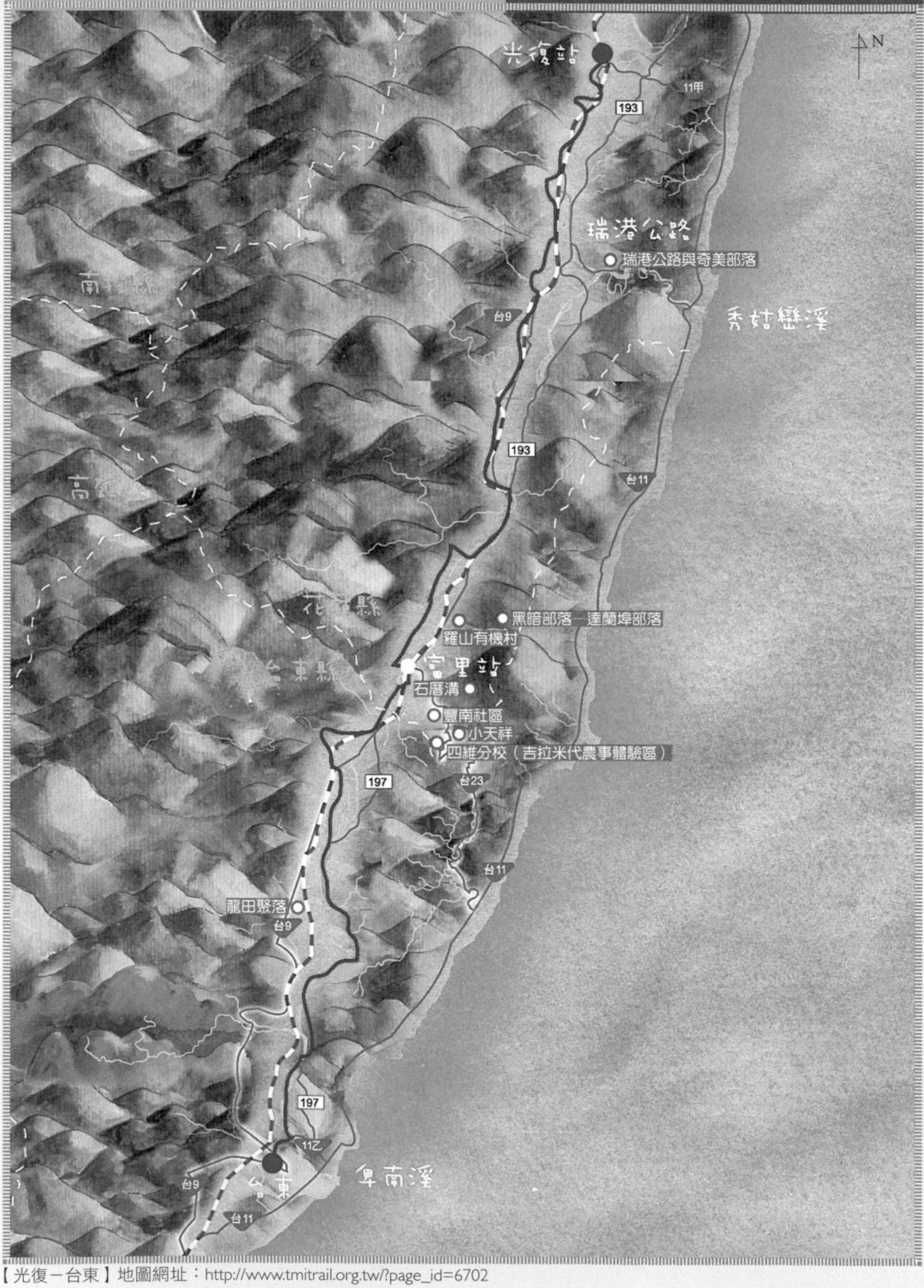

【光復－台東】地圖網址：http://www.tmitrail.org.tw/?page_id=6702

路—線—報—馬—仔

從光復火車站出發後，進入馬太鞍溼地生態園區，經過鷺鷥蓮荷國、湧泉、巴拉告捕魚區，再沿光復溪、清水溪畔來到大興瀑布紀念公園；這是大興村經過土石流後重建的成果。

＋

接著會經過省道台九線上美麗的大富派出所，再到鍾家古厝、富源農場、馬遠社區、瑞穗溫泉、瑞穗牧場、舞鶴掃叺頂、崙山社區、大禹社區等諸多值得一遊之處；進入玉里市區後，再轉出經客城社區、長良村到卓溪鄉的白端、古風、崙天、石平等部落，最後從富里鄉的學田村接到台東縣池上鄉，一路盡賞山明水秀及各具特色的閩、客及原住民聚落的人文風采。

＋

由景致清幽的大坡池繼續往南，經台糖池上農場、初來的關山大圳引水公園、海端的布農文物館，來到同為米倉的關山鎮；水圳工程的成功造就了米倉，但卑南溪在關山鎮以下廣大河床所帶來的沙塵暴，卻是我們不得不關注的河川環境議題。

＋

電光大橋帶我們進入一九七縣道，山路蜿蜒盡是一片鬱綠；從瑞源牧場、上野、鸞山、榕山部落到利吉溫泉，接著是利吉混同層露頭的惡地地形；隔著卑南溪對望的小黃山，則是中央山脈末端遭雨水沖刷形成的礫岩斷崖景觀，兩處奇景分屬歐亞及菲律賓板塊，令人讚嘆。過利吉大橋、卑南大圳公園後便可抵達台東市區。

走在花東縱谷上，你會不由自主的快樂跳躍……

非去不可

瑞港公路與奇美部落

花六十四鄉道，一九八六年全線通車後取名為「瑞港公路」，西端起自瑞穗，沿著秀姑巒溪、橫切海岸山脈，東至大港口。奇美部落就位於這條公路的中間點。奇美部落，位於瑞穗以東二十公里處，在秀姑巒溪左岸、大磯山西邊的台地上。一直到一九六四年才有電，民國七十五年部落連外的瑞港公路才開通，民國八十一年才裝設有電話。一直到民國七〇年代，部落居民仍普遍居住在傳統的茅草家屋裡。部落人口約五百人，以阿美族居多。（文・周聖心）

黑暗部落——達蘭埠部落

從羅山走過清坑，沿著河谷溯溪，就會來到一個遠離塵囂，不須電燈、電器、電腦就可以生活的地方：達蘭埠部落（Talanpo）。達蘭埠座落在海岸山脈深處，一個遺世獨立的山谷中，阿美族語「達蘭埠」就是「獵人頭之地」的意思。「黑暗部落」之稱，乃因山上沒有電力設施，村民們過著原始生活的緣故，但其實台電的電線桿已經拉到了離部落一百公尺的地方，作為六十石山的農業灌溉抽水之用。然而，部落居民認為「電」未必帶來幸福，而現代科技更造成人與大自然的疏離，因此斷然拒絕接電，清楚地避開無所不在的現代化生活方式，同時恢復舊時部落換工的制度，發展不用農藥、化肥及殺草劑的有機農業；部落生產的金針更獲得瑞士生態市場研究所（IMO）的國際認證。透過尋回這些傳統結社行為，也逐步地在他們的文化生活中建構出一套穩定、高貴的人際關係，和文明的生活模式。達蘭埠部落拒絕電燈，並沒有拒絕光明，反而因為認清了這些事實，使得在這裡生活的居民，成為最接近光明的一群人。（文・陳朝政）

羅山有機村

羅山村是全國第一個有機村，位於花東縱谷南端，東面緊靠海岸山脈，北面以九岸溪床與竹田村分界，南以螺仔溪南岸與石牌村接壤，西以秀姑巒河床與明里村分界。由於依山傍水，有極佳的天然屏障，而海岸山脈則提供了純淨獨立的水源，使得全村的農業灌溉用水豐沛且確保無污染。羅山村海拔在兩百至一千五百公尺間，居民多以務農為生，是富里鄉重要的良質米生產區及果樹栽培區。羅山村從村民的共識、全體自主的推動，到有機農產品的加工生產，並結合在地文化，讓農村生活有機化、有機生活化，成功營造出以「生產、生活、生態」三生一體的有機社區。（文・陳朝政）

豐南社區

豐南村位於富里鄉鱉溪中游北岸的沖積河階，是鄉內位置最南端也是面積最大的村落，東隔海岸山脈與台東縣成功鎮相鄰，南邊則是台東的東河、池上鄉。豐南村的阿美族語為吉拉米代（Cilamitay），意思是「大樹根」。清末開始有阿美族人來此地居，最早的落腳處在鱉溪南岸形成的聚落。七十多年前，族人覺得離耕地太遠，才搬到目前的部落位置，因為看到此地有巨大的楓樹，且樹根大到可以當作橋樑，因而命名為Cilamitay。豐南社區的「生態廊道」是通往「石屋」的廊道，搭配重點部落計畫重新整理，居民組成的工班，就地取材以木頭搭建橋樑，穩固古樸，形態各異，在扶手部分，運用樹枝自然的弧度，架在橋上，走在廊道上您可以細細品味純手工的小木橋。（摘錄整理自東華大學二〇〇八—二〇一一年「花東浪遊手冊」，以下出處相同者不另外註記）

石厝溝

石厝溝在鱉溪的上游支流，是一處阿美族人的部落，社區居民們最近開闢了一條沿溪的步道，有些步道的階梯和扶手竟然仍在成長、發芽，因為它們是以活的樹幹埋設、彎折做成，居民們用純手工，就地取材，開闢了這一條一千兩百公尺的自然步道。沿著河谷步道前進，可以看到為數眾多如房間般巨大的麥飯石矗立在溪谷中央，讓這一個隱匿在海岸山脈間的山谷溪流呈現出一種難得一見的壯

麗景致。而石厝溝的梯田和沿著山壁興築的水圳系統，則是先民血汗與智慧的結晶，這個特殊的地景已經被推薦成為台灣的文化景觀。

小天祥

小天祥就位於富東公路上的一小段，因為這裡的峽谷地形和中橫公路上的景觀很相似，所以又有小天祥之稱。長約八百公尺的蝕谷地形乃是溪水長年洗刷而成，削出一條陡峭的小峽谷，也揭露出溪谷兩岸的「都巒山層」——台灣最古老地。岩壁摻雜鱉溪再積火山碎屑岩，形成堅硬的岩質陡峻於山壁溪谷。

四維分校(吉拉米代農事體驗區)

位在富東公路九・五公里附近，已廢校的永豐國小四維分校，一列清空的教室，未來將是社區的碾米廠和農事體驗中心，以從事認識有機稻米、傳統割稻懷舊風、體驗日曬稻穀的香味、野炊及阿美族的生活體驗。體驗區目前正籌備住宿區，建築物外的走道和花園，都靠在地工班們辛苦打理出來，沒有邀請任何專家代為設計，居民用竹子築成籬與廁所的門，把椰子殼做成植栽的容器。

龍田聚落

龍田聚落位於鹿野鄉，原為日本人移民村，龍田國小為日治時代鹿野尋常高等小學校與鹿野公學校聯合的化身，目前校內保留日式木造校長宿舍及托兒所（創設於一九二八年，為全台最早的托兒所）兩棟日本房舍。

（文・曾志明）

達人帶路

花東浪遊南路——造訪別具風情的豐南、羅山、大禹社區

文・蔡建福（東華大學環政所副教授）

花東浪遊南路路線的第一站是豐南，豐南社區在花蓮的最南端，鱉溪沁涼的溪水切斷海岸山脈，在這裡產生了一處跌宕幽深的峽谷地形，也就是大家習稱的小天祥。豐南是台灣最早進行社區總體營造的地方之一，阿美族與閩漢移民相處和樂，合作無間；社區理事長王晉英先生經營的雜貨店，外表平凡無奇，但只要仔細觀察，或許你會驚訝地叫出來：這是一間可以賒帳的雜貨店啊！

走過豐南社區，我們踏過起伏的丘陵繼續往前，來到一個以有機農業聞名的村落——羅山村，羅山在幾年前經由花蓮農改場的輔導，成功地將大部分過去依賴化肥、藥劑的慣行農法，轉移成為對土地友善的有機農法，村民的努力也逐漸回饋到農業的產值上！

層層堆疊的山巒中，獨立遺世的豐南村一片靜謐。

沿著花東縱谷往北走，將行過舊鐵路所改建的單車道，穿越玉里鎮，來到玉里鎮北邊的大禹社區。

大禹社區有很多種草藥和了解藥草的專家，藥草王阿枝伯的木造房舍旁，種滿了各種各樣針對身心療癒的藥草，鄰居們也在潛移默化中認知了這項技能，各個都對這個領域知識有著深淺不同的涉獵。在東華大學環政所團隊進行社區輔導的同時，居民們更向著名的吳神父學習具有舒壓及病理療效的腳底按摩，加上工藝治療、草藥治療及準備中的園藝治療、音樂治療與寵物治療等未來規劃，期待這一個台灣最偏遠、邊陲的村子，可以翻轉成為另類的核心，受到大家的倚賴與需求。（摘錄整理自東華大學二〇一〇年「花東浪遊手冊」）

聽見海的聲音

…走近阿塱壹…

你曾有過這樣的經驗嗎？躺仰海灘，開展四肢，眼目直達穹蒼望向無際；或是踡身抱膝，靜觀浪濤拍打，隨著流沙浪起潮退，彷彿看見地球的轉動。海的聲音，是波濤、是節奏、是氣息、是從未消失的記憶，一喚就醒。

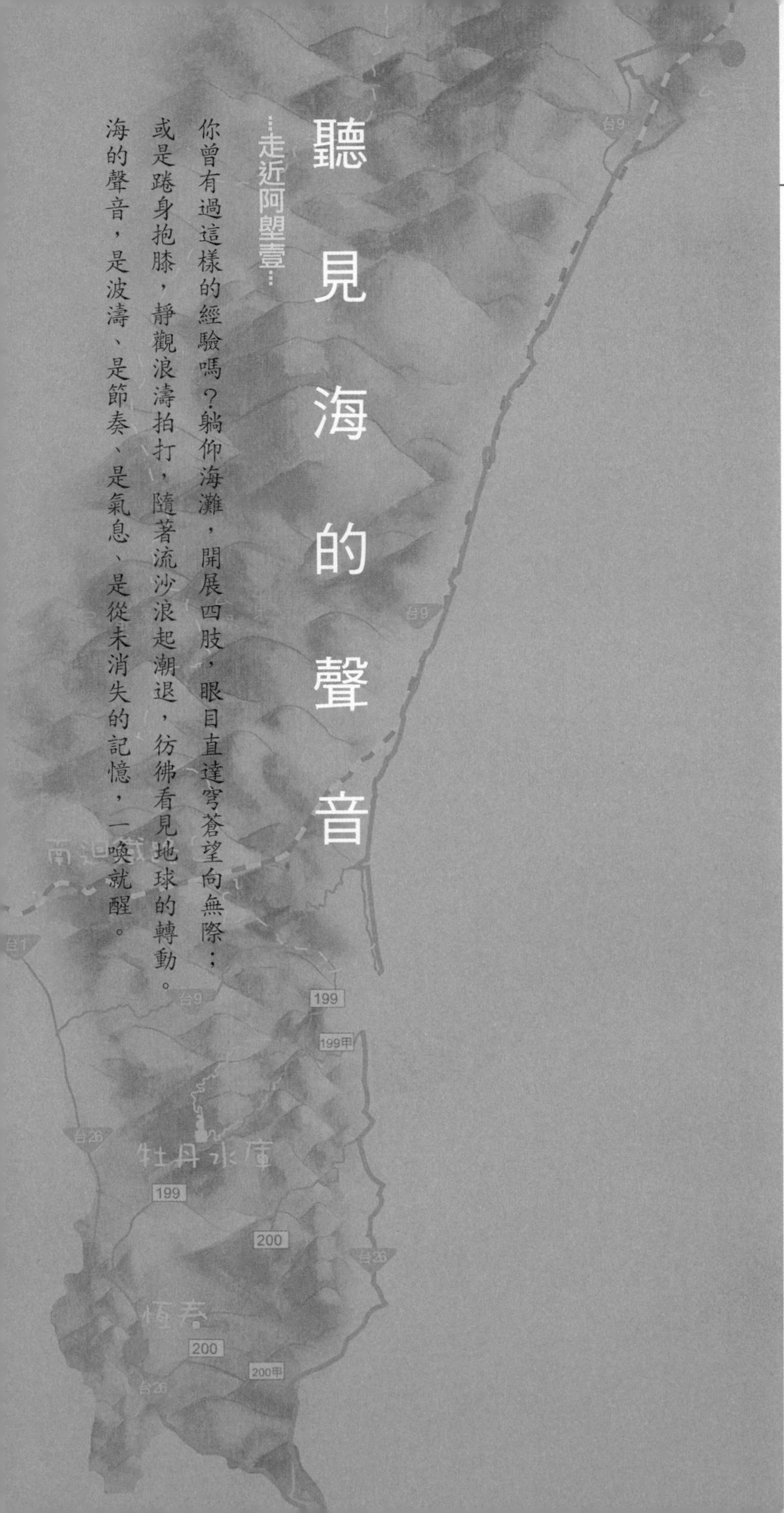

走近阿塱壹，你會聽見海的聲音，喚起你與大自然緊密的連結。

走近那片會唱歌的礫石海灘

二〇〇六年因為投入千里步道環島路網的串連，我開始走近這條位於台東達仁鄉安朔部落與屏東牡丹鄉旭海村交界，數百年前即是大龜文王國排灣族原住民狩獵、遷徙、通婚，乃至西方學者探險、西拉雅平埔族東遷逃難、清兵行軍，卑南—恆春古道上至今保留最原始完整的海岸線；而一八八七年五月，監督鵝鑾鼻燈塔工程的英國籍技師喬治．泰勒（George Taylor），在瑯嶠十八社大頭目潘文杰的陪同下經此路線前往恆春，更為阿塱壹古道留下珍貴的紀錄。

「要串連起環島的步行與自行車路網？」屏東、台東的朋友不約而同的告訴我們：「阿塱壹是一定不能錯過的！」二〇〇六年六月十一日步道運動第一場戶外步行活動——「六一一南北開步走」，便選定「漢順上學路」為北部步行路線，南部步行路線則為「阿塱壹古道—旭海南田段」的十二公里路。從那時刻開始，阿塱壹便一次又一次重新喚起我對海的原初記憶，也牽繫著每一個曾親炙這段美麗海岸旅者的心靈。

花蓮長大的我，對海並不陌生——第一次瞞著家人偷溜出門玩耍，在美崙溪出海口險些被海流沖走腳上拖鞋而不敢回家；小阿姨約會時帶著我當電燈泡，就和連續劇裡一樣，漫步在白燈塔旁長長長長的細暖白色沙灘上；高中時代更是三天兩頭，一放學便騎單車為賦新詞強說愁的獨坐海天一角……，但曾幾何時，綿延的白沙海岸早已不在，而消波塊不僅是阻絕了踏浪的快樂，更阻礙了我們望向遠方的視野，海天一色只能框在水泥角的縫隙裡。

但，阿塱壹，那片會唱歌的礫石海灘，能夠撫慰你我……

藍天襯著海岬、湛藍耀眼的海水、會唱歌的南田礫石灘……，造就了阿塱壹渾然天成的絕世美景。

台灣僅存海岸線，只能成追憶？

阿塱壹的美，來自她是台灣島上唯一僅存、放眼望去不見任何水泥建物與水泥護堤的天然海岸線；她的美，來自她能讓你一無遮蔽的眺望太平洋、聽見天老地荒綿延不絕的礫石樂音；她的美，也來自沿岸富含珍貴自然生態資源的原始海岸林：林投、草海桐、海檬果、台灣海棗、台灣蘆竹、海岸擬茀蕨、三葉崖爬藤……，以及過山蝦、青毛蟹和不定期拜訪的珍貴嬌客——綠蠵龜。因為她絕無僅有的自然礫石海岸，以及地處邊緣，路途的遙遠反成為一趟可以濾淨凡塵的身心靈洗禮。

但這樣的美景卻伴隨著她滄桑未卜的命運。二〇〇二年省道台二十六線旭海—安朔段，在備受爭議的狀況下有條件通過環評後，阿塱壹便在道路開發與景觀保護兩造力量的拉扯下，開始了迄今未決的拉鋸戰。

阿塱壹的美景，要能夠從我們這一代人手中，完整無損的傳承到下一代手中，還需面對許多難關和抉擇。資源開發V.S.環境守護，經濟產業V.S.生態保育之間，如何取得平衡共存，尤其是讓地處偏鄉、相對資源不足，期待透過道路開發帶來人潮錢潮生計的在地民眾，真的看到並且相信：與環境共存共榮的綠色生態、在地資產才是大有可為、永續友善的！

道路開發並非促進觀光的唯一途徑！善用活化在地資源與社區特色，尤其是上天賜予的天然地景，既可為人類全體保留珍貴的大地資產，也可以讓自身的生活環境更優質永續，相得益彰兩全其美。

和英國湖區一樣，讓美景常存

前陣子，有一部以英國湖區為故事背景的電影《波特小姐：彼得兔的誕生》在台灣上映，影片中處處可見牛群羊隻點綴在輕緩如波鋪滿綠茵的小丘上、遠方幾朵白雲傍著湖濱緩步行走的旅者，以及世代在那塊土地上辛勤耕耘的農人們的身影。促成這幅如畫般的鄉村生活美景，可以免於工業革命以降的過度侵擾和開發，維持百年，得歸功於一八六六年出生於倫敦的海倫・碧雅翠斯・波特（Helen Beatrix Potter），也就是影片中的女主角、彼得兔繪本的創作者。

早在一八八二年，碧雅翠斯第一次隨著父母到湖區（Lake District）渡假後，便與這片美景結下永世的承諾，一九〇五年碧雅翠斯用第一筆版稅在湖區買了一棟十七世紀的「丘頂」農舍，一九二四年再買下兩千英畝的卓特貝克莊園農場，在她七十七年的生命歲月中，和好友們不斷籌資募款買下土地，以防止都市發展入侵鄉間。她生後遺留給「國民信託基金」（The National Trust）的四千畝農莊與土地，不僅讓湖區免於遭到過渡開發的破壞，更重要的是藉由協助和支持長期在這塊土地上，辛勤耕耘的農人們和其傳統的生活方式，讓湖區的美景，得以它最樸實、生活的樣貌，被保留下來，也為全人類保留一方心靈的故鄉。

台灣的東南隅，尤其阿塱壹沿線最適於參考「英國鄉村法案」的精神，劃設類似英國的「美麗風光保留區」（Area of Outstanding Natural Beauty），以保留住福爾摩沙美麗山海原有的自然與人文之美。

在英國，早在一九四九年就制訂了鄉村法案，賦予鄉村的主體性，也保存了英國人引以為傲的鄉村景觀；二〇〇〇年制定的鄉村步道法案（Countryside and Rights of Way Act），更提出綠帶（Greenway）的觀念，以線性空間保護的概念，連結起地方上的特色景點、開放空間、公園、學校、交通節點等，提供在地居民與遊客一個富涵自然魅力與人文內涵的永續生活環境和生態旅遊資產（註）。

與燦爛陽光、湛藍海水有約

走近阿塱壹，搭火車是最好的方式了。既省油減碳又能浸淫在慢活旅程之中，亦能細細品嚐南迴鐵路沿途之美。不論是從東台灣的花東南下，或是從西部南高屏而來，都可以搭南迴鐵路抵達大武車站。

大武車站位於社區地勢較高處，一出站便有徐徐海風、燦爛陽光與遠處湛藍的海水迎接你；亦有個人車行可做接駁服務，或是到大路口等候客運車轉乘至安朔，亦是一途。

車行大武—尚武—安朔後，即可由南田開始步行，經觀音鼻至旭海。當然，這是阿塱壹「安朔—旭海」段，能免於開發時之建議遊程。為迎接一個既能兼顧環境守護，又能發展在地旅遊、促進觀光產業的生態旅遊，沿線社區居民也正在思索可以如何串連外部資源、凝聚內部共識，共創一個雙贏的新契機？結合「手作步道」工作假期的綠色旅遊型態，或許是社區可以嘗試的一個方案。

尤其，近幾年因阿塱壹的美景在媒體上不斷發燒放送，不僅步行者，連單車車友都不惜扛車強渡，阿塱壹在觀音鼻的高遶路線，早已因參訪踩踏人數過多，產生多次崩塌和嚴重沖蝕，因此需盡速重新選線、彎繞，以避開嚴重崩塌路段，以免造成環境的超量承載，並以無動力機具之手作方式施作維護，

僅存的原始海岸線，是環島公路的缺口，
卻是生態環境得以喘息的出口。

以確保對環境的影響能被控制在最小的範圍內。未來在有更平緩友善的路徑後，行旅者或許可以利用一天的時間，在社區導覽員的引導下，從南田慢行到旭海，傍晚前即可抵達旭海村。

住在旭海，看見海角一方

以草原、溫泉、日出聞名的旭海，夜裡，在村裡唯一小街上，舉頭便可以看見清澈透亮的夜空與星斗；清晨，你坐在旭海海邊的任何一處，幾乎都可以看到令人屏息美不勝收的日出；旭海草原與人等高的芒草飛絮，行走其中，只教人感到天地寬闊。

住在旭海，你若沿省道台二十六線往南，則可到港仔、九棚，由於限制開發的關係，馬路上除偶見練跑的阿兵哥外，黃昏時候，道路兩旁偶亦可見野兔、地鼠、猴子、貓頭鷹……各類小型動物，傍晚時分在這兒騎單車、散步，頗有一種遺世獨立天地悠悠之感。

若以旭海村為起點，沿著秀麗的一九九甲縣道往西轉北，慢行不到兩小時或單騎半小時餘，很快的便可來到一九九縣道上，與旭海同是牡丹鄉轄內的東源村，以及獅子鄉的內文村；不論是東源的水上草原保護區，或是內文蕨類生態小徑，都是值得親身一遊深刻體驗的地方；尤其，你會在熱情為你進行導覽解說的返鄉／留鄉年輕人身上，看到部落的希望和驕傲。

沿著一九九縣道續往北走，即會來到與省道台九線交會的壽卡，這個地方正好是屏東、台東交界與爬升的最高點，也是環島車友們必經之處，為迎接南來北往的單車車友，壽卡派出所儼然已成為最受車友們歡迎的休憩補給驛站；當然，你更可以在這兒搭上往來台九線上的長程客運，帶著滿滿的、關於阿塱壹海的記憶，以及南台灣的烈陽氣息，西往楓港、高雄或東往大武、台東；並相約下一次重返阿塱壹的日子……。

文．周聖心

註：美麗風光保留區的基本精神在確保鄉村景觀自然美質之保存，包含兩個目標：一、為滿足民眾享受鄉村的寧靜；二、尊重在鄉村地區居住與工作的人之利益。美麗風光保留區的執行是仰賴規劃性的控制與實際的鄉村管理手段（planning controls and practical countryside management），也就是說，法律保留有相當大的彈性給實際負責的機構，而非硬性的規定。因此，美麗風光保留區不同於國家公園限制較為嚴格的保育層次；正因為第二項目標所揭示的精神，讓許多人生活在美麗風光保留區內，幾乎並不感覺受到太多限制。

放眼望去毫無人工物的天然礫石灘，
就靜靜地待在海角天涯，等著旅人……。

阿塱壹古道守護拉鋸戰

台灣僅存的原始海岸線——阿塱壹古道，經過多方人士奔走，在二〇〇三年爭取到一絲絲轉圜的空間；但二〇〇七年公路總局仍將這段僅十二公里的道路開發案，切成六個標案，化整為零、陸續開工，其中位於台東縣境內安朔至南田，全長約五公里的第五、六標，已於二〇一〇年十二月完工（當地有一說：未來若核廢料掩埋場確定選址於此，正好可以此道路運送）。

一至四標所經之地，因位於對此開發案抱持反對意見的屏東縣境內，而一直未能正式動土開工；同時，監察院亦因受理民眾陳情，在二〇一〇年十二月八日、九日進行現地視訪，並展開持續調查。屏東縣政府在環保署二〇一〇年十二月一日通過環差審查後的二〇一一年一月二十八日，指定該區域為「暫定自然地景」保留區，以爭取半年至一年延緩開發的時間；而環保團體所發起的各種連署與守護行動，仍舊一波波方興未艾……。

阿塱壹古道

【精選慢速地圖④】

路線起訖：塔瓦溪口（台東、屏東縣界）—旭海漁港　路線里程：約六公里　步行時間：約四小時

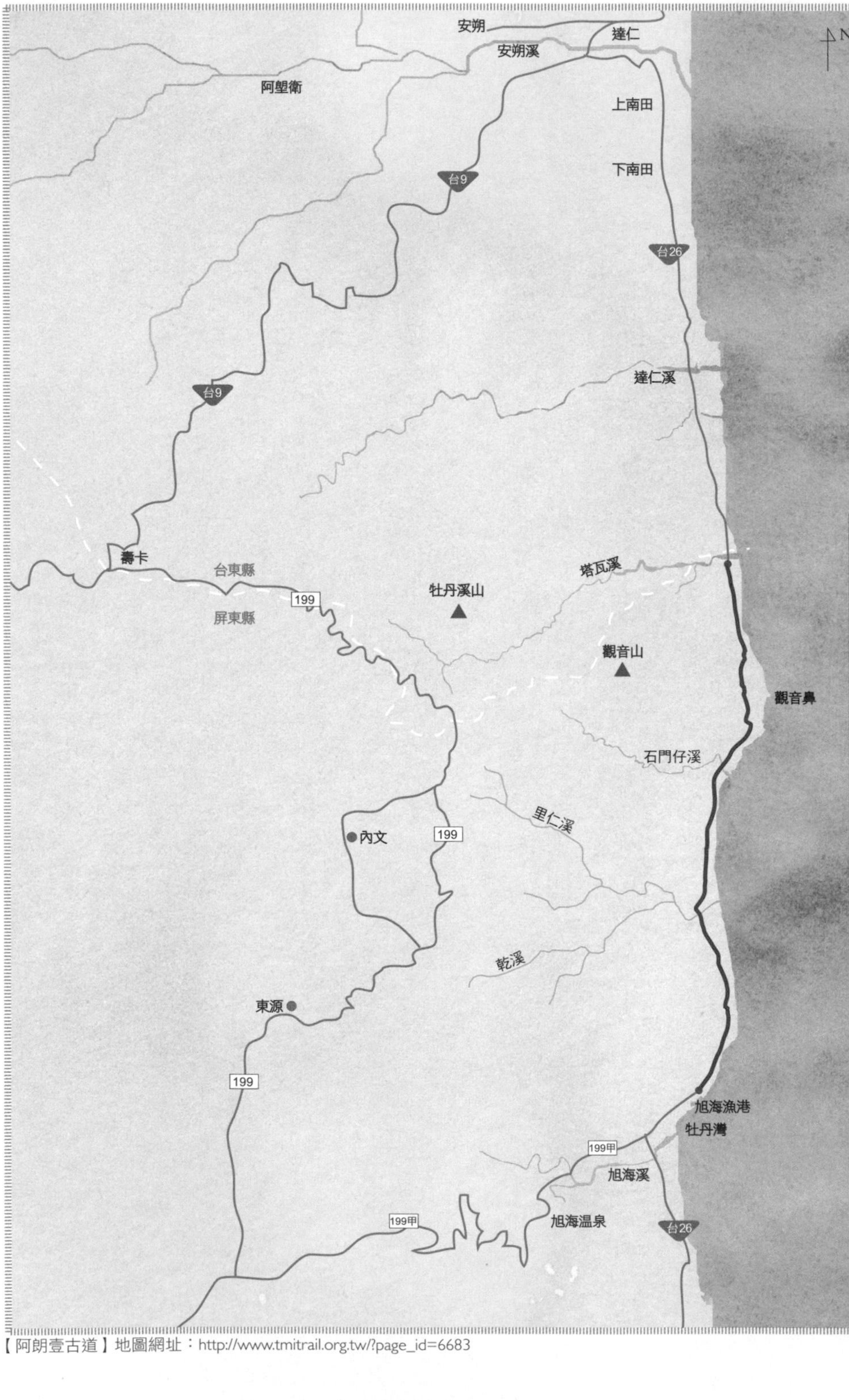

【阿朗壹古道】地圖網址：http://www.tmitrail.org.tw/?page_id=6683

行—前—通—知

建議裝備：

⊙長袖防曬衣物。

⊙自備水壺與簡易乾糧。

注意事項：

⊙務必於行前了解潮汐狀況。

⊙高遶上切處已因遊客數量過多，造成土石崩落、沖蝕問題嚴重，不建議全段通行。

建議交通方式：

⊙搭乘台鐵至大武車站後，轉搭鼎東客運至安朔村再沿省道台二十六線步行六公里（約一・五小時），或共乘在地出租小客車至塔瓦溪口開始步行。

2006年千里步道第一次來到這片美麗的自然海岸。

路線起訖：台東市—恆春鎮
路線里程：一百四十八公里
建議行程天數：六～七天

【環島慢速地圖④】

← 台東——恆春

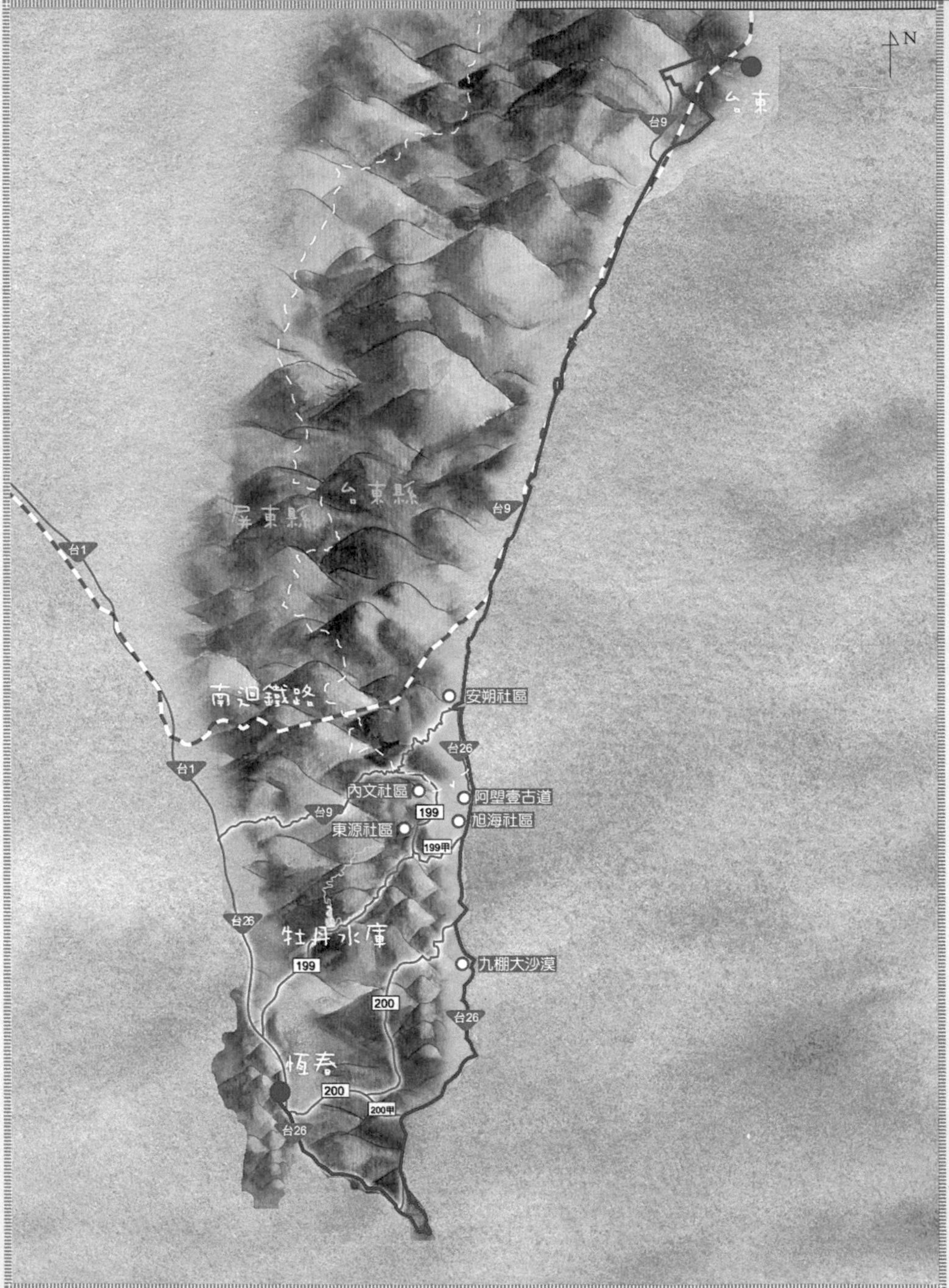

【台東—恆春】地圖網址：http://www.tmitrail.org.tw/?page_id=6727

路—線—報—馬—仔

自台東市往南經日光大橋、中興陸橋，經卑南鄉公所到蘇巴陽部落後，沿利嘉溪河堤到省道台十一線上再接續車水馬龍的省道台九線。

+

從知本火車站之後一路走在省道上，從三和村美麗的白沙海岸到曙光公園、金針山，再到香蘭部落、金崙社區，而南迴鐵路上的多良火車站的風景更是非去不可。過了加津林部落，來到有綠蠵龜出沒的大鳥濱海原生林海岸，再由大武市區到尚武漁港進入達仁鄉；從熱鬧的復興路過安朔橋，經南田過塔瓦溪口就是台灣的海角淨土——阿塱壹古道。

+

從觀音鼻高遠路線可以遠眺綿長的海岸和無邊的海洋，綠蠵龜也會在岸邊探頭招呼；南田石渾圓多紋，潮音澎湃有序，過旭海後接上省道台二十六線，經港仔九棚大沙漠到南仁鼻漁港，沿著海岸一路欣賞沙灘、礫石、大圓石及鬼斧神工的海雕岩石，體會洋流交會及淡水入海的奇妙變化；鹿寮溪口、出風鼻、烏石鼻、溪仔口、棋盤石，最後到達佳樂水風景區的山海瀑布，然後是衝浪好手的勝地港口灣，這段海邊路美不勝收、教人難忘。

花東海岸擁有國際級的絕美景致。

非去不可

安朔社區

安朔村早在日治時期便有日人設置阿塱衛駐在所，舊稱阿塱壹（或阿塱衛），是卑南—瑯嶠古道的必經之地，亦在古內文社（大龜文王國）的傳統領域內。安朔村有省道台九線穿過，位在安朔溪出海口的沖積平原上，過去曾種植水稻維生，但因南迴鐵路開通導致安朔溪水量減少，使得水稻田不復見。（文・陳朝政）

阿塱壹古道

阿朗壹古道是全台極為罕見，兼具自然與文化價值的一段自然文化遺產，地處偏遠，保有原始自然地景與生態環境，海岸線特殊的地質（山海緊鄰、岩岸、沙灘、礫灘、珊瑚礁、亂石海岸、砂岩、岩體褶皺）、地景（南田石、海蝕崖、乾溪、砂丘、變質岩之沉積構造），極具保存價值。然而，「環島公路網」最後百分之一的旭海—安朔段，在二〇一〇年十二月一日通過環評差異分析，代表著台灣將被水泥封口，告別海洋與生態。省道台二十六線一旦貫通，估計一年會有四百九十五萬人次的運量，將以摧枯拉朽之勢，不可逆的導致古道生態旅遊魅力消失。我們需要「緩島」的起點，台灣需要保留給下一代更多永續的資產，期待未來發展出不靠公路也能永續發展的生態旅遊模式。（文・朱玉璽、洪輝祥）

內文社區

內文社區亦屬於內文社群，也就是大龜文王國的範疇。內文社原居住在枋山溪支流內文溪左右岸，一九四六年間內文社部落頭目次子率領族人沿狩獵之路下山，遷居到內文村現址。內文社區鄰近內文溼地，擁有熱帶雨林林相，並規劃筆筒樹小徑、呈現珍貴的蕨類資源，而內文溼地更將申請成為國家重要溼地。內文社區雖然位居深山，僅一九九縣道自外圍

經過，卻也更凸顯其世外桃源的價值。（文．陳朝政）

東源社區

東源社區位在一九九縣道上，由日治時期居住於枋山溪上游的排灣族麻里巴部落遷徙而來，早期稱為新牡丹社，後來又有部分居民來自獅子鄉內文村，內文村二大頭目家系之一的邏發尼耀家族便移居此村。東源社區以大片的野薑花聞名，而日治時期為了栽種水稻，而挖掘出的哭泣湖，以及甫獲國家重要溼地、擁有台灣特有種水社柳的東源溼地（包含水上草原），皆是令人感到獨立遺世之美的天然地景。（文．陳朝政）

旭海社區

旭海社區位於一九九甲縣道的終點，原為卑南—瑯嶠道上無人居住的海岸，直到日治時代由滿州的「恆春下番社大頭目」的長子潘阿別，率領包括排灣族、阿美族、漢人在內的族親入墾。旭海社區擁有得天獨厚自然景觀資源，包括北端山丘上的旭海大草原，以及泉水自然湧出、屬於鹼性碳酸泉的旭海溫泉，而沿海潮間帶的豐富生態與日出美景，更是令人駐足難以忘懷。（文．陳朝政）

九棚大沙漠

九棚大沙漠位於港仔村境內，主要因九棚溪泥沙淤積受東北季風吹帶沈降於八瑤灣（九棚灣），而逐漸累積形成台灣最大的沙漠地形，面積廣達兩百多公頃。此白沙遍布、沙丘高低起伏的海灣，亦是一八七四年「牡丹社事件」的事發源地。近年許多旅遊業者在九棚大沙漠開發「飆沙」活動，雖然為港仔帶來旅客，卻並非永續生態的旅遊方式，期待未來能結合卑南—瑯嶠古道沿線部落，形成古道生態之旅的一環，取代以吉普車馳騁傷害沙漠生態的遊程。（文．陳朝政）

達人帶路

歷史的道路：瑯嶠—卑南道

文·顏士傑（屏南社區大學半島解說員）

舊稱「阿塱壹古道」的瑯嶠—卑南道，位於恆春半島東北隅、台東縣最南端，依山臨海，沿太平洋海岸而行，路線是由恆春經滿州（沿二〇〇號縣道）至太平洋海岸，沿海岸經八瑤灣、牡丹灣北上至達仁鄉後直達卑南，全程約一百二十公里。因台灣環島公路網（省道台二十六線安朔—旭海段）在此中斷未修通，且離最近都會區屏東市及台東市交通均在八十公里以上，是台灣陸路交通最不發達的偏遠地區之一，沿途人煙罕見，景觀自然原始，有「海角天涯」之稱。

遠在十六世紀外來民族尚未進入台灣之前，台灣南部中央山脈的東西兩側，即有魯凱族、排灣族、卑南族及阿美族活動其間，這條古道自古即為先民來往台灣西南平原、恆春半島與後山（泛指今台東、花蓮兩縣）地區重要陸路交通要道。一八七四年日軍侵台牡丹社事件後，清廷始積極開拓治理，中法戰爭前夕一度成為清廷駐台官吏、軍隊和多數漢族（閩、客籍）墾民前往後山唯一且最重要的官道。可惜在中法戰爭後，台灣政軍中心從台南北移台北城，加上路程較近及行旅較安全的三條崙古道（今稱浸水營古道，起自屏東枋寮至台東大武）開通後，逐漸荒廢棄置。

二次大戰末期，日軍為防美軍跳島戰術從牡丹灣（旭海村）登陸，自行炸毀附近部分古道路基，目前僅剩旭海漁港經牡丹鼻、觀音鼻至台東縣界塔瓦溪約四公里海岸。阿塱壹為台東縣安朔村舊稱，現稱「阿塱壹古道」則為瑯嶠卑南古道恆春半島至安朔村段泛稱。

一條生命歸鄉旅程

…從原鄉到客庄…

山線原住民、平原客家庄……，屏東在地串連出六條特色族群路線，有五溝水的歷史聚落、有東西橫向河川連結……，刻畫成不同文化生根茁壯的樣態，也建構出以在地智識網絡為主體的「屏東學」。

歸鄉，進行式

「原鄉人」，指的是早期從中國遷徙來台的漢人，家鄉在唐山，到台灣是客，最後也是家。歷史從這個面來看，客家先民自五胡亂華不斷由大陸北方向南遷移，渡海來台胼手胝足開墾荒地，與漳泉閩人爭奪平原土地資源的控制權，在台灣南端形成了六個防禦集團，就是「六堆」。

歷史從另一個面來看，南台灣土地的原有住民，善用山林變為獵場、耕地營生，歷經部族間複雜的領域攻防，乃至日據及光復後的遷村，無論自願或被迫、打輸或打贏，形成今日屏東沿山公路鄰近山林的部落，也是由遷徙歷史寫就的部落地理，定居下來的一個個原住民部落，亦名喚「原鄉」。

原鄉非原，客家非客，歷史的尺度拉長來看，變動遷徙是常態，每個今日看來固定的行政區域與土地權屬，其實只是歷史的短暫定影，而每個遷徙顛沛的族群，都有遙望想念的家鄉。

我的父親是屏東麟洛人，母親來自高雄美濃，分屬六堆中的前堆與右堆；以血統論，我是正統的六堆客家人。除了學齡前曾短暫地住在美濃外公外婆家，隨著舉家遷居台北多年，現在早已成為「台北人」；不過心裡深處卻始終懷念南台灣的老家，那裡才是我的原鄉。

兒時印象中，屏東是檳榔、漁塭、蓮霧與養豬場所構成的農村，伴隨揉雜著檳榔花與豬糞、肥料的複雜氣味，在午後蒸暈的熱氣裡，跟著家鄉兄弟姊妹在田裡圳溝冒險，還有在小路上騎著沒有煞車的阿公腳踏車，連人帶車翻滾到路旁大圳的經驗。過年過節，搶搭夜間平快車晃啊晃回鄉，從黑夜搭到清晨，還要換乘屏東客運，我總以為那裡就是國境最南了。

參與千里步道後，聖心執行長要我們負責規劃各自家鄉的路線，才算真正開始認識我的原鄉。喚醒鄉愁中不經意的片刻，卻也發現自己對原鄉有多麼陌生。現在回屏東，高鐵取代平快，但是隨著深入鄉

上：屏東氣候從高山溫帶橫跨到海灣熱帶，但仍以熱帶風情為主。
下：屏東土地上有排灣、魯凱、客家、閩南、平埔……，族群薈萃，呈現出多樣的文化生活與景觀風貌。

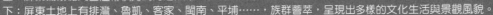

鎮路網，速度感又重新回到緩慢而熟悉的節奏；對我而言，串連屏東路網的過程，是一條慢又長的生命歸鄉旅程。

車過枋寮，多元族群薈萃

透過「藍色東港溪保育協會」邀請屏東在地社團進行第一次路網討論會，為方便屏北、屏南夥伴聚集，開會地點定在枋寮鐵道藝術村，這時我才知道，舊名水底寮的「枋寮」原來才是屏東的中心點。小時候讀余光中的「車過枋寮」，長途車晃過枋寮，往山是平原、往海有大片河床，枋寮過後就能看見海洋，陸地只剩下半島的狹長；大學到墾丁的畢業旅行，我在長途車上多半是睡著了，感覺枋寮與墾丁間只是一覺醒來的短暫距離。

我將枋寮在心裡的地圖重新校準位置，才發現屏東地形之狹長：介於中央山脈與海洋之間，氣候從高山溫帶橫跨到海灣熱帶，平原有高屏溪、隘寮溪、東港溪和林邊溪等網狀河流交織；土地上有排灣、魯凱、客家、閩南、平埔……，族群薈萃，呈現出多樣的文化生活與景觀風貌。

因此，我們與在地團體初步規劃出在屏東的六大主題路網，包括縱向的客家六堆路線、原住民路線、海線暨恆春半島路線，與橫向的高屏溪、東港溪、林邊溪等流域路線。

千里步道與台灣地方學研究發展學會一起協助社區培力，引入公眾參與式地理資訊系統（Public Participation GIS, PPGIS）的技術，培訓社區由下而上探查、建構在地特色路線；另一方面，屏東縣長曹啟鴻也推動包括在國道三號高架橋下設置的「單車國道」，以及利用縣內警察局成立方便補給的「單車驛站」，由上而下給予政策支持。

二〇〇九年首次在屏北舉辦、由在地團體「綠元氣產業交流促進會」與屏北社大協助規劃的小試走，彷彿銜接起兒時往來父母故鄉的路線。熟悉的屏東市、九如、里港、麟洛，甚至跨荖濃溪連接美濃的高樹，因為是騎著單車鑽進蜿蜒小徑，走的不是客運路線，這些地名對我都展現出不一樣的樣貌。我一直以為美濃的笠山農場是鍾理和的故鄉，但其實是《原鄉人》的文學地景，和他與台妹共組家庭生養子女的家園。鍾理和的家鄉：高樹大路關（參見第125頁路線報馬仔），除了保持閩客村莊的風味，還有三隻微笑帶有峇里島風味的高大石獅公，它們為高樹鎮住來自口社山谷的風害與口社溪的氾濫，而鑿隧道取溪水綿密分布的圳道，又形成高樹特有的水圳文化與豐富物產。

在大路關銜接沿山公路的叉路上，還有一處停留在時光隧道裡的老麵店，維持柴火滾煮麵水以及用決明子奉茶的傳統，傳遞著小地方的感動。經過沿山公路的大片鳳梨園，竟然還能在這裡尋到泰山加蚋埔公廨，至今仍保有尪姨帶領的馬卡道亞族（屬平埔族中之西拉雅族）夜祭活動，不遠處的百年茄冬樹，則展現客家庄頭庄尾萬物皆靈的伯公文化。

一處停留在時光隧道裡的老麵店，傳遞著小地方的感動。

微笑帶有峇里島風味的高大石獅公，守護著高樹區。

往南一點，第二次由五溝水佳平溪文化工作協會規劃的客庄試走，則是我兒時隨父母尋訪親戚的活動範圍。在社區夥伴帶領下，我才知道竹田驛站有池上一郎那樣愛台灣的日本人，而麟洛居然有太平洋戰爭時期，日本收容英美聯軍的戰俘營，交織著外國人在屏東的足跡故事。

西勢有紀念客家先民協助平定朱一貴之亂的忠義亭，內埔有唯一祭拜廣東潮州韓愈的昌黎祠，隔壁緊鄰觀音廟，旁邊還有祭拜天上聖母的六堆天后宮，是集儒、釋、道與民間信仰的文化和諧；更南邊還有天主教聖母坐鎮的萬金天主堂，東、西方聖母在不同時間出巡地方庄頭，都是平原盛事。

順著先民開墾順序，由頭溝、二溝、三溝、四溝沿著河流往上游，穿越萬巒豬腳街，進入通過文化資產聚落保存的五溝水；從傳統客家宗祠到洋樓風格，村子裡有十九種不同時期的歷史建築，還有豐富的水圳、特殊的水草，以及鹿寮公共洗衣場作為社區女性交換情報與療癒釋放的空間。

浸水營古道林木遮蔭。

穿越中央山脈，尋訪大龜文王國

重創高屏的莫拉克風災中斷了原先規劃好的東港、林邊、大鵬灣試走計畫，屏東在地社團以救災重建為第一優先。災後，千里步道受邀於來義鄉生活重建服務中心，以協助部落從手作步道工作假期的生態旅遊切入，希望讓部落有能力結合食宿觀光特色自行招募志工，讓外地的朋友藉由協助修復通往舊部落石板屋的步道，到來義公益旅行、重振地方觀光經濟。因為協助推動部落手作步道工作假期的計畫，我才有機會更貼近中央山脈、貼近原鄉部落。

來義向中央山脈深入，從位於春日的崑崙坳七佳連絡道，可以銜接二〇〇三年南北串連的「綠色山徑」起點；「綠色山徑」號稱台灣的「阿帕拉契山徑」，多選擇中央山脈腰際的日據警備道，是比千里步道早三年開始的南北山徑串連運動。雖然千里步道選擇的是海拔較低的山線，但遇到環島路網從屏東前往台東時，必然還是要橫越中央山脈。

歡迎到來義公益旅行，協助修復通往舊部落石板屋的步道，也可以重振地方觀光經濟。

東源部落昔日的水稻田變成不沉的水上草原，野薑花盛開之時，最適合赤腳踩在厚厚水草上，感受浮動的陸地。

十六世紀前，所謂前山與後山間，卑南族與排灣族就頻繁地穿越中央山脈南段，進行通婚、貿易或交戰往來，那時路線甚至比今日更為綿密。沿著原住民舊路，清朝修築西部往卑南的路線多達八條，只是多為「鳥道羊腸，菁深林密」。而南路中最早修築的「赤山・卑南道」，也就是現在穿越來義到舊來義、舊古樓經過諸也葛、知本到卑南的崑崙坳古道；「古樓」就是舊籍中「崑崙坳」、排灣地名「古拉鬧」（Kulanao）的譯稱。當我們踏勘舊來義部落石板屋，眼前彷彿重現鳥居龍藏與森丑之助當時拍攝的排灣大社榮景。

就像小時候玩過，順著指尖選擇路徑將紙卷展開全貌的遊戲一樣，我順著這幾條穿越中央山脈的步道，展開認識村社族群的歷史地圖。曾經我們嘗試沿著枋山溪的南迴鐵路施工便道，深入中央隧道口附近，尋找通往大龜文王國的路線，但並未找到路廊穿越；目前千里步道連結屏東與台東的路線，由北到南分別規劃了：只能徒步的浸水營古道、連結一九九號縣道與二〇〇號縣道的單車路線，以及環繞至半島極南的沿海省道台二十六線。

浸水營古道便是昔日胡適的父親胡鐵花，前往台東就任知州時所走的「三條崙・卑南道」，也是這幾條路線中前往台東大武最快的途徑，但嚴格說來，古道的西段已非古道，而是改建拓寬的大漢林道，接近屏東、台東縣界才真正進入林木遮蔭的步道。從古道上可眺望南、北大武山，三月前後漫步浸水營，還可見到紫斑蝶的蹤跡；沿途的七佳與力里的排灣族舊部落，清兵駐紮的浸水營、出水坡等營盤，以及日據時代的駐在所，如今皆成遺址，卻可憑藉遙想從卑南王、排灣族、荷蘭、平埔族與漢人，到清朝官兵、日本軍警、外國傳教士穿越中央山脈的歷史印記。

牡丹・東海岸路線，從荷蘭人的採金時代到日本人攻打牡丹社所留下的古戰場，修築成如今單車客愛走的一九九縣道；一九九縣道路幅不大，少有汽車通行，可銜接至南迴公路最高點的壽卡，一路滑下東海岸。一九九縣道上前往壽卡方向的左側，看見道路兩邊成排翠綠的筆筒樹，就知道進入內文部落的範圍。內文和鄰近的東源部落一樣，都是從大龜文王國翻山遷徙而來；東源是邏發尼耀社發現水源豐沛的山谷落腳處，昔日的水稻田變成不沉的水上草原，野薑花盛開時，最適合赤腳踩在厚厚水草上，感受浮動的陸地。沿一九九縣道，轉進一九九甲縣道向東切至牡丹灣就是旭海了，這裡的住民為卑南族南下與排灣通婚而形成的斯卡羅族，同時坐擁旭日東昇的大草原與漁獲豐富的海岸線。

昔日穿越中央山脈最南邊，也是最知名的「瑯嶠・卑南道」系統；從當年的「可容牛車經過」，至今化身為兩線道的二〇〇縣道。路線大致延續古道，從恆春東門經滿州、九棚港仔至太平洋岸的八瑤灣。八瑤灣是一八七一年琉球人遭難登陸之處，我站在高士佛社俯瞰，海灣一舉一動清楚可見，遙想當年因族群文化的誤解，以致發生影響台灣歷史發展的牡丹社事件。

清朝時，楓港以南的排灣族稱為「瑯嶠下十八社」，當年瑯嶠十八社社王就是住在滿州，而後從內埔一帶南來的客家人向社王租地開墾遷居，瑯嶠十八社逐漸在日治乃至光復後沒落。現在的滿州是由原住民、客家與閩南人等族群組成，但此地的客家人已經不會說客語，連原住民也一樣只會說閩南語了。在這條從瑯嶠・卑南道演變而成的二〇〇縣道上，部落與族群就像阿塱壹海灘上的南田石，被潮汐帶著，在歷史的舞台上進場與退場。

溯源南半島，未完成

近幾年，因為在千里步道工作的關係，反而比較常回家鄉，走在高屏客庄的鄉間小路，似乎循線在向記憶深處掏挖，浸潤在熟悉鄉音裡面，彷彿看到很多父親、母親的臉譜與性格；進入原鄉，又有一種張開眼睛的感覺，看見全新的土地，兒時小小世界擴得很大很遠。第一次在恆春用真實的頭痛體會整夜的「落山風」，才能領會為什麼在這塊土地種出的洋蔥如此辛辣嗆鼻，而生長在南半島山海之間的人們，也如洋蔥般強韌帶勁。

由台灣海峽、巴士海峽與太平洋環繞的恆春半島，擁有豐富的海岸生態與景觀，仔細點的人會發現，千里步道海線在此並未緊貼著海，而是選擇省道台二十六線騎行單車。若選擇徒步，其實不需要路，天然海岸無處不可親近，就像先民於「瑯嶠・卑南道」沿東海岸北上，便是走在山與海之間，在浪的一進一退間，於礫石海灘跳石前進，如今公路四通八達，我們反而太少這樣原始的步行體驗。

台灣海岸僅存佳樂水到九棚與旭海到安朔兩段，可以沿著太平洋、沿著豐富的族群歷史與生態景觀步行；半島西側、車城以南，則尚有臨著台灣海峽的大坪頂、關山台地，保存著從前運送瓊麻的台車道，可供步行在美麗的裙礁海岸與峽灣之上。

當陸地上的公路與水泥設施保持缺口，海洋的絕美景觀與生態才能毫無遮蔽地上岸。完成，意味著終結、失去與離開；未完成，將永遠保有無限可能。

文・徐銘謙

當公路與水泥設施保持缺口，海洋的絕美景觀與生態才能毫無遮蔽地上岸。

達人帶路

單車遊台灣本島第一個聚落——以五溝社區為中心點的三條單車路線

文・劉文雄（五溝水文史工作者）

一、綠色隧道逍遙遊：由五溝社區出發，騎到萬金聖母聖殿，遊覽教堂的特色並欣賞一棵有百年歷史的雞蛋花，還可在教堂旁享用早餐、喝杯咖啡；接著騎過萬金早市，再騎往綠色隧道，長達兩公里。騎至軍營前紅綠燈再折返，兩旁尤加利樹排列整齊，樹蔭遮天，建議在此步行一段，清新意象使人身心舒暢！再轉往成德村頂興路，探訪湧泉的源頭——泉水穴，水清見底，在大豐水期還可下水游泳，暑氣全消，最後返回五溝水。

二、東港溪畔腳踏車道之旅：由五溝水出發往內埔方向，騎到隴東橋左轉，即達東港溪畔、泗溝水段堤防。沿著岸邊道路到泗溝大鐵橋新橋處上堤防往南走，即可到專供單車使用的直吊橋，騎過吊橋到達硫磺村，騎車沿河岸走經過萬巒鄉腳踏車道，到終點轉往萬巒豬腳街，享用客家美食，或消暑椰子水後，騎往三溝水到達三林橋，在橋上可見溪中成群溪魚與溪畔的美好水草，最後返回五溝水。

三、佳平溪自然生態之旅：由五溝社區出發經大林路往佳佐方向騎，途經嘉林橋轉騎溪旁堤防，由岸邊可見溪流中水草茂盛，溪底處處可見。遠處可見白鷺鷥各據一方，若仔細觀看會發現，水草沙地邊緣有些動靜，那可能就是紅冠水雞；牠可能在水岸邊、沙地上或水中覓食，但令人驚呼的應該是紅冠水雞家族的出現。若是幸運，或可看見翠鳥站在水中竹枝上準備覓食，再往上則可參訪平埔族的仙姑廟，最後到西方道堂遊覽一番後再返回五溝水。

【精選慢速地圖5】

屏東六堆單車環圈

路線起訖：台鐵潮州站—台鐵潮州站　單車里程：五十二．四公里　建議旅程時間：兩天一夜

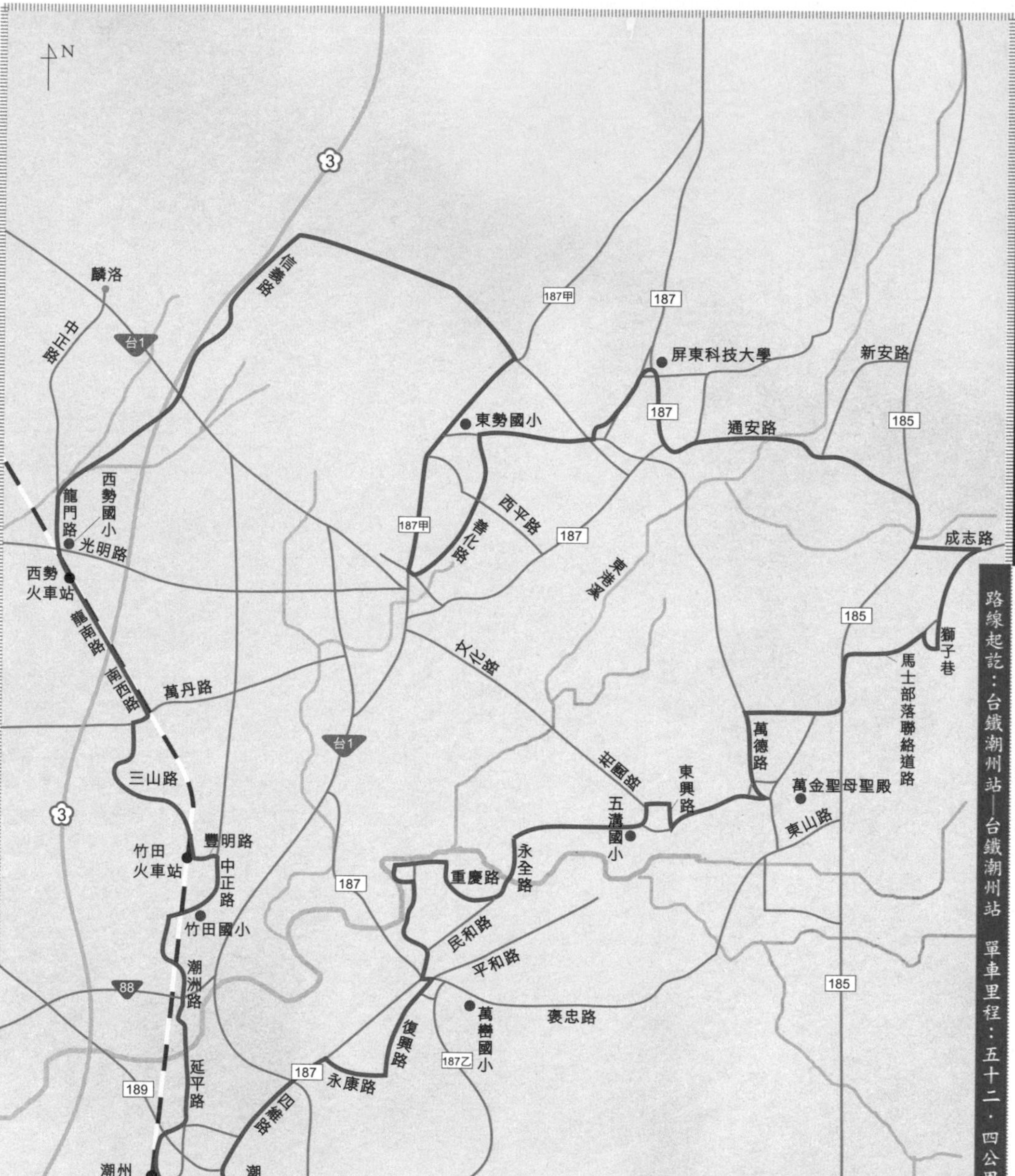

【屏東六堆單車環圈】地圖網址： http://www.tmitrail.org.tw/?page_id=6685

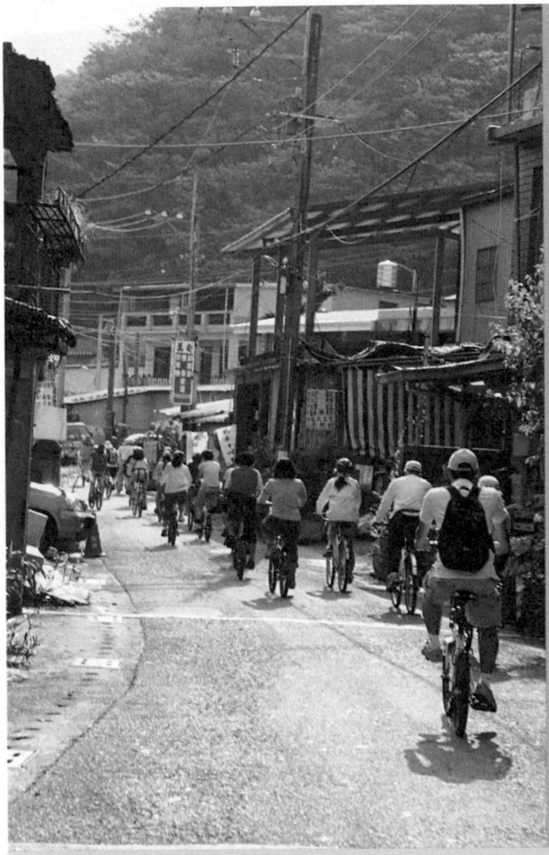

行—前—通—知

建議裝備：

⊙適合騎乘單車的輕裝準備即可。

⊙自備或於當地租賃自行車。

建議交通方式：

⊙搭乘台鐵至潮州、竹田、西勢等站均可下車，開始進行此單車環圈旅程。

流淌過文化聚落的五溝水自然溪圳，有著豐富的珍稀水草資源。

路線起訖：台東大武鄉—高雄內門區
路線里程：一百六十八公里
建議行程天數：七～八天

【環島慢速地圖 ❺】

← 大武——內門

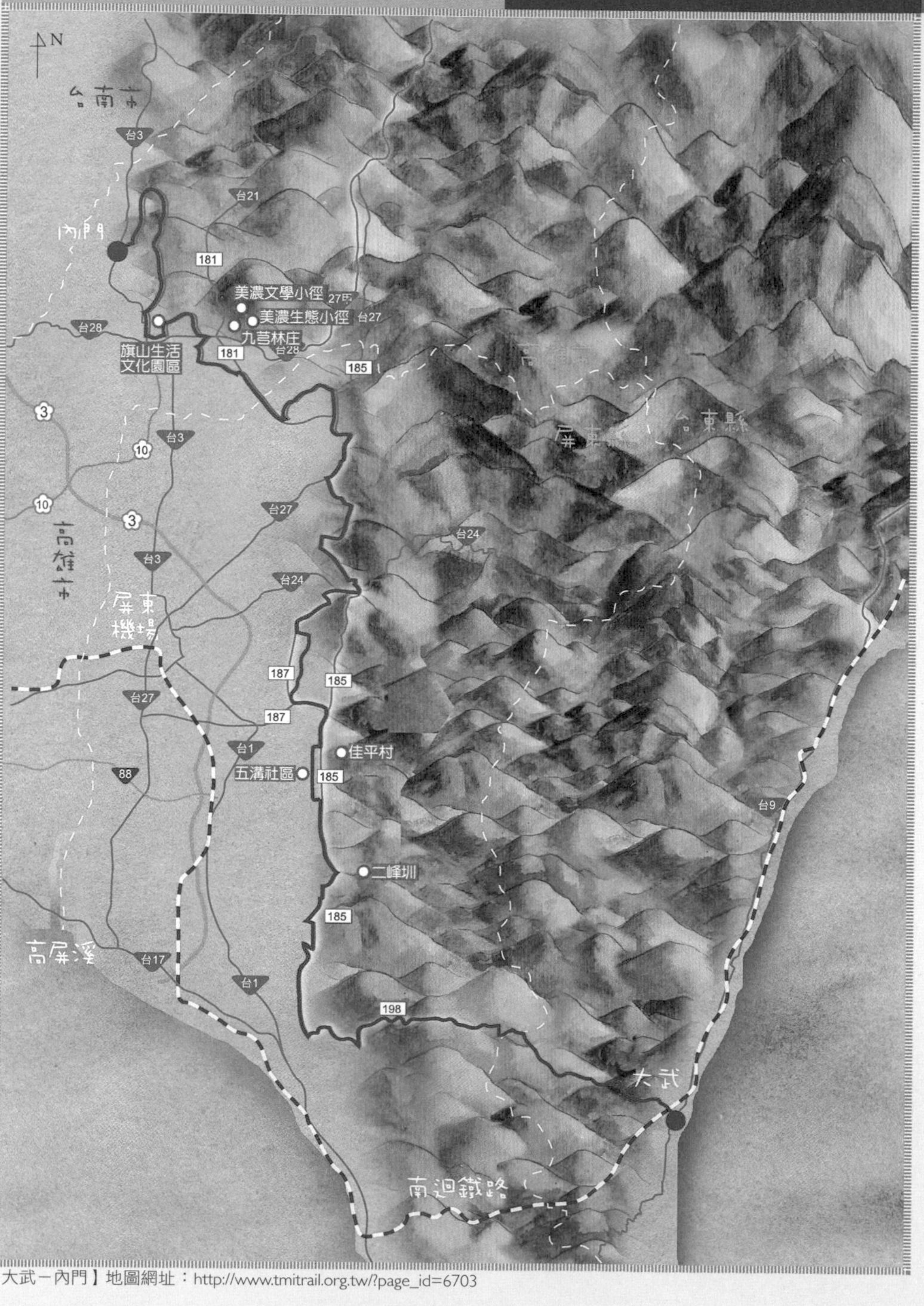

【大武－內門】地圖網址：http://www.tmitrail.org.tw/?page_id=6703

路—線—報—馬—仔

從台東大武出發後，經大武橋往南走，先在派出所辦好入山證，然後進入加羅板部落。受風災影響，在聯外林道修復前，得從大武溪河床便道進入浸水營古道；沿古道一路爬升到西端登山口，再沿大漢林道至枋寮新開社區；這段路是悠遊山林的美好享受，同時也是體力的考驗。

＋

從新開社區離開後，走沿山公路到斗羅溪轉入餉潭社區，再到來義鄉丹林社區；由丹林吊橋跨越林邊溪到達萬巒、新埤、來義三鄉交會的古樓社區；往北經新厝社區到萬金天主堂，再回沿山公路轉進內埔鄉的老埤社區，經屏東科技大學到中林社區、上龍泉，然後沿新東圳及隘寮溪堤岸至三地門。

＋

繼續北上行至鍾理和先生的故居高樹區廣興里；廣興和擁有百年石獅坐鎮的廣福，合為舊稱「大路關」的客家先民開墾地。經過口社大橋後，在泰山公墓前轉入安坡村自行車道到青山社區，順遊恬靜的海神宮河谷，然後一路果園風光到舊寮、高美大橋後，便進入美濃區。

美濃當地僅存一戶仍有採收與烘製菸葉的菸農。

＋

美濃紙傘、粄條、菸樓，穿過鎮上濃濃客家風情，採行經旗尾大橋旁、僅供人行的地景橋到旗山區，有舊糖廠加持，旗山車站、老街、美食樣樣精采；最後從圓潭社區走富興路進入內門區，繞行大埔、外石門坑、內分子這條車少景優的產業道路至內門學子李是為此段終點。

⊙注意事項：

路段行經浸水營古道，現已規劃為浸水營國家步道的路段長約二十公里，步道兩端與聚落連接的產業道路長度各為：東段九公里、西段十八公里，需考慮個人體能狀況，判斷是否露宿步道或商請在地社區協助前後接駁。

非去不可

二峰圳

二峰圳之名取其日本音而命名，為世界上水利工程之典範，屏東縣政府更爭取列為世界遺產或史跡據點。二峰圳的水資源為供應南部蔗業台糖土地所需水資源，二十世紀初日人開發至今，善加利用與把握來自南北大武山區充分的泉源與水脈，以供應生活及農墾等產業所需。更特別的是採無動力的過濾方法，完全利用溪床上的巨石、砂土過濾濁水或汲取表面已乾涸的地下伏流水；這項工程施作是日本水力工程專家所為，但在全世界包括日本在內皆無此工程，足以名為世界獨具手法的案例，不僅值得日人敬仰，更是生態人士肯定善用大自然的工法，完全不影響生態，而且還能在日本戰敗撤軍的六十年後，在台灣繼續使用。（文・劉育宗）

五溝社區

五溝聚落的地標——劉氏宗祠分為兩大區塊，一為紅磚紅瓦的百年三合院，歷史建築包含祖堂、門樓、左右橫屋及禾埕等，另一為洗石的庭院，包含涼亭、圍牆、庭院及前方的「玉帶水」。

走進村內處處可見三合院式祖堂，由祖堂堂號即可知道住家的姓氏，此為台灣南部客家的特色之一，較有規模的祖堂有劉氏大我祖堂、鍾氏萬成祖堂、劉氏進士第、吳氏伯龍祖堂、劉氏偉芳祖堂等。此外，台灣西部平原的溪流都向西流入台灣海峽，但在五溝水因微地形西高東低，流經社區的兩條溪流，出現向東流再轉折匯流的現象，故稱「水流東」；又，流過村莊的溪流有三條在社區活動中心與社區公園處匯流成一條溪流，故稱「三合水」。由於溪流中處處有湧泉，溪水終年不斷，因而孕育出世界唯一的水草——探芹草，出現在五溝水的溪流，另有水囊穎草、類雀稗、屏東石龍尾等稀有水草，讓你漫步在五溝社區溪畔時，將不時驚呼：「好美好美的水草！」（文・劉文雄）

佳平村

佳平村是通往泰武山區的門戶，門戶前正是平埔後裔的赤山萬金居民牧牛的基地，成群的牛隻悠閒地在草地上漫步吃草，充分展現平埔生活的寫照，在現代化的農村已難見到，在此牧牛因有來自泰武山區豐沛水源滋養的青翠草原，大地中鮮嫩的巴拉草滋長生息，成就了體態豐滿的牛隻與悠閒的氛圍。佳平村為泰武鄉的行政中心且為排灣族族人的生活環境，有許多傳統的資源與旅遊訊息，近日入口意象更以手掌作為圖騰，且其旁樹立了展示型的石板屋，房子的支柱還以石板材料，充分展現族人善用自然石材的能力，搭配後山青翠的林木，背景與山景都很美。（文．劉育宗）

九芎林庄

美濃東北方這一塊小小的區域，是美濃二十年社區運動的源頭。九芎林庄作為最靠近黃蝶翠谷，也就是當年美濃水庫預定地的範圍，是受美濃水庫計畫影響最大的一個聚落，也是反對意識最為強烈的地區，當年第一場社區小型說明會，就是在九芎林庄舉辦的。如今，反水庫運動在二十年的時間淬煉過後，已轉型成社區自主運動。自一九九五年開始，美濃愛鄉協進會等地方社團，在雙溪等地舉辦第一屆的「美濃黃蝶祭」迄今，期間活動的區域、關懷的議題，以及參與的組織都不斷擴大，如今已成為美濃暑期年度盛事之一。在參與的對象中，美濃的後生仔（客語「年輕人」之意）透過參與，由心靈而行動，逐漸回歸美濃。地方社團如廣林社區發展協會，也結合愛鄉和社大等組織，逐步推動社區環境綠美化，以及培養社區生態解說員，是美濃最活躍的社區之一。（文．張正揚）

美濃生態小徑

從外頭進入美濃雙溪，有兩條路徑，一是從龍肚方向，沿著龍東街接上廣福街，適合自六龜和高樹方向進入者；另外一條則從美濃街上沿民族路，接廣興和廣九街進入。兩條路最後在九芎林庄交會。自九芎林庄進入雙溪時，可考慮自大路進入，在行進中將美濃北側的美濃山系和笠山

（美濃當地稱「尖山」）盡收眼底，美濃山是許多美濃遊子最深的鄉愁，然後抵達朝元寺前。循著朝元寺右側的路深入約三百米，右側即為熱帶母樹林處，為當年日本殖民時所設立的外國樹種培育區，如今已成為天然的林業博物館；熱帶母樹林對面過了橋之後即進入開闊的黃蝶翠谷，在大部分時候，都可以見到大冠鷲在天空遨翔。（文．張正揚）

美濃文學小徑

抵達美濃，循著朝元寺左側的路進入約一百米，則可以到達鍾理和紀念館和台灣文學步道，前者藏有鍾理和先生當年的手稿和使用的器物，後者則有三十五塊台灣文學作家的作品選句碑石。自雙溪出來九芎林時，可以走大路西側的「理和小徑」，這是當年鍾理和之父鍾鎮榮為促進區域發展而興建的「牛車路」，當年的產業大道，如今卻是人跡罕至的林幽小徑，非常適合以悠緩的步調漫步其中。（文．張正揚）

旗山生活文化園區

旗山生活文化園區的前身是遷校前擁有近百年歷史的鼓山國小。二〇〇一年鼓山國小遷至新址後，舊有校舍成為閒置空間，在高雄縣政府開始委託民間經營管理，並於二〇〇六年開始由旗山鎮形象商圈促進會接手後，以「文化旗山．品味生活」為經營主軸，結合在地社團、文史工作者，積極舉辦相關產業活動，同時將旗山的文史景點串連為單車導覽路線，讓來到旗山的旅人，重新感受曾為「香蕉王國」的旗山風情。（文．陳朝政）

春耕、夏長、秋收、冬藏，是農村平凡中最不平凡的美麗風景。

追尋海洋與大圳的記憶

…台江青春夜行…

鄭成功、曾文溪與嘉南大圳，台江的故事由海洋與大圳交織而成，小台江水手們用無敵青春的熱情，追尋這片古內海歷史血脈的同時，台江山海圳綠道也慢慢成形……

記憶裡，關於「水」的最久遠的印象，應是至今回想起來仍然感到溪水沁涼得令人打顫的花蓮荖溪。幾近泛黃的印象中，其碧綠溪水從鯉魚潭附近的台九丙線公路旁，流淌穿過平和火車站後注入花蓮溪；而這份印象的深處，還夾雜著幾分對水的恐懼——雖然那已是非常年幼時的溺水經驗。

久居台北，既聽不見潮音，也見不到溪水。高達三、四公尺的圍堤，阻斷了人們對水無限漫延的恐懼，也同時畫分出文明／原始的界線；我們在文明這一側，任城市的排遺，肆無忌憚地流向化外，忘卻台北原來是水的城市。

不過三、四十年的光景，台北已從溝渠密布、門前有小河的水鄉澤國，轉身成為水泥都會。如今，僅存矗立在景美溪畔的瑠公圳碑，教我們遙想兩百餘年前，灌溉絕大部分台北農地的大圳，是怎麼從新店引溪水鑿穿文山直達基隆河畔，進而成就「景美」、「古亭」等地名；截彎取直的基隆河，使今人再也不見流水彎繞、無垠沙洲的景致，生活在填水造陸的都市景觀中，又遑知多少高樓大廈起於浣衣小溪，而斜插曲折的街道過去則多是沿畔而行？即便近年來市民環境意識大幅提升，歷史造就的高牆聳立依舊，仍是只得穿過水門、走在人工造景之中，遠遠地嗅著水質逐年改善的河水腥味。親水，尚只是景觀設計師電腦模擬圖裡的概念。

城市裡的水，能不能有不一樣的命運呢？

想認識台江，就從嘉南大圳出發

初識台江，緣起於二〇〇九年的第十屆社區大學全國研討會時，千里步道運動獲選為「第一屆全國社大公民行動」，並以此出發展開串連全國社大的「千里步道騎步走」活動，而這也是我和台南市社區大學台江分校、海佃國小的小台江讀書會第一次接觸。

這趟北起宜蘭（宜蘭社大、羅東社大），沿西部海

上：因為嘉南大圳，嘉南平原從過去的「看天田」，蛻變成台灣穀倉。
下：小台江讀書會於嘉南大圳旁所作的壁畫。

岸線（新店崇光社大、林口社大、新楊平社大、新竹婦女社大、台中海線社大、雲林社大、嘉義荒野保護協會、北門社大），南抵台南、高雄（台南市社大台江分校、岡山社大、高雄第一社大）的旅程中，我們蒐集所到之處的土壤，有來自宜蘭的深黑色壤土、台北盆地淺黑色的沖積土、林口台地風蝕而呈現暗紅土、淺灰色的海砂，還有摻著木麻黃的西部沿海沙土、覆蓋一層白色結晶的七股鹽土。

一層層來自不同地方的土壤，在瓶中共存相接，每一吋都帶著自然與人文交會的痕跡，以及我們走過的足跡，令人深刻地感受到生命與土地的連結如此緊密。與沿線在地夥伴交棒接力終於行抵台南四草大橋，台江分校執行長吳茂成便在橋頭等著，帶領我們前往與小台江們會師。

小台江讀書會是由位在嘉南大圳南岸的海佃國小的小朋友與家長所組成，每一位孩子都是小水手，而家長則是扮演重要引導角色的「引水人」。六年前從清溪淨堤、水質監測開始，小台江讀書會用行動守護嘉南大圳，包括至今已舉辦三屆的「百里溪行」與五屆的「愛鄉護水」活動，號稱是平均年紀最輕、巡守路線最長的河川巡守隊！

細看海佃國小前的那一段圳道堤岸，長約十公尺的壁畫正訴說嘉南大圳的前世今生：從沉思中的八田與一開始，前人穿鑿隧道、構築大壩，引水、蓄水將看天田灌溉成良田；然而，隨著都市發展、工業開發，染指無法言語的大圳，小台江挺身護溪，冀盼未來仍能摸蜆、溪遊，水鳥、白鶴、黑面琵鷺仍能平安的生活於此。

幹線、支線織羅網布於雲嘉南等縣市的嘉南大圳，將濁水溪、八掌溪、曾文溪等西南部主要河系所沖積出的廣大平原，從「看天田」蛻變成台灣穀倉；她是如此沉穩而靜謐的維繫著這片土地上的人民的命脈，同時孕育出豐富的文化。當我們緩緩地走在嘉南大圳堤岸上，大圳河面平滑如鏡，若於傍晚時分巧遇夕照倒映，或回頭東望山水交疊成景，將見到迥異於台北都會以水泥圍堵而成的水文本色。

我想，若要認識台江，從嘉南大圳出發是一個很棒的開始。

青春夜行，一探台江歷史

「夏季白天走路太熱，我們來青春夜行吧！」這可不是一句玩笑話，「青春夜行」的概念緣起於日本茨城縣立水戶第一高中，一千人在二十四小時內步行八十公里的傳統活動「步行祭」，而台灣第一次的青春夜行活動，是以海佃國小的小台江為主，總計里程約三十公里，在一天一夜內走完。

這條青春夜行的路線，從嘉南大圳出發，以海佃國小為起點，約莫傍晚時分沿嘉南大圳南岸向西，與日頭落入海面的腳步平行，走到竹筏渡船處，搭乘膠筏越過內海遺跡之一的四草湖及嘉南大圳與鹽水溪匯流處，踏上夜裡神秘又迷人的北汕尾沙灘。

沿著北汕尾沙灘往北，傍著台江潮音縱走至鹿耳門溪口，繼續往東沿鹿耳門溪經過祀奉國姓爺鄭成功的鎮門宮、庇佑海民的媽祖天后宮，朝台江大道、舊曾文溪河道前進，經過溪心寮、草湖寮，最後回到海尾寮。

還記得「千里步道騎步走」活動時，跟著茂成大哥騎在台江大道上，聽他指向眼前一大片低度開發的荒煙蔓草，描述此刻腳踏之地，居然兩百年前盡是台江內海，然後聽他說到「台江十六寮」這個充滿海風故事畫面的詞彙。

「安身立命起草寮，地號出名十六寮；
中洲五塊公親寮，和順南路陳卿寮；
總理前衙溪頂寮，草湖布袋嘴新寮；
總兵鎮守總頭寮，學甲溪南溪心寮；
鹽田官衙本淵寮，大道公廟海尾寮。」

——〈十六寮〉，台江傳統歌謠

一八二三年以前，現在的台南市的安南區、七股區與將軍區，乃至永康區以西、嘉義八掌溪以南，皆在浩瀚無垠的潟湖內海所在範圍。這片內海終於因為改道乖張而被在地父老稱作「青暝蛇」的曾文溪，承載不住連日狂風暴雨潰堤，為廣達十五、六里的水域，注入無可計數的土石填成陸域。

從近兩百年前逐漸淤積浮覆開始，台江的歷史就是豐富的移民史。當內海淤沙成陸，開始有來自將軍溪以北，今佳里、將軍、學甲、中州、北門、嘉義布袋等地，以及鹽水溪以南的漢人移民，而新住民以沙洲萱芒搭寮為居，形成十六個聚落遂稱為「台江十六寮」。

移民搭建草寮聚居，並以出身為村落名，如自嘉義布袋南遷的拓墾者，為紀念故鄉將村落號作「布袋嘴寮」、「中州寮」、「學甲寮」主要是來自台南學甲、中州等地的移民；又或以重要的拓墾者之名作為地名，如最早落戶的拓墾者名為陳卿，後人紀念以「陳卿寮」命名此地，「本淵寮」亦是如此。

地名可以看出移民遷徙的痕跡，從信仰則能一窺血緣認同的脈絡。〈十六寮〉歌謠最末句「大道公廟海尾寮」，清楚道出海尾寮最著名的便是祭拜保生

迎著夕陽，走在北汕尾海堤上，台江夜行出發了。

大帝的廟宇——海尾朝皇宮。

保生大帝為早期閩南泉州籍移民信仰中心，虔誠供奉以保鄉護土，庇佑拓墾移民安居樂業。道光年間，大道公也隨著府城富戶吳榿舍召募台南將軍吳氏親族拓墾的腳步，來到海尾（台江內海之尾）成為當地信仰中心，亦作為私學學堂傳播知識。

沿嘉南大圳堤岸西行至台十七線濱海公路前，可遇見一座奉祀竹符的小廟，乃守護海尾朝皇宮的五營「營頭」之一。五營為民間信仰形式，意謂天神號令神兵鎮守五行方位，安民護土，同時也確立不同庄頭信仰神祇的管轄範圍。

隨著民間信仰式微，海尾朝皇宮曾淪為「賭窟」，動輒數千人於廟埕聚賭；信仰不再，鄉土便失去認同的中心，彷彿漂盪在湖海之中的一葉小舟，浮沈無措。直到二〇〇七年，台南市社區大學與朝皇宮合作成立台江分校，致力變革求新，洗刷鄉里惡名，以大廟為學堂，重現過往大廟興學景況。

傳統的五營或許僅存水泥小廟與竹符，失卻安民護土的「神力」，但取而代之的是以大廟為中心的「學習圈」，社區教室成為「新五營」，以公民的力量愛鄉護土。

造訪「英雄的故鄉」，鄭成功安在哉？

雖然草寮已不復見，但沿著嘉南大圳堤岸走過一畦畦埤塘魚塭，仍能遙想內海初成陸域，而先人踏上此地拓墾時所感受到的蕭瑟與徨徨未定。

行至堤岸盡頭，嘉南大圳在四草大橋前與鹽水溪匯流入海，鹽水溪北岸到鹿耳門溪之間的沙灘就是北汕尾海岸。北汕尾在與周遭陸地連接之前，是荷蘭人登陸台灣時所必須穿越的沙洲，而沙洲北端的鹿耳門溪，相傳就是鄭成功登陸的鹿耳門港道。

夜裡踏上北汕尾的沙灘，北望隱約可見曾文溪口的國聖燈塔紅光，朝南則能遠眺二仁溪出海口的興達火力發電廠燈火通明。北汕尾飽含水分的沙灘，踩踏起來質地溫厚柔軟，將雙眼閉上便能細細品味層次堆疊有序、澎湃激昂的「台江潮音」。

若是日間行走其上，則可見到蚵殼沿著潮水線，在緻密黑色沙灘上構成一道粉白色銀河。穿梭於浪潮與蚵殼銀河間的，除了三三兩兩的釣客腳印，便是各式各樣的招潮蟹；威武張揚巨螯的凶狠圓軸蟹，或是轉瞬間匆匆溜走的角眼沙蟹。

某次重返台江的機緣，走在同樣的北汕尾沙灘，不經意地瞥見角眼沙蟹急忙地從我們的視線角落，鑽進約莫一個拳頭直徑寬的沙洞；沙洞外不遠處，躺著一只「保力達B」的空瓶，彷彿那是角眼沙蟹如防空洞般的居所前的掩體。

北汕尾海岸縱走的終點為鹿耳門溪出海口，溪口立了一座石柱，朱紅色的大字刻寫著「府城天險」、「鹿耳門港」，堤岸旁則是祀奉國姓爺鄭成功、兩層樓高的「鎮門宮」。鎮門宮廟體式樣古色古香，是少數明式融合唐風建築的寺廟，而廟門一尊石

緩步於北汕尾沙灘上，蚵殼、招潮蟹與遊客任意丟棄的垃圾，是隨處可見的風景。

獅，腳踏「鎮護九州」石座，旁邊還斜擺一塊招牌，寫著「英雄的故鄉」。

青春夜行於台江時正值夏季，夏夜晚風清涼和煦，但當摸黑從沙灘走上鹿耳門溪堤岸，同時聽著鄭成功自鹿耳門港道進襲荷蘭駐軍的開台戰役故事，卻似乎也能夠感同一絲破釜沈舟的緊張。

一六六一年四月二十一日（陽曆），鄭成功率部祭天自金門料羅灣出發，抵達澎湖苦等不到順風，眼看糧秣不繼，遂以破釜沈舟之姿，頂風冒雨開拔出帆。四月三十日黎明，鄭軍船隊於大霧中現於北汕尾沙洲北方海面，並趁大潮通過鹿耳門港道直奔禾寮港（今永康洲子尾附近）登陸，讓荷蘭駐軍驚訝地說：

「霧散了之後，我們就看見有數不清的船艦在北汕尾港口。桅檣甚多，好像光禿禿的森林。」

相傳鄭氏大軍航抵鹿耳門港時，雖無荷蘭守軍駐守，卻也因港道淤淺難以通過，鄭成功焦急之際，焚香祝禱祈求天上聖母漲潮助威，瞬時水漲三篙，

在北汕尾的沙灘上，因潮汐形成的蚵殼銀河。

船隊得以順勢入港。攻克荷蘭駐軍後，國姓爺感念天后媽祖，便於北汕尾將草搭的聖母祠修築成宮。如今鹿耳門有兩座香火鼎盛、皆稱正統的媽祖廟——鹿耳門天后宮、鹿耳門聖母廟，乃是因為當年媽祖宮遭曾文溪改道沖毀，廟內遺物分於兩地拾獲，才導致後來的正統之爭。

走在千里步道與台江國家公園、國泰企業志工合力種下苦楝與大葉欖仁樹的大圳堤岸旁，默想著鄭成功的傳奇、嘉南大圳與改道頻仍的曾文溪，台江的故事由海洋與大圳交織而成，文化伴隨著故事滲入基因血脈傳承延續……。縱使世居在這片土地上的人們，曾以水泥隔離水與人，拋棄了大海與河川遺留在我們生命中的古老記憶，但只要我們願意，用緩慢的速度仔細聆聽這些故事，跟著青春無敵的小台江水手們，釋放追溯大圳源頭、夜行台江的熱情，終將重新喚回曾經屬於這片土地的美好。

文・陳朝政

矗立在鹿耳門溪口的鎮門宮。

早年鹿耳門港河道淺而難行，天助鄭成功，竟能順利自鹿耳門進襲荷蘭駐軍。

達人帶路

台江千里步道——遙想大廟興學、品嚐古早味小吃

文‧吳茂成（台南市社區大學台江分校執行長）

台江千里步道，全長三十二公里，環台江走一圈，沿途有沉靜心靈的海濤，映著夕陽餘暉的大圳，有鄭成功開台的歷史故事，還有鹿耳門溪堤岸的螢火蟲。二○一○年七月十七日、十八日，台南市社區大學台江分校發起從黃昏走到黎明，創下全國河川巡守時間與距離最長紀錄。

走在濱海橋段的嘉南大圳步道，順著北側大新園的塭路，來到台江十六寮著名的「海尾寮大道公廟」，也就是朝皇宮，昔日曾有漢學老師在廟內授課，阿公阿嬤對大道公廟的記憶，直接喚作「學仔」，意思是朝皇宮就是一間學校，廟口就稱為「學仔埕」，說現代語就是校園廣場，大廟前有一港溝遶流，拜「學仔」文化之賜，也被稱為「學仔溝」。

我們從小最喜歡到「學仔溝」的廟口市場吃菜粽，這攤菜粽是由顏德明阿公所經營，他從年輕賣到老，養活了一家子人，這種堅持與認真，一如他用一雙大手所包出來的菜粽，十分美味。如何包出一口美味的菜粽呢？他說不要用味精，用原味的醬汁再灑上一湯匙的土豆粉，就可以吃到甘甜美味的粽香。顏老先生在舊廟重建之前，就在廟前學仔埕邊擺攤，當時是一排搭竹棚的菜市場，後來再移到「學仔溝」現址。走在台江千里步道，還可以繞進十六寮的廟前巷口，在海尾除了好吃的菜粽之外，下午三時之後，在學仔埕還有百年海尾豆花，傳承三代的手工柴燒豆花，一口化掉夏暑，溫暖寒天。

台江夜行

【精選慢速地圖⑥】

路線起訖：海佃國小—海佃國小

步行里程：二十七公里

建議旅程時間：兩天一夜

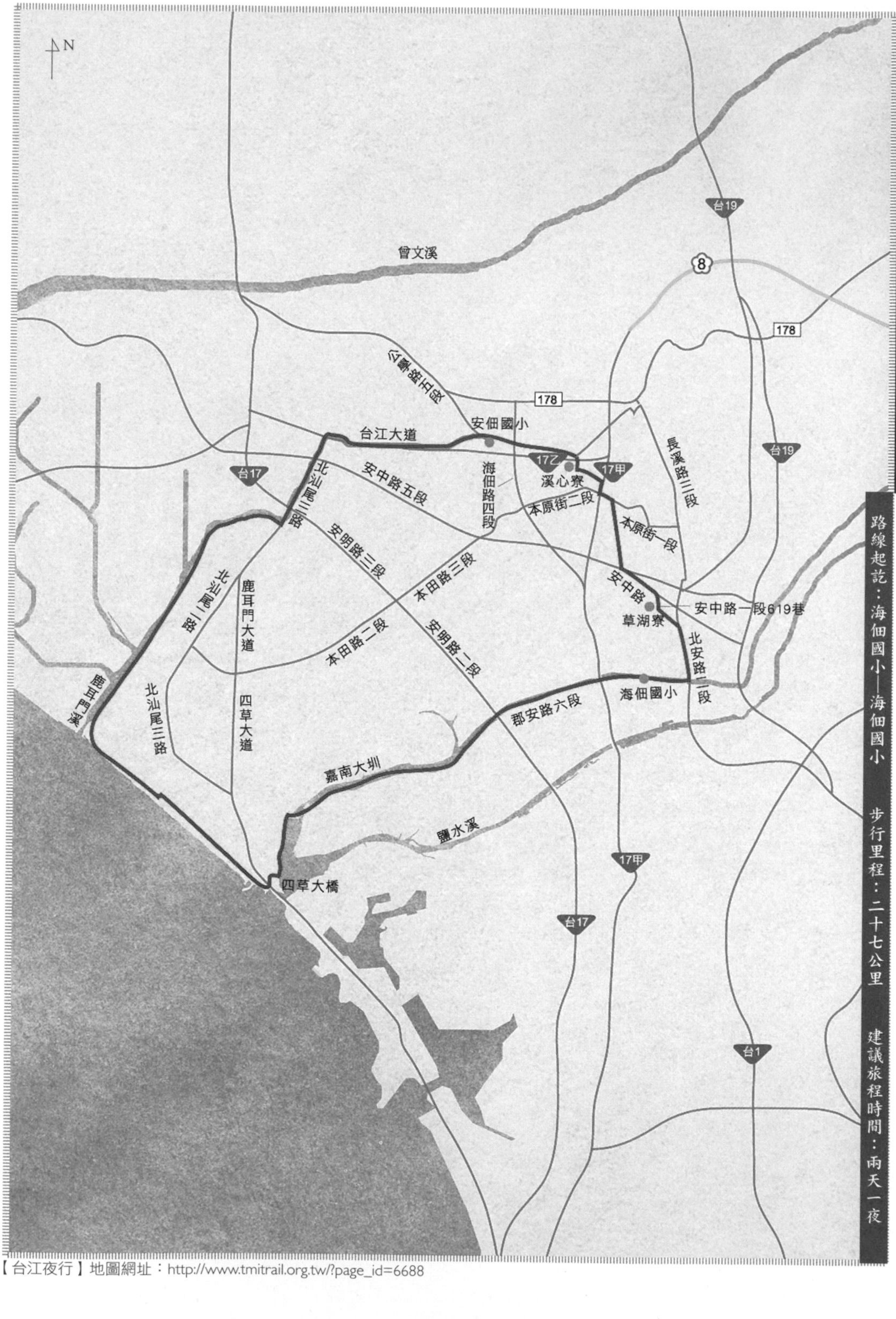

【台江夜行】地圖網址：http://www.tmitrail.org.tw/?page_id=6688

行—前—通—知

建議裝備：

⊙睡袋、睡墊等可隨地借宿的裝備。

⊙可輕鬆步行的衣物與鞋子。

⊙沿途補給容易，可盡量減少行李以便步行。

建議交通方式：

⊙搭乘台鐵至台南站後，轉乘台南市公車至南安順站下車，沿河岸往西便可抵達海佃國小。

⊙搭高鐵至台南站後，轉乘台鐵沙崙支線到大橋站，再共乘計程車。

吳茂成大哥講解嘉南大圳的壁畫，童趣的畫作描繪著滄海桑田。

路線起訖：高雄內門區—雲林斗六市
路線里程：一百七十一公里
建議行程天數：八～九天

【環島慢速地圖 ❻】

內門——斗六

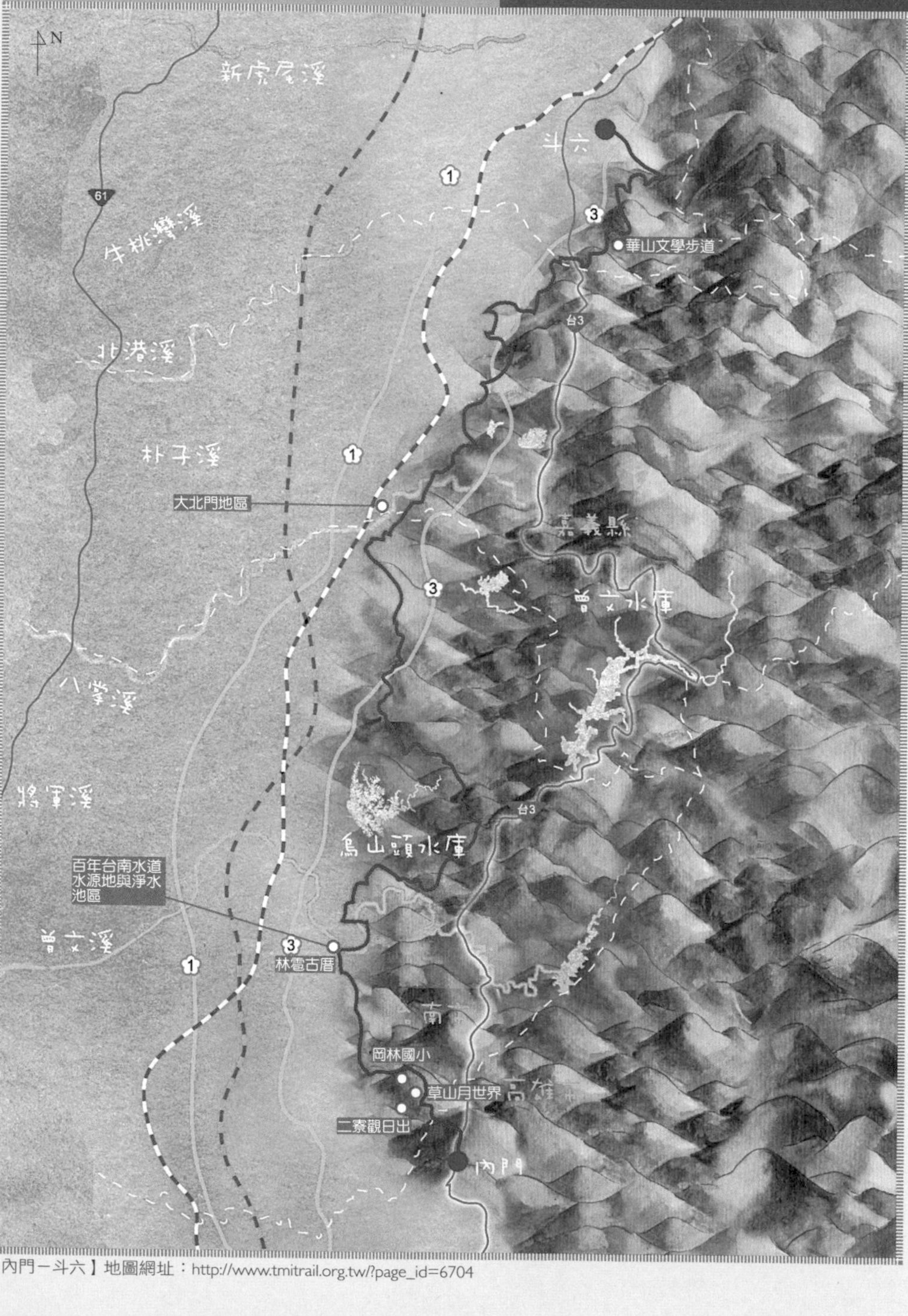

【內門－斗六】地圖網址：http://www.tmitrail.org.tw/?page_id=6704

路─線─報─馬─仔

從以宋江陣、辦桌菜、花生糖聞名的內門出發後，往北攀上三〇八高地便可俯瞰內門、左鎮、龍崎三區交會的「草山月世界」，鄰近還有二寮觀日出、鹽水湖、泥火坑等特殊景觀。經內岡林、大坑、澄山社區到菜寮進入山上區，拜訪台南水道百年淨水池區、林雹古厝、天后宮，再到大內區，參觀天文教育館及頭社的平埔族公廨。

＋

沿著曾文溪畔繞行山路，經走馬瀨農場過玉井、楠西區上西烏山嶺，來到有小瑞士之稱的嘉南水利會西口工作站；這裡是嘉南大圳的地下貯水池，水管通到曾文溪畔的東口，連接起曾文和烏山頭兩大水庫。繼續前行到尖山埤風景區，這原本是台糖的工業水源蓄水庫，近年轉型為江南渡假村，湖光山色自然景觀優美。

＋

進入東山區後，遍嚐南溪社區傳統土窯烘的龍眼乾、東山鴨頭滷味、愛玉冰等在地美食，再到白河賞蓮；小南海風景區的雙埤映照，綠波、粉荷與白鷺鷥實乃絕佳風景。沿著嘉南大圳自行車道，經蓮潭社區、八掌溪親水公園進入嘉義市區，再從簡樸幽靜的圓林仔社區到清秀的內埔子水庫，民雄自行車道經松子腳、中正大學到梅山鄉，好山好水續行華山咖啡園區、劍潭湖、劍湖山世界、荷苞山咖啡園區至斗六。

⊙注意事項：

・由內門經左鎮岡林往北前，將經過三〇八高地，為直上陡下的路段，需衡量體力，做好充足準備。

・由玉井往北至東山前的主要行經一七四號縣道，為烏山頭水庫東側山路，沿途補給較不容易。

透過在地居民與社區工作者的創意合作，巧手為農村風景增添時尚與前衛的元素。

非去不可

草山月世界

內門往左鎮方向，沿途景致是所謂的惡地形土質，屬於青灰岩地形，可見長生竹欉與銀合歡樹，構成特殊的蕭瑟。附近一帶是白堊土地形，雨後土質極為鬆軟，平時卻又堅硬不利耕作，土壤高鹼性，所以只有一些耐旱的植物如刺竹生長。然而這

樣環境卻有著耐人尋味的有趣事，仔細觸摸土質，常常可以發現一些化石貝類鑲嵌土壤中，就像是一處考古活化的歷史教室。（文．陳冠豌）

岡林國小

廢棄小學的再生運用，目前校舍由左鎮旅遊中心與在地社區協會管理維護，校園內亦提供旅客可露營租宿盥洗的服務，也是最佳的野鳥觀察點，常見大冠鷲鳴叫翱翔，小彎嘴群總不怕生隨處跳動，小啄木更愛操場邊的一棵老龍眼樹，為它敲敲打打，若是運氣好些，可見朱鸝在大葉欖仁樹上露臉。鄰近的岡林教會為社區信仰中心，多數居民均為虔誠基督徒。岡林國小地址：台南市左鎮區岡林村三十一號；連絡電話：06-5730061。（文．陳冠豌）

二寮觀日出

從岡林國小旁的道路往二寮方向行走，有一處觀賞二寮日出的好地方，應當媲美阿里山的日出美景，每每吸引攝影的愛好者在清晨時分，就此等候。當晴朗之際隨著太陽藍光，先從遠處山頭映射出來，轉瞬之間日出光線的色彩變化，雲霧在山與山之間堆疊移動，宛如國畫水墨景致，美不勝收，引人讚嘆。尤在下雨過後幾天，山嵐雲霧與日出景色更為美麗。（文．陳冠豌）

百年台南水道水源地與淨水池區

台南水道於一九二二年竣工，是日治時期為當時台灣第二大都市——台南提供自來水的重要水利工程，擁有近百年歷史的水道被列為國定古蹟，同時也是世界土木遺產之一。台南水道取水口設於曾文溪與支流菜寮溪位在

山上鄉的交會處，曾文溪水量豐沛，但雨季期間水質混濁，因此在取水口引進台灣首座自來水快濾設施，經過濾處理再加壓送至南邊山丘上的淨水池，然後才以重力給水方式供給整個台南市區的自來水。（文・陳朝政）

林雹古厝

山上區舊稱山仔頂，過去山仔頂流傳一句俗諺「沒錢落仔雹，有錢雹叔公仔」，說的便是林雹傳奇致富的故事。相傳清末年間，當時的麻豆望族林家欲在山仔頂開設糖廍，並希望由當地同宗代為管理，山仔頂庄知名的貧戶林雹，因緣際會下得到管理糖廍的工作機會而發跡。位在山上村的林雹古厝，便是林雹發跡後鳩集當地工匠所建，三合院的建築融合中、西、日式，雖然左、右護龍因年久失修缺乏照料而坍塌，但建物主體多用檜木，狀況良好，而正廳前東洋裝飾風格濃厚的軒亭，更增添古蹟價值。（文・陳朝政）

大北門社區

大北門社區具有濃厚檜木香氣的日式房舍，因為在這有著阿里山森林與鐵路百年來發展的歷程，以及許多可供追憶的場景。大北門社區曾名為「檜村」，日本時代叫「檜町」。這裡有森林火車的機車庫區、有嘉義市林業的發電廠變身為木雕展示館的「動力室」，這裡有古蹟：北門驛站、有民間保留與再利用且尚可廉價居住與品嚐雨林咖啡的老旅社——玉山旅社，還有一間號稱濁水溪以南最活躍的書店——

洪雅書房，這裡是一處不可不來走走的地方。玉山旅社地址：嘉義市共和路四一〇號。（文・余國信）

華山文學步道

位在雲林縣華山國小附近、長達六百多公尺的文學步道，沿途多處大石塊上刻著紅色具原鄉情懷的詩文佳言，這是仿雲林現代文學作家的筆跡雕刻的，與自然山川景觀相呼應，人文與自然相結合，更增添華山古樸的神采；沿溪鋪設的碎石步道，邊聆聽潺潺流水聲邊欣賞懷古佳言，林雙不、季季等文學作品，曾陪伴我們走過歲月，一一在這山林中呈現。（文・曾永賓）

達人帶路

小台江百里溪行——全國年紀最輕、巡守路線最長的河川巡守隊

文・整理自「小台江河流網」

小台江讀書會由位於嘉南大圳南岸的海佃國小成立，是全國年紀最輕、巡守路線最長的河川巡守隊。平日除以淨堤、彩繪等方式守護嘉南大圳，更於二〇〇八年起，連續三年舉辦「百里溪行」，挑戰從嘉南大圳出發，經過台灣十二大水系的旅程。

三天兩夜的百里溪行自台南安南區出發，沿著鹽水溪堤岸經台一線省道往西，在抵達新化有百年歷史的岡林教會後，面前便是這段旅程的第一道難關——三〇八高地。三〇八高地海拔不算高聳，卻是陡上直下的越嶺路線，然而一旦爬至山頂，鳥瞰底下草山月世界的奇麗地景，將覺得一切汗水都是值得。

越過三〇八高地後便穿過內門抵達旗山。旗山、美濃緊鄰，卻擁有截然不同的小鎮風情，當沿著美濃溪畔騎行，迎面微風伴著眼前綠草花香的景致好不愜意。而隘寮溪堤岸的園藝造景，是到了里港絕不能錯過的獨特景色，這般有趣的林蔭小徑，則有賴在地社區居民的認養與維護。如再往南，尚可探訪萬巒五溝社區與萬金聖母天主堂，以及林邊溪位於來義鄉的「二峰圳」，皆是值得一覽的行腳去處。

海佃國小成立的小台江讀書會，是全國年紀最輕、巡守路線最長的河川巡守隊。

來去虎尾，追火車

…百年糖廠文化路徑…

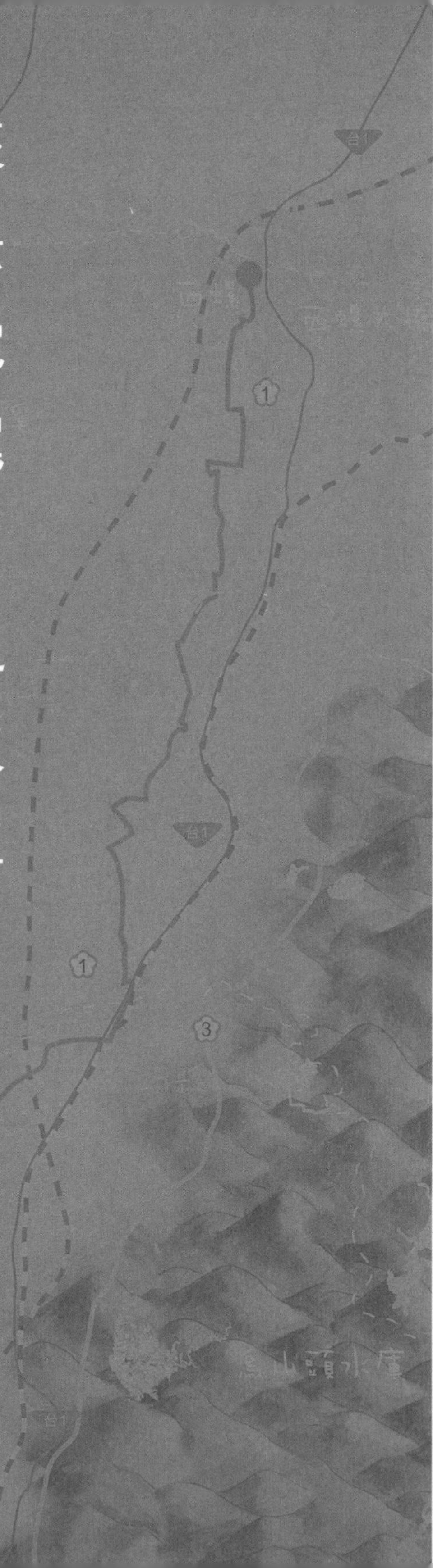

追逐糖廠運蔗的「五分車」，趁著司機不注意抽出青白色的蔗枝，咬下一口感受帶著鹹味的甘甜……。

在千里步道與在地文史工作者合作努力下，伴隨著千里步道第一個籌畫站的成立，我們在虎尾追火車、逛故事館……

每年十二月，時序進入冬天，在富饒的嘉南平原上，冬日暖陽遍灑萬頃蔗田，此刻蔗園才正要開始熱鬧的季節。

糖之源的田園交響曲

蔗田裡，收蔗機與貨車在方正田間開出一條條直線，所經之處，搖曳瘦長的甘蔗就被收蔗機成群成群地收割，有著長長手臂的收蔗機，俐落地一邊拔起甘蔗一邊分段，同時倒進並排行進的貨車裡。收蔗機後方共生著一整群白鷺鷥，起落之間，伺機撿食被翻出土的昆蟲，毫不懼怕車輪與機器傾軋的聲響；再遠一點，有幾個人帶著幾隻狗在新收割的蔗田間奔馳，原來他們跟白鷺鷥一樣，尾隨獵捕失去完美遮蔽而逃竄的肥美「沙合」鼠，這種吃甘蔗長大的老鼠，在物質不豐的年代，可是附近居民補充蛋白質的最佳來源。

小小一坵蔗田，機器、人與各種動植物彷彿構成「動物星球」頻道鏡頭下的食物鏈；至於白甘蔗的旅程，在離開這片田地後，還很漫長。

貨車滿載一截一截的甘蔗段，左搖右晃地爬上道路，奔馳到最近的高台式蔗埕。這是一個很像大漏斗的裝置，小火車的運蔗車廂排序在鐵軌上待命，當運蔗貨車爬上高台，將滿滿的甘蔗車斗抬升，就從這個漏斗般的裝置，倒入漏斗底下整齊排隊的五分車車廂，大概半趟貨車傾倒過後，一節車廂就滿了，工作人員再用火犁仔將整排車廂往前移動，如此反覆動作，裝滿了十幾節車廂後，德馬牌小火車頭就會從糖廠拉著一列空車廂來替換，沿途經過類似這樣的蔗埕，將裝滿甘蔗的車廂掛上車頭，再浩浩蕩蕩拉回糖廠。

而那些露在車廂外的甘蔗頭，還有因為小火車在軌道上跳動而蹦出來的漏網甘蔗，真是令人忍不住想要偷偷抽出來，放到嘴裡咬一口，嚐嚐未經加工、還帶著土香的青白甘蔗，究竟是什麼滋味？嗯，好硬，沒有紅甘蔗那麼多汁，但是多了一股清香。對

上：百人騎著單車，追逐虎尾糖廠運蔗的「五分車」，過去不少人都想趁著司機不注意抽出青白色的蔗枝，咬下一口感受甜滋味。
下：在虎尾，可以看到虎尾糖廠煙囪、高台式蔗埕，以及大家最期待的運蔗「五分車」。

許多四、五年級以前出生的人而言，埋伏等待車速減慢、趁司機員不留神、與小火車競速抽甘蔗，其實是一種與同儕並肩冒險的樂趣，填補了少有零食的缺憾，還常常帶有險險被抓到的快感。記憶中的白甘蔗，更是青春叛逆的滋味。

第一次看到這幕「糖之源」的田園交響曲，是在二〇〇八年二月底，千里步道彰雲嘉試走活動時，雲林到嘉義的重頭戲，就是在馬公厝線的百人騎單車追火車活動。空氣中伴隨虎尾糖廠煙囪瀰漫的香甜味，安靜度過春夏秋天的糖廠，冬天才從長長的睡眠中甦醒，鍋爐正在運轉，廠房裡幾乎與世紀等長的機器，發出震耳欲聾的聲音。當我們吃力地聽糖廠員工解說，參觀生產動線，從甘蔗進場壓榨、煮沸、一直到最後一道手續，看著從離心機噴灑出來還溫熱的黃砂糖，用手指沾一小撮，送入口中，頓時，濃縮著白甘蔗精華的香氣清甜在齒頰散開。原來，這才能稱之為「蔗糖」。

百年一遇、世紀交會的契機

對我這個六年級生而言，已經錯過糖業占台灣外匯七成的輝煌時代；自日據時代在橋仔頭設立第一個新式糖廠，取代傳統的人力糖廍，一九〇七年從夏威夷引進七六二釐米軌距輕便鐵道，十一月開始正式於橋頭牽引運蔗列車，一九〇九年五分車開始載客。戰後國民政府接收，到一九五〇年代極盛時期，糖業鐵道遍及西部廣袤的平原，總長約有三千公里，為了戰備考量，將原本以糖廠為中心輻射至蔗田的線路，開始南北連接，建橋跨越溪流，成就從台中通到高雄的「南北平行預備線」。

就在一九七四我出生那年，原本鐵軌與汽車共用、跨越濁水溪的西螺大橋，拆除了鐵軌。時代從鐵路運輸轉變為公路為主，糖鐵也因為機械化採收，縮減原料線，在全球化浪潮下，一九九〇年代各地糖廠快速關閉，時至今日，僅剩虎尾糖廠仍保有收蔗、製糖的完整動線。

錯過那個時代的我，卻在二〇〇七年開始重新認識糖業與鐵道的歷史軌跡，距離首座糖業鐵道的建立，剛好一百年。

從文化地景的紋路線索來看，西南平原上有兩個主要的脈絡可循，一是克服「看天田」限制所構築的嘉南大圳系統網絡；另一就是跨越大河阡陌中綿延伸展的糖業鐵道運輸網絡。此二者不時交織並聯，構成最佳的既有線路，連結產業生產現場與社區節點，整體形塑西南跨縣市的城鄉面貌。

隨著產業型態的改變，這兩個網絡也正在消逝中。二〇〇七年虎尾因為興建中的中科園區，將區內的五分車鐵軌拆除，在地文史工作者林文彬代表、鐵道專家前輩許乃懿醫師、虎尾巴文史工作室楊彥騏老師，以及當時雲林縣文化局長劉銓芝等人，為了搶救消失的鐵軌，在二〇〇七年「世界文化資產日」舉辦了「鐵道行腳」活動，希望將糖業鐵道依「文化資產保存法」登錄為文化景觀，以確保鐵道不再被肆意破壞；同年，千里步道也參與了台南社大號召的永康三崁店糖廠搶救運動，這裡有鹽水溪南岸第一次發現的諸羅樹蛙棲地，還有日本神社遺址與防空洞群，然而台糖與建商準備在此興建透天厝推建案；除此，還有許多地方，都發生拆除鐵軌，運用鐵路路基興建公路、自行車道的爭議。

當我初次抵達虎尾，與在地文史工作者開會，也實地騎著車追尋在蔗田裡忽隱忽現的糖鐵軌跡，親訪虎尾等或生產或已轉型觀光的糖廠，遙想昔日「北五間厝、南橋仔頭」的產業造村盛況。在虎尾，除了有仍在生產運轉的糖廠，還有糖廠日式宿舍、虎尾驛、合同廳舍、故事館、偶戲館等，進入虎尾的旅人，應該會有跌入時光隧道的感覺，而虎尾糖都的市鎮規模，恰好適宜步行與自行車的尺度，在虎尾糖廠跨越虎尾溪往南經蕃薯庄到大林的虎尾鐵橋，層次分明的花樑鋼架，更是少見的傳世經典。

關於這座精緻的虎尾鐵橋的歷史源頭，鐵道專家許乃懿醫師有兩種不同的推敲，一是遠從日本東海道本線運來台灣，另一甚至可能是清朝劉銘傳始建鐵道的產物，兩者皆是易地組裝。不論哪一種說法，光是能親身走在這座歷史鐵橋上面，就已極具快意。同時，我們常常在跨越縣市，行經大橋時便會發現，公路橋樑上完全沒有行人與自行車容身之處，而這座歷史鐵橋旁邊卻附掛了供兩地庄人行走往來的木板橋，這可是非常友善行路人的前瞻作法，也能感受農業社會濃厚的溫暖人情。

兩鐵並行、古蹟活化的文化路徑

穿越這座斑斑鏽蝕的鐵橋，還可大致沿著大林線，偶爾跟著菜田間露出的鐵軌旁小路、多數時候穿行或平行或交錯的田間小路，一路向南行去。蔗田已經零星，人煙相對稀少，阡陌交錯在季節裡的蔬菜稻米，除了間或遇到的小工廠、養豬場傳來的味道，有些許片刻竟彷如置身英國或日本的鄉村風光。

小徑一轉，進入蜿蜒曲折的大埤小巷，路更狹窄，人情味卻更濃。我們被安靜、似乎不曾被時空流轉

沿著虎尾糖廠的五分車鐵道而行，彷彿時光倒流，帶人重回三十年前……。

影響的街道空間震懾住，街邊停著一輛滿載雜貨、蔬菜的小貨車，還有修理紗窗的推車正停下來作生意，路旁一間有著古老碗櫥、圓形筷子盒、木製撈麵網的百年老麵店，令人忍不住進去坐下來，一碗古早味的陽春麵。

不遠的大林三角里，則是透過社造與藝術進駐的方式，蛻變成人們即使迷路也會千方百計找進去參觀的社區。三角里是嘉義大林糖廠八公里自行車道的一端，利用舊鐵道路線鋪設而成，沿途經過稻田、千年大樹，社區的公共空間彩繪藝術，也將這條自行車道沿線妝點造景，成為另一種鐵道變自行車道的典型。在雲林嘉義交界穿越縱貫鐵路附近，自行車道還會從保存完整的石龜溪鐵橋下穿過。

與三角里結合糖鐵與社區藝術造景類似的，是嘉義新港的板頭厝社區。整個社區處處可見以交趾陶燒的仿古與現代，甚至卡通風格的藝術造景。社區保存舊日的古笨港板頭厝車站，車站前立著一個牌子說明了社區對糖業歷史的情感：「期待有一天，火車ㄟ轉來」。

這些草根的民間力量，雖然以不同方式再現糖業鐵道文化，但都呈現著糖鐵作為文化路徑所串連的社區記憶。

打造台灣本土的魯爾工業區之路

為尋找消失中的鐵軌與沿線的遺跡，千里步道與鐵道老師合作，以鐵道歷史為主題，舉辦PPGIS（公眾參與式地理資訊系統）培力工作坊，讓志工們帶著GPS與相機去調查彰雲嘉南的南北糖鐵線路；也舉辦網路的「百年糖鐵風雲」線上影像展，徵求各地蒐集到的糖廠、糖鐵、地圖、文物等老照片。

最具紀念性的，是我們到嘉義義竹鄉下溪州社區尋到的莊顏好阿嬤，從她家三合院家屋牆上取下兩張裱框照片，相片裡阿好阿嬤與夫婿靦腆而得意地展示田裡種出最長的甘蔗，另一張還有岸內糖廠工作人員的合影。同時，我也驚喜地從林志明醫師的收藏中，發現竟有斗南到虎尾的硬式車票，以及寫有沿途站名、打洞的階梯狀車票。另外，還從楊肇庭提供的照片中發現老牛拖著甘蔗車，從高速公路北斗交流道底下穿越，和台糖五分車並行的照片。

在國外，類似以產業為主題的文化路徑並不少見：一九九九年，德國在已荒廢、有一百五十年歷史的魯爾工業區，發展出串連五十多個礦區、廠房、博物館與水利設施，共四百公里長的魯爾工業之路（Route der Industriekultur）；美國有針對大公路主義興起後遭荒廢的鐵道線，發起鐵道改步道組織（Rail to Trail, RTC），訓練各地志工以GPS定位調查後，以手作步道（trail building）的方式為社區開闢出綠帶（green belt）。千里步道也希望在西南平原，以嘉南大圳與糖業鐵道為經緯，串連出具有產業特色的文化路徑、綠色廊道。

二〇一〇年，時值千里步道五週年，我們與千里步道雲林籌畫站的朋友們舉辦「虎尾跑火車——糖廠甜甜之旅」，騎鐵馬追火車活動也邁入第四屆。當年因搶救鐵道結緣，促成全台灣第一個籌畫站在雲

右：這張老照片是嘉義下溪州社區尋到的莊顏好阿嬤與夫婿，靦腆而得意地展示田裡種出最長的甘蔗。
左：昔日許多蔗農都非常仰賴勤奮的老牛拖運著沉重的甘蔗車。

林成立，居中大力促成的籌畫站執行長林文彬，現在也當選虎尾鎮長，努力推動著虎尾成為雲林的文化首都。在馬公厝線返回糖廠的路上，經過高鐵高架橋下，大家將鐵馬停靠下來，等待本世紀時速達到三百公里的高鐵、與上個世紀深入社區集體生活記憶的慢速糖鐵，瞬間交會的一刻，按下快門。

雖然跑了這麼多糖廠與鐵道軌跡後，至今我對糖鐵沿線的道班房、旗站、候車亭，還傻傻分不清楚，卻難忘雲林籌畫站站長許乃懿醫師曾說過的糖業冷笑話「一支煙囪救台灣」：「話說匪諜來台灣探路為解放軍登陸作準備，來到蒜頭糖廠，驚嘆『蒜頭』也能製糖；到了鹽水糖廠，更了不起了，連『鹽水』都能製出糖來，匪諜大為驚嘆，台灣製糖技術竟如此了得，於是不敢攻台灣……」希望我們的下一代還能在台灣這塊土地上，看著糖廠的煙囪噗哧一笑。

文・徐銘謙

【精選慢速地圖7】虎尾追火車

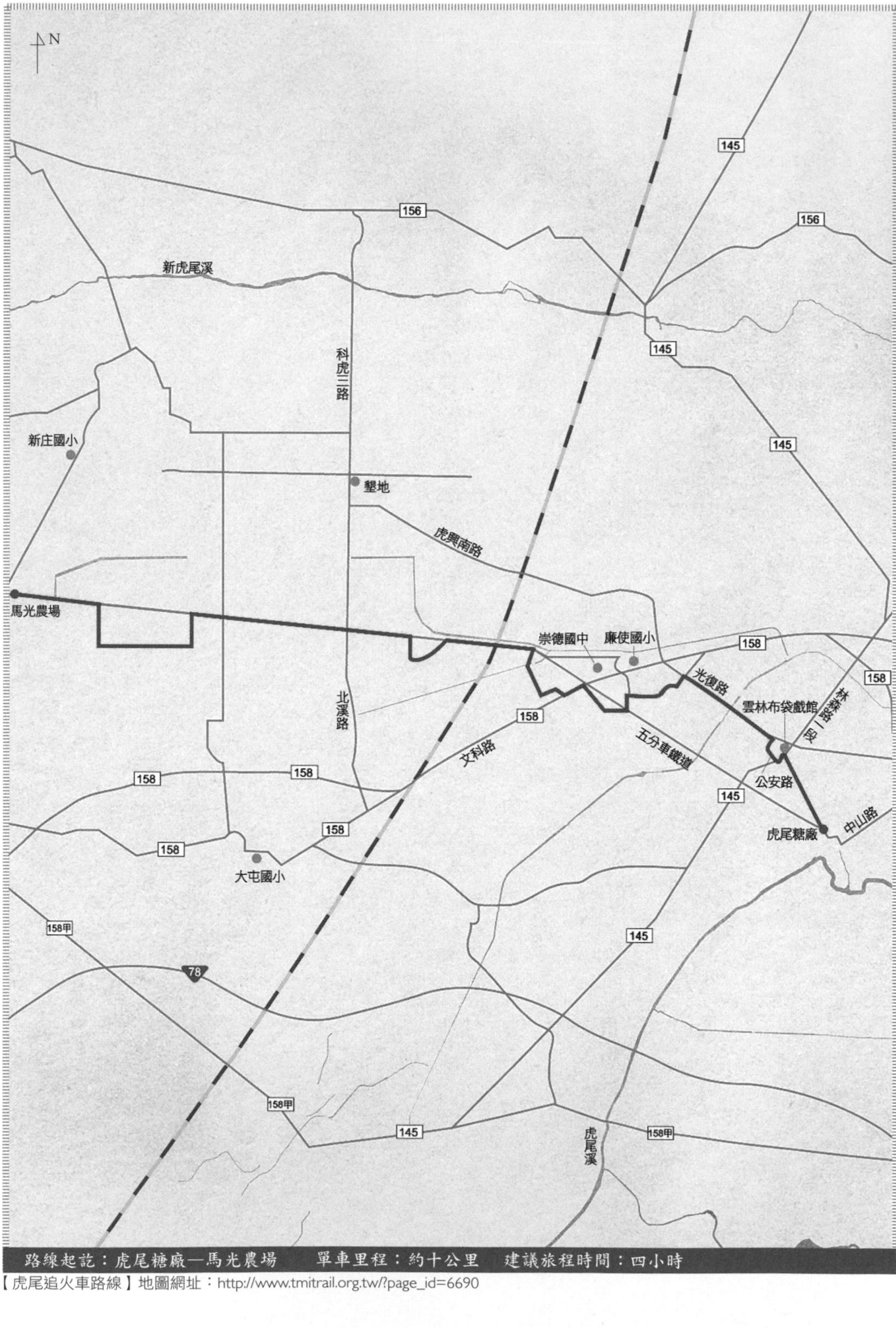

路線起訖：虎尾糖廠—馬光農場　單車里程：約十公里　建議旅程時間：四小時

【虎尾追火車路線】地圖網址：http://www.tmitrail.org.tw/?page_id=6690

行—前—通—知

建議裝備：

⊙適合騎乘單車的輕裝打扮。

⊙水壺、防曬準備。

建議交通方式：

⊙搭乘統聯、台西、日統等客運在虎尾鎮下車，可於布袋戲館對面的合同廳舍，租借鎮公所提供的免費公共自行車一遊糖都。

注意事項：

⊙每年十二月至三月為虎尾糖廠收蔗季節，鎮公所將舉辦「虎尾追火車」活動，建議搭配活動時程體驗更多糖業文化活動。

每年舉辦追火車活動，最令人興奮的重頭戲就是這糖鐵、高鐵「世紀交會」的歷史時刻。

路線起訖：雲林西螺大橋—七股台鹽博物館
路線里程：一百一十七公里
建議行程天數：五～六天

【環島慢速地圖 ⑦】

西螺——七股

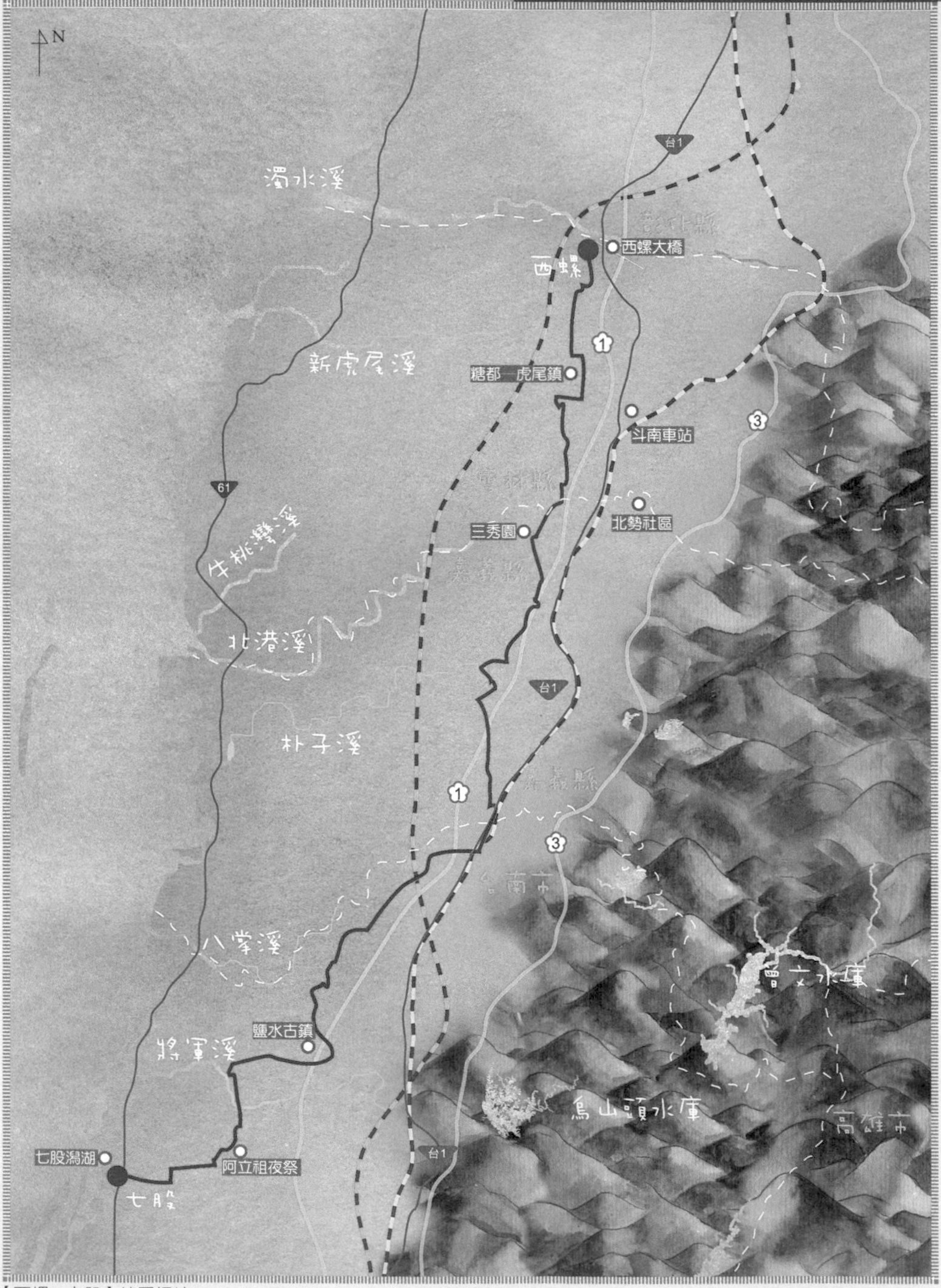

【西螺—七股】地圖網址：http://www.tmitrail.org.tw/?page_id=6725

路—線—報—馬—仔

從西螺大橋南岸啟行，穿過西螺鎮的人文老街與市集，畜養了各國不同羊種的西螺農工圍牆旁，往往引來路人駐足欣賞。沿著豐綠的農田菜地一路向南，繞過人文薈萃的虎尾鎮外圍，跨上舊虎尾溪堤岸，遇見昔日運糖鐵道的優美鐵線橋後，進入虎尾糖廠與虎尾科大的綠蔭園區。

＋

嘉南平原是台灣米倉，從雲林縣濁水溪、虎尾溪到嘉義縣北港溪，沿嘉南大圳系統進入台南後壁，一路上的田園美景，充滿農作的辛勞與物產富饒的喜悅，唯獨缺少綠蔭，是步行時的一大遺憾，尤其走過民雄、太保工業區，空氣中少了清新，更令人不禁思索該如何才能與土地和諧共處？

＋

拜訪過了後壁菁寮社區的老厝與淳厚人情後，沿著鄉道進入鹽水市區，這是清代船舶直航大陸福建的月津港所在，人文古蹟和現代經濟並存共榮。往南經下營到學甲，鎮上慈濟宮的交趾燒名聞遐邇，而佳里的蕭壠文化園區，則展現出糖廠再造的新風貌。

＋

最後進入七股鄉，從篤加到舊鹽場行政中心、台鹽博物館、鹽山、曬鹽區，路的盡頭看似無邊大海，卻是曾為台江內海的七股潟湖。走到這兒，天地遼闊鹹風輕拂，心情也跟著海鳥飛揚。

七股龍山村的民宅壁畫流露出鹽田漁村的淳樸景致。

非去不可

西螺大橋

如今的西螺大橋是一座高聳的紅色鐵橋，但其實在不同的年代，它曾從鐵灰、綠色變換到紅色，更令人驚異的是，曾有一度為了糖的運輸，還在橋上架設鐵軌，載著一列列裝滿砂糖的五分仔車，形成火車、汽車、單車、行人共行的特殊景觀。中山高通車後，大橋逐漸卸下它的重擔。少了大貨車的驚擾，鐵橋仍然仰首聳立，展現它一貫雍容恢宏的氣度。（文．曾永賓）

糖都——虎尾

高聳的煙囪是糖廠的重要指標，冒煙時間的長短也代表著這個糖廠的興衰程度，日治時期叫做「大日本製糖株式會社」，也是嘉南平原重要據點之一的虎尾糖廠，是目前台灣僅存仍在營運的四座糖廠之一。虎尾於日治時期因製糖而被稱為「糖都」，製糖產業至今仍影響當地人們的生活，也留下許多歷史的遺跡。虎尾糖廠廠內大樹成蔭，四周宿舍雖已年久失修，卻仍保有日式建築的味道。約與糖廠同期興建的「虎尾鐵橋」，是為了運糖所建，也是虎尾溪兩岸居民往返的通道。如需糖廠導覽服務，可與糖廠接洽，連絡電話：05-6321540。（文．曾永賓）

斗南車站

斗南車站是日本人在台灣建造的最後一個火車站，也是雲林縣境內占地最大的車站，曾是雲林最重要的交通樞紐。車站大廳部分作成重簷形式，上方以四斜屋頂構成，下方屋簷出挑形成簷廊，強烈表現出日式風格。斗南車站曾是台糖公司南北平行預備線的起點，這條當台鐵被敵軍炸斷時便轉用來軍運的鐵道，當年可從斗六糖廠經斗南，一路直通到屏東枋寮和枋山兩鄉交界的士文溪畔。（文．曾永賓）

北勢社區

北勢社區隸屬嘉義縣大林鎮三角里，目前約有六十戶，

常住人口約三百人。因位於嘉義縣最北端，故名為北勢。北勢社區設庄約兩百年，主要由江姓及曾姓宗族組成。社區居民多務農維生，目前主要農作為水稻及綠竹筍。社區一群青壯年，希望回復童年農村熱鬧互助關懷的社區情景，遂於一九九九年底成立北勢聯誼會，二〇〇二年成立北勢文化發展協會，先就居民之情感開始營造，進而營造社區居民對社區的認同，包括二〇〇二年自費闢建露天的「唬爛館」，自由發言、凝聚居民共識。二〇〇三年初開始空間營造，陸續完成童心樂園、生態池、圖書館、羽球場等，提供兒童、青少年、青壯人員及長者休憩的空間；如今北勢已是充滿歡笑及活力的社區。（摘錄整理自千里步道「彰雲嘉試走活動手冊」）

三秀園

三秀園位於嘉義縣大埤鄉怡然村，村名「怡然」，為三秀園的老園主張禎祥先生所命名。身為文人的張禎祥，喜愛詩詞，終日沉浸在詩海中。在終戰後被推為大埤鄉首任鄉長，任職的第一天，就很有文人氣息的騎著馬上班，說是走馬上任。但終究不適應官場生活，任職未滿一個月便請辭。創建當初只是一個小花園，日治時代由張禎祥加以擴建成今天的規模，因屬私人產業，因此三秀園又稱「張家花園」，面積約三甲多地，曾被稱為台灣五大花園之一，與板橋林家花園、新竹潛園、霧峰林家園邸等齊名。三秀園為私人土地，並沒有正式對外開放，庭院也因年久失修而失去了往日的風采，但三秀園仍舊停留在每個大埤人的記憶裡。（文・曾永賓）

鹽水古鎮

鹽水是八掌溪流域三大古鎮之一，清中葉以前市況繁榮，自古有「一府二鹿三艋舺四鹽水」之說。鹽水古稱「月津」，原來是近海的內河商港，曾經千帆輻輳，又稱為「鹽水港」，後因泥沙沉積，港口功能遂廢，市容逐漸蕭條。加上日治時代籌

建縱貫鐵路，本地士紳因為擔心破壞風水，反對架設「鐵枝路」，鐵路改經新營，於是新營興起鹽水沒落，至今存留泥沼地月津舊址、典雅又奇巧的八角樓、以及停留在五〇年代氛圍的橋南老街。（摘錄自千里步道「台南試走活動手冊」）

阿立祖夜祭

台南的佳里每年舉行的西拉雅夜祭，是西拉雅族的民俗文化活動。從農曆三月二十八日深夜到二十九日凌晨兩點，族人齊聚參加夜祭儀式，整個儀式莊嚴隆重。蕭壠社北頭洋的平埔族夜祭，在「北頭洋文化館」傳統公廨前舉行，祭壇上放置有代表阿立祖神體的阿立祖矸和檳榔、澤蘭等供品，時間一到祭師向阿立祖行三向禮後，就展開了肅穆、神秘的夜祭祭禮。夜祭祭禮的第一項儀式是「獻豬」，豬隻擺放完畢，由祭師進行敬酒禮並「請神」，口唸禱詞，呼請阿立祖降臨接受獻禮祭拜。獻豬禮結束後，便是夜祭的壓軸好戲：牽曲。牽曲是以西拉雅族古語來唱，族人以低沉的音調，吟唱出對阿立祖虔誠的感恩與祈求，重新認同自己的血脈，將蕭壠社西拉雅族北頭洋阿立祖民俗文化傳承下去。（摘錄自千里步道「台南試走活動手冊」）

七股潟湖

「潟湖」即俗稱的內海仔，由沿海沙洲和凹入海岸所圍成的地區，潟湖內海的水為海水，內外的水藉著沙洲的缺口互相流通。一般而言，潟湖內的水波浪較小，所以海浪、潮流所夾帶的泥沙會逐漸沉積在潟湖內。台南沿海較大的潟湖有七股潟湖與北門潟湖二處。七股潟湖位於七股溪與將軍溪出海口之間，由頂頭額汕、網子寮汕和青山港汕所圍成。潟湖因環境特殊，水波平靜，浮游生物多，蘊藏豐富的動植物生態，此地居民更在潟湖中圍地養殖文蛤、蚵，定置網捕魚，漁獲豐富。「潟湖」可說是當地是居民生活的重心、賴以維生的所在。（摘錄自千里步道「台南試走活動手冊」）

達人帶路

台江鹽鐵南瀛行——千里步道台南試走路線

摘錄自千里步道「台南試走活動手冊」

第一天從海尾朝皇宮出發，沿嘉南大圳繞接鹽水溪堤岸，河堤終點為台灣歷史博物館，穿行台江社區博物館群落以及大道公廟，體驗陳卿寮綁掃帚等產業特色、品嚐台江小吃後，進入鹽鄉七股。台南七股以潟湖、鹽田、黑面琵鷺聞名全台，沿曾文溪河堤前進，轉入省道台六十一線便抵達七股潟湖，當晚可夜宿溪南春休閒渡假漁村，體驗漁村生活。

第二天沿著七股溪及漁塭旁的小路，深入觀察潟湖、蚵棚與紅樹林生態，中午抵達北頭洋部落，參訪西拉雅文化與阿立祖傳奇。漫步於飛沙崙山丘，看老樹與古井。下午經蕭壠文化園區，品嚐好吃的紅豆牛奶冰，聆聽蕭壠車站與三四九號蒸汽老火車的故事。午後沿舊官道，抵明鄭時期天興縣治所在地「佳里興」，此處有縣定古績「震興宮」可欣賞一代匠

位於河海交會處的蚵棚，是嘉南沿海常見的特殊景致。

師——葉王交趾燒經典之作，續往北上沿著糖鐵舊線跡旁的小路，尋訪台糖舊客運驛站（如蕭壟、大灣等站）。在傍晚夕陽餘光中進入以蜂炮聞名的鹽水小鎮。古鎮擁有古蹟八角樓、重新營造中的月津港舊址、改造後的台糖鹽水車站、綠意盎然的岸內糖廠等。

第三天可先參觀台糖鹽水車站與岸內糖廠，接著過新營抵後壁區，來到同樣曾走過繁華歲月的菁寮，連幢木造樓房以及古樸的老街，包括保存完整的阮家古宅、氣派華麗的黃家古厝、收藏許多農村產業器具的墨林文物館，以及造型獨特的天主堂等，更不用提因無米樂紀錄片紅透全台的崑濱伯、煌明伯了。

鹽田風光是七股非去不可的理由。

屬於我們的大河戀

…溪南・溪北…

大河沖積出平原的豐饒、孕育了在地的文化，
也切割地域，形成西部平原長久以來溪南、溪北不同的生活樣貌與政治環境；
環島綠色路網——一條滿載環境守護理念與希望的路，如何跨越歷史與地理的歧異……

跨越，濁水溪

「跨越濁水溪」近年被賦予政治的象徵，使得這條橫切台灣西邊中部的第一長河，除了地理的南北，也隱然是族群、政治的南北邊界。

千里步道在卓蘭跨越大甲溪，是山線與屯線分支的起點；而後同時以山、海、屯三線越過濁水溪。溪流常常是行政區劃的邊界，而探查路線的志工們最關切的，就是如何找到離主幹道不會太遠、又能讓行人與自行車安全跨越大溪的適合橋樑。

由於大公路主義，現代人預設跨越縣市的方式唯有汽機車，隨著公路越開越大，橋樑越拓越寬，反而沒有行人慢車的空間，當我們在環島試走時，每每發現要跨越橋樑便無法避開省道，而走在主幹線的大橋上，常常會有「天地之大，竟無我容身處」之嘆。唯一的例外，大概就是從后里進豐原時，完全可以騎在舊山線改成的自行車專用道上，在壯麗的花樑鋼橋上享受不被汽機車逼迫追趕及廢氣污染，悠哉穿越大甲溪，真是快意十足。

過溪難的場景，同樣也曾發生在沒有公路的時代。台灣山高水急、河流東西向往往自成天險，社群與社群之間以此劃分領域，而南北向的路線，即是要跨越溪流險阻、促進跨域的交通。台灣最早的南北古官道，就是俗稱「縱貫線」省道台一線的前身，當時要維繫官道的暢通，關鍵就在跨越溪流，而很長一段時間，在越過西螺跟東螺（今北斗）之間的濁水溪，官道仍得渡船或涉水而過。

三百多年前郁永河從台灣府（今台南）出發，到淡水河探採硫磺，從南向北取陸路乘牛車走了二十二天，渡過九十六條大小溪流，當時的北部幾乎荒無人煙，南部才是政治與經濟中心。在他的《裨海紀遊》紀錄裡，可以連夜過急水溪、八掌溪，然而在渡濁水溪與大甲溪之時，留下許多描述，再再顯示其在旅程中最為急險。

上：濁水溪是台灣西邊中部的第一長河，沖積出平原的豐饒、孕育了在地的文化。
下：濁水溪切割地域，形成溪南、溪北不同的生活樣貌與政治環境。跨越南北，必須仰賴大橋銜接。

「初十日，渡虎尾溪、西螺溪，溪廣二三里，平沙可行，車過無軌跡，亦似鐵板沙，但沙水皆黑色，以台灣山色皆黑土故也。又三十里，至東螺溪，與西螺溪廣正等，而水深湍急過之。轅中牛懼溺，臥而浮，番兒十餘，扶輪以濟，不溺者幾矣。既濟，值雨，馳三十里，至大武郡社（今社頭），宿。……十一日，行三十里，至半線社（今彰化市）。」

由這段記載可以看出，三百年前濁水溪分出三股溪流，由南向北分別是虎尾溪、西螺溪與東螺溪，當時三條溪流寬度竟然是差不多的，而東螺溪最湍急，應為主流。因為濁水溪從中央山脈來到下游平原，促成山石走路、砂礫層蘊含豐富地下水、出海口漂砂成就海岸國土，當年郁永河所見的黑土、今日混濁依舊，因而能孕育出螺溪硯、濁水米與蔬果花卉。

而後，郁永河沿著八卦山腳續行往北，「二十三日，……。行二十里，至溪所，眾番為戴行李，沒水而過；復扶余車浮渡，雖僅免沒溺，實濡水而出也。渡凡三溪，率相越不半里；已渡過大甲社（即崩山）、雙寮社，至宛里社宿（今苑裡）。」由這段生動的渡河紀錄，可以看出當時坐在牛車上的郁永河，與在旁扶著車子載浮載沉推前行進的平埔族，乃至拖著車輛的牛兒有多麼驚恐。八卦山山腳路屬千里步道的山線路段，而郁永河越過大甲溪處，則已經接近千里步道海線渡溪之地。

從步行、乘牛車、渡筏，三百年後交通運輸已經跳躍成長，軌道運輸從輕便道、糖廠小火車到縱貫鐵路，再進展到為公路汽車蓋橋、打隧道、建高架道。現在千里步道要重新把步行帶回歷史，二〇〇八年千里彰化試走活動時，我們在彰化地圖上走了一個大大的S型，倒反走郁永河的旅程，先過大甲溪，再過濁水溪，先從山線轉入海線，再溯源東螺溪進入山腳路，反過來沿著濁水溪堤防回到屯線。這次是一場以鐵道、圳路、水文歷史跨越南北彰化的山海屯大旅行。

擺動的溪流，相對的南北

記得千里步道邀集在地團體籌畫彰化試走路線時，我們聚集在種樹詩人吳晟的庭院裡，吳老師聽說我們要找彰化的路線，特意找來地圖，懇切認真地鼬著老花眼、費力在圖面上解說濁水溪的源流，因為如果不認識濁水溪地理紋路，就無以瞭解彰化的歷史人文。

話說濁水溪發源自合歡山佐久間鞍部，廣納百川最後與清水溪匯流沖破八卦山脈，在二水衝出了一個缺口，河水幾番改道，沉積與氾濫，成就虎尾溪至東螺溪間廣大的沖積扇，詩人的家鄉——溪州，就在扇頂地帶，以前是溪底沙洲，夾在新舊濁水溪之間。早先是巴布薩眉里社的平埔族居住，乾隆年間漢人曾在此處開墾建立東螺市街，嘉慶年遭大水沖毀後，居民向北岸建立新的東螺街，也就是今天的北斗（寶斗）。

最初的濁水溪主流是現在的東螺溪，從北斗向溪北蜿蜒流過，在今之溪湖，積水為泥澤，形成似溪像湖的景觀而名之。乾隆年間東螺溪入海成港，乃形成今之鹿港。鹿港一度僅次台南，成為大陸移民與貨物運輸上岸之地，很難想像當年貿易的帆船還可循東螺溪溯至北斗，北斗因此成為中部海陸物資交換的轉運站，街道商業發達，當時曾有「一府、二鹿、三艋舺、四北斗」的城市排序。而後東螺溪淤積，鹿港與北斗的運輸地位消失。

正式試走時，我們從彰化市火車站出發，在半線鐵道文史工作室楊肇庭帶領下，沿著糖鐵舊鹿港線進入鹿港小鎮，曲折的小路轉角就是古蹟，老街透露著陳舊卻驕傲的歷史氛圍，靜下心來彷彿仍能聽到空氣中有著當年運輸商行熱絡交易的聲響，然而走到鹿港舊河道，昔日船舶進出的要道，現在卻只剩下小小一道水溝，望不到出海口，舊鹿港溪上游變成員林大排，日日夜夜奔流的是廢水排放。當我們從福興穀倉轉向溪湖，沿途騎在舊濁水溪堤防邊上，除非爬上水泥堤防上，否則看不見東螺溪。

十年河東，十年河西，濁水溪擺盪在東螺西螺，甚至嘉慶年間（一八〇二年）「因大雨數日，濁水溪氾濫成災，沖出新虎尾溪」。觀諸以前的村莊，雖常受大水氾濫的災害，而庄頭、田產被迫遷徙，村莊邊界變動不居，然而，也正是河流氾濫帶來的濁土，孕育了村莊的豐收，因而邊界其實生機無限。在水流擺盪改道頻仍的年代，邊界與河道是一個遷移的概念，而南與北是一個流動的相對論。

濁水溪主流改道多次，在一九二六年大正年間之後改道為西螺溪，由於日本開始進行河流的堤防、護岸整建，河道逐漸穩定成現在的濁水溪，河流方不再改道。

早期日本人採取「堵截」的方式，先把舊濁水溪、虎尾溪（北港溪）、新虎尾溪規模縮小，然而建堤防「束水」，把河水引導在人欲的軌道上流入大海，後來水道變狹窄了，輸砂不斷墊高河道，導致河道比旁邊的土地高，就加上「攻沙」，用採砂石的方式，把砂石一車一車地挖去蓋房子，結果又造成用來跨溪的橋墩裸露，危及橋樑安全。

曾經造就鹿港與北斗繁華一時的東螺溪，如今靜靜地伴隨著鐵馬行跡流淌而過……

河流不再擺盪，變成水泥河道、甚至「三面光」的水泥大排，邊界更加牢固地固定下來，而人們也的確將河流視為不再親近的邊陲，只用來排放廢水，讓水以更快的速度離開我們的生活，邊界不再生機無限。最後再以攔河堰或水庫集水來供應我們的日常用水，攔截的不只水的流動，也讓砂石淤積在水庫裡，而濁水溪下游現在最大的問題就是，因為水量變少，砂石揚塵；而出海口漂砂補充的溼地卻因為沙源不足，陸地慢慢後退。

串連南北彰化的血脈

先民嘗試控制變動的濁水溪，始自康熙四十八年（一七〇九年）由施世榜集資興築引濁水溪為灌溉渠道，當時僅憑人力一鋤一簣鑿圳開渠，歷經十年的時間終於竣工。而後康熙六十年黃仕卿又鑿建十五庄圳，與施厝圳共同灌溉當時彰化十三堡中的東螺東堡、東螺西堡、武東堡、武西堡、燕霧上堡、燕霧下堡、馬芝堡及線東堡等八堡，故名「八堡圳」。八堡圳將濁水溪的水，導流綿延整個彰化的農田，與台南縣的通埒圳、新竹縣的隆恩圳並列台灣三大古老埤圳。

當我們經過員林前往八卦山山腳路，沿途行經小路，都蜿蜒著八堡圳。以前我總以為這是一個指涉特定位置的地名，現在才了解八堡圳在彰化無所不在，就像南北彰化平原上的微血管，滋養著豐足的農產。探查全台環島路網的過程中，發現台灣不僅只是以濁水溪分南北，在很多縣市內部也有南北之分，而南北各有其行政中心，在發展資源的分配與地方政治上，南北論述往往引導著點狀的地域認同。當道路、橋樑等線狀交通運輸，跨越河流溝通兩地，綿延面狀開展的水圳串連了共同體的想像，而八卦山脈又是一個貫穿南北彰化的共同記憶。

林中光樂團的主唱阿律是山腳下長大的孩子，他的家鄉就是郁永河當年驚險過濁水溪後停宿的大武郡社，在他協助把家鄉美麗的路線規劃出來後，我們才知道八卦山除了大佛與社頭襪子外，還有湳雅社區劉家十三條龍大夥房與月眉池等至今仍保存完整的古樸三合院。阿律的爸爸親自帶領我們導覽蕭氏宗祠——斗山祠，宗祠自清光緒六年創建，經九二一大地震倒塌後又加以修復，建築格局與雕塑藝術之美仍完整保留下來，最特別的是，這也是第一次打破百年來父權傳統讓女性擔任主祭的宗祠。時代的輪迴在八卦山腳下，從景觀上看來沒有造成太大的改變，然而在觀念上卻已經走到前端。

經田中進入二水，這裡就是濁水溪沖破八卦山的隘口，也是八堡圳引濁水溪的源頭，現在二水還有傳說中協助施世榜開圳成功的林先生廟，紀念台灣歷史上最著名的水利工程。二水的地名是從「二八水」演變而來，意思是由此有兩條水以八字型展開，一說是先後完成的八堡一圳與八堡二圳，兩圳貫流狀如八字；另一說則是濁水溪與清水溪八字在此分叉。

二水也是縱貫線與集集線轉接的關口，這裡自行車道規劃得很完整。一九〇八年縱貫線鐵路在完成橫跨濁水溪的鐵橋後，全線得以貫通，當年縱貫線即是為遷就渡河，而選擇濁水溪跨幅最小的二水隘口建橋。以前在西螺大橋還沒有興建之前，兩岸渡河必須借助竹筏擺渡，或利用麻竹製成的空心浮筒抱著過河，要不就得走到二水走鐵道橋，方能過溪。

因此，一九三六年時西螺、北斗、溪州、員林與海口街長共同發起「濁水溪人道橋」的架設，這項以人道為訴求的橋樑，經過時空演變，到一九五三年才完成鐵道、汽車與行人並行的西螺大橋，現在在二水鐵道橋邊有了彰雲大橋、西螺大橋；而在濁水溪上有了省道溪州大橋、中沙大橋、西濱大橋、自強大橋後，我們期待未來西螺大橋可以重新回應自然路權與兩岸鄉鎮社區的需求，與大甲溪的花樑鋼橋南北呼應，成為低碳慢行的專用橋。

從二水沿著今日濁水溪邊上的下水埔堤防西行，溪水越來越開闊，騎到溪州圳寮。吳晟老師在此張開雙臂熱情地歡迎旅人，他在母親留下的田園裡開始平地造林，想要留一片森林給子孫。詩人的樹園附近有莿仔埤圳流過，這是另一個引濁水溪的灌溉渠道，也是東螺溪源頭所在。今日政府重工輕農政策下，這些圳道水以及豐足的地下水再度被導引到西邊濱海工業開發使用。

由於圳道發達促進開墾，雍正元年增設彰化縣，以當時濁水溪主流虎尾溪南與諸羅縣為界，北以大甲溪與淡水廳為界。因此濁水溪南岸的二崙、崙背、西螺等地也曾屬彰化縣。今日騎行此路，隨著溪流或寬或窄，界線分分合合，走讀彰化彷如回溯了濁水溪的歷史，也映照著人與母親之河的關係變遷；河流成就灌溉與運輸、城市生息賴以維繫，人與人之間便有了交集；而當水泥蔓延於河道，將人與人、人與河流隔離，人們也背離了水岸。

背對背，使我們相互隔離，南北邊界成形；面對面，我們重新交集，你會看到彼此共有的滄海桑田。我讀到，這是濁水溪默默流轉的故事。

文・徐銘謙

左：分布在西部平原常見灌溉渠道的排水路。
右上：八堡圳的圳道之一。
右下：在地導覽員引領一探八堡圳源頭。

【精選慢速地圖⑧】

彰化試走路線

路線起訖：彰化火車站—西螺大橋

單車里程：九十九公里

建議旅程時間：三天兩夜

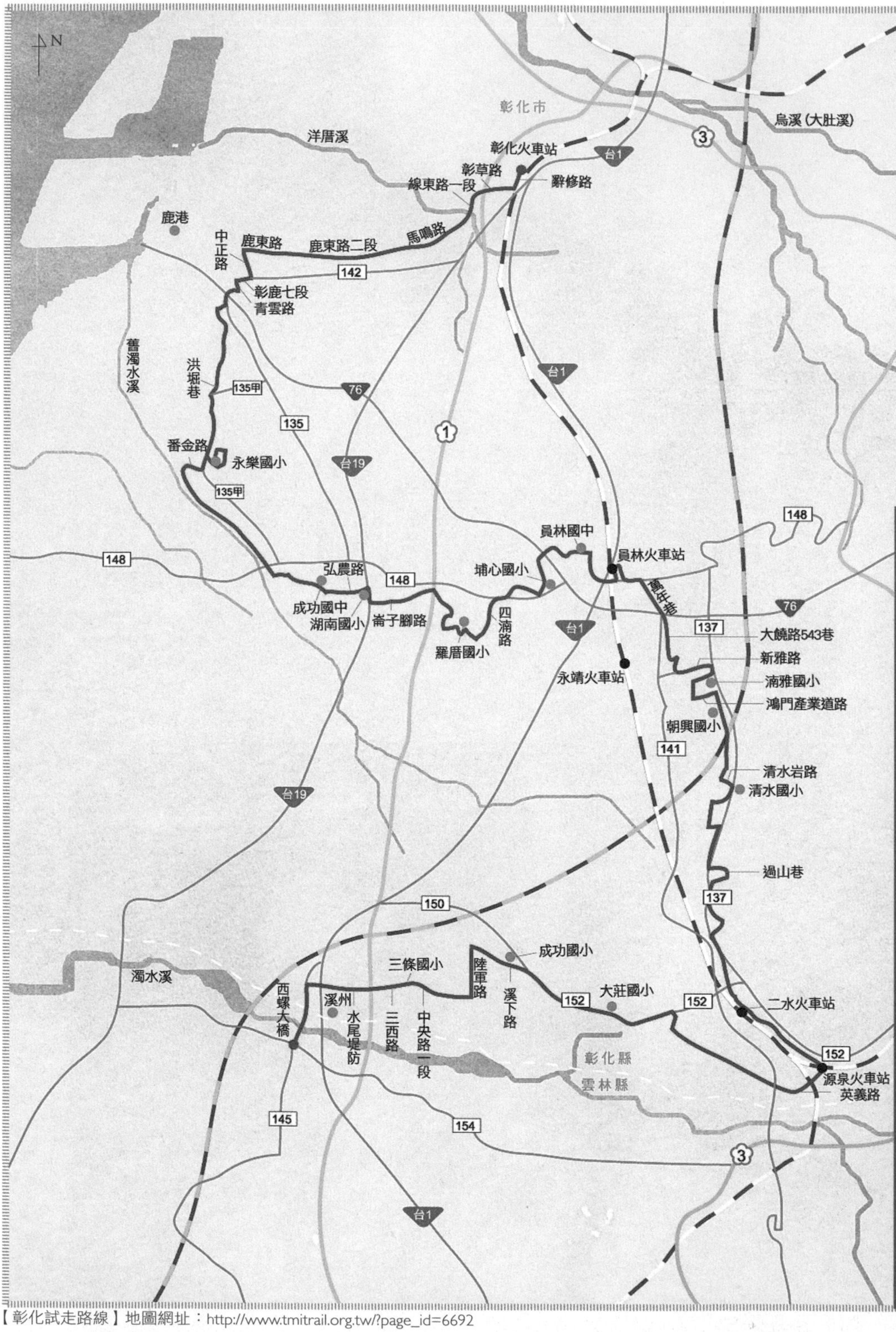

【彰化試走路線】地圖網址：http://www.tmitrail.org.tw/?page_id=6692

行—前—通—知

建議裝備：

⊙適合騎乘單車的輕裝打扮。

⊙環保餐具與水壺。

⊙自備單車或於彰化市租賃單車。

建議交通方式：

⊙搭乘台鐵於彰化火車站下車後即可租賃單車代步。

行經蔥蒜田，看到婦人滿臉喜悅，想必又是豐收的一天。

路線起訖：卓蘭大橋—溪州
路線里程：一〇四公里
建議行程天數：四～五天

【環島慢速地圖 ❽】

卓蘭——溪州

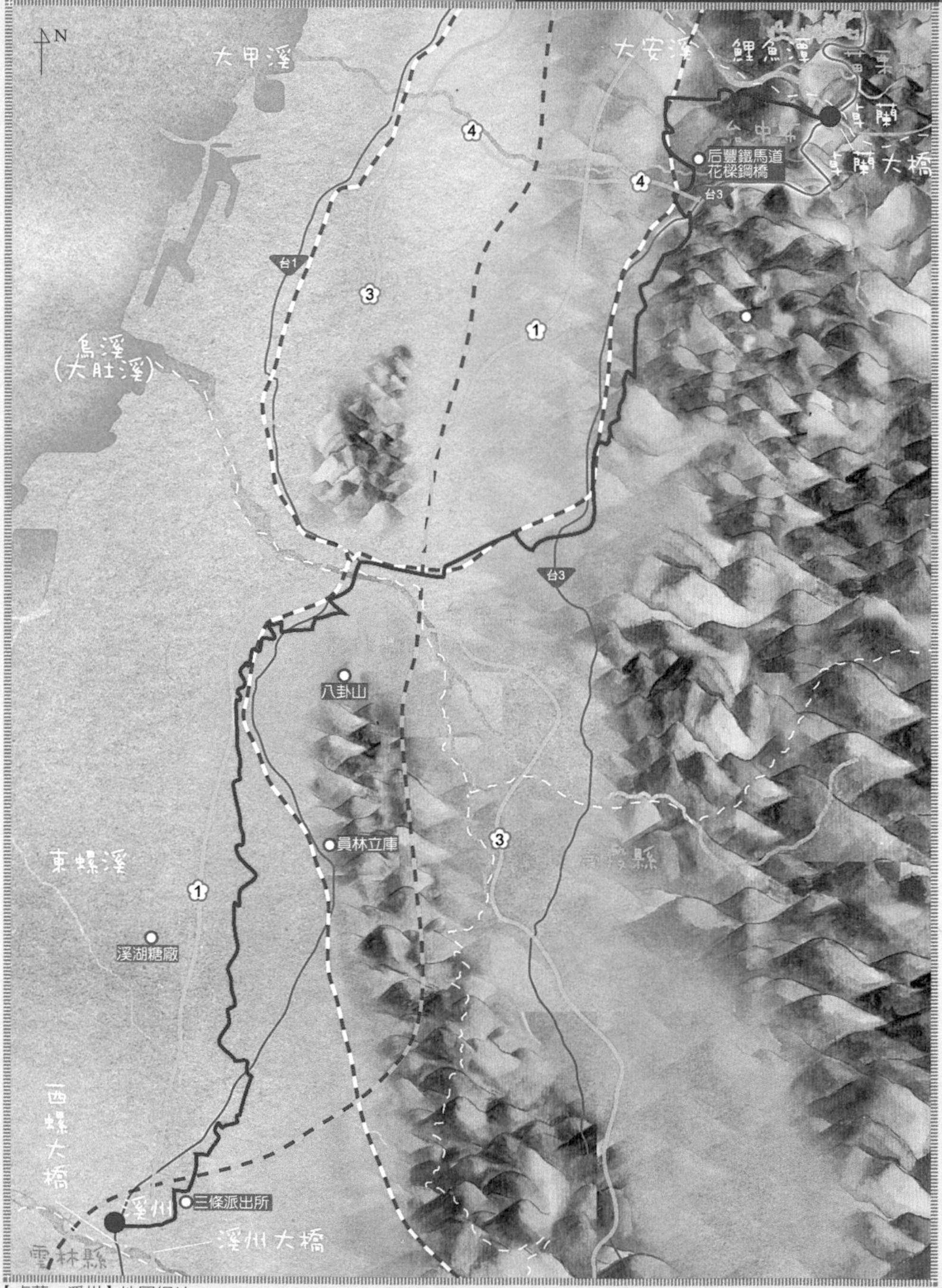

【卓蘭－溪州】地圖網址：http://www.tmitrail.org.tw/?page_id=6705

路—線—報—馬—仔

自台鐵后里站往南行，經后里馬場沿后豐鐵馬道，拜訪台鐵舊山線的九號隧道，及橫跨大甲溪、功成身未退的花樑鋼橋；接著繞過豐原，經豐原高中、華盛頓小學、長春藤中學，走在旱溪堤岸路上，穿過北屯區便可沿著與台鐵平行的東光路，進入台中市區優雅的綠帶。

＋ 這一大段綿長的林蔭公園延續到中興大學校區的綠樹、草坪與水池，以及綠川運河及自行車道，置身其中令人忘卻都會的空氣污染和喧囂。相較於這段綠帶，從市區到烏日，得沿著沒有遮蔭的馬路行走，顯得相對辛苦。

＋ 通過橫跨烏溪、長一公里的大度橋進入彰化縣後，從外圍工業區經彰師大校區，來到擁有許多歷史建築的彰化市區，見證文化與建設的和諧發展；走出市區，則看到灌溉農地的大圳，及花壇、大村、埔心這一大片農田與酪農地帶。

＋ 從七十六號快速道路下方穿過，遇見特產葡萄的二重社區，穿過永靖鄉，接著就會來到有「一府、二鹿、三艋舺、四寶斗」之稱的北斗鎮。

＋ 最後抵達日治時期擁有台灣三大糖廠之一的溪州。溪州還保留許多日治時期的建築，包括全長一九三九．〇三公尺、曾是僅次於舊金山金門大橋的世界第二大、遠東第一大橋——西螺大橋；行走橋上，看見壯闊的濁水溪床及滾滾流動的灰色河水，令人感動難以忘懷。

大樹下是旅人最佳的休息處。

非去不可

后豐鐵馬道—花樑鋼橋

「后豐鐵馬道」以后里馬場為起點，貫穿原舊山線九號隧道，再經花樑鋼橋，全長共四・五公里，最後與東豐自行車綠廊相接，形成總長十八公里、具獨特懷舊魅力的自行車專用道。曾為日本政府運送物產及南北間連絡橋樑，結構設計結合力與美，為目前碩果僅存的花樑鋼橋（全長六三七・七九公尺），其下部結構是混凝土砌塊石沈箱，橋座是磚角石構成，為罕見之交通工藝品，遠處觀望氣勢雄偉，橋下為石頭與綠草妝點，秋日時節頗有蕭瑟之感。（摘錄自千里步道「苗中試走活動手冊」）

八卦山

彰化平原的地體構造，為東南往西北緩降，八卦山台地則南北向阻隔在平原的東側，亦即整個地塊體為由八卦山台地主導，台地的地勢從東南側向西北方向逐漸降低，沿山麓西側有幾條不等寬距的緩降坡度平台；田中、二水一帶山區地勢較陡，往北過員林以後則較緩，整個彰化平原在八卦山麓山腳路以東，幾乎全部都在海拔二十公尺以下。（摘錄自千里步道「彰雲嘉試走活動手冊」）

員林立庫

員林立庫是台灣僅存兩處鐵道穀倉之一，巨大的立體倉庫閒置了十多年，台糖原有意拆除，經地方人士努力奔走後提報為歷史建築，目前由千高台文化協會經營管理，將穀倉改造為社區藝文空間：進入穀倉爬上階梯，彷彿進入另一個異次元空間，動態的聲光影音交錯而成的萬花筒藝術

主題，讓人目不暇給。（摘錄自千里步道「彰雲嘉試走活動手冊」）

溪湖糖廠

溪湖糖廠是彰化縣境內唯一一座製糖工廠，於民國九十一年三月七日最後一列原料小火車回廠之後就結束八十一個年頭製糖的工作，停工之後溪湖糖廠極力轉型成為觀光糖廠，利用現有鐵路設備開行觀光小車行駛溪湖至濁水站（十一號仔分支），來回一個小時車程，有專人隨車導覽解說，沿途經過彰化縣的農村景觀及唯一大橋（舊濁水溪鐵橋），讓民眾可以體驗農村景致。（文・楊肇庭）

三條派出所

三條派出所位在彰化縣溪州鄉三條社區，建造於一九三三年，主體結構係以上級檜木建造，是國內少數保留完整的純日式建築物，歷經九二一大地震後，主體結構仍保存完好，曾被地方文史工作者和藝文界形容是「彰化縣最美的派出所」，現已指定為縣級古蹟。（摘錄自溪州鄉公所網頁）

達人帶路

中彰屯線單車騎遊——尋訪舊鐵道、參訪人文史蹟

文・王能賢（千里步道志工）

全國第一條廢棄鐵道改建而成的自行車專用道——「東豐綠色走廊」，由東勢到豐原郊區全長十二公里，沿途經過客家文物館、歷經九二一大地震後仍屹立不搖的石岡穀倉、劫後再生的石岡水壩，可就近順遊更富人文和景觀、全長四・五公里沿「后里—豐原」舊山線設置的「后豐鐵馬道」，或順著湍急的葫蘆墩圳經「人命水」（又名「三分水」）與「水上土地廟」，追尋兩百年來豐原台中開發歷程中，水與人間的恩怨情仇。

進入台中市後，「台中市環市休閒自行車道」是最佳騎乘的選擇。此路線由太原火車站出發，沿縱貫鐵路旁的東光路南行，續行有小葉欖仁四季皆綠、提供遮蔭的「東光綠園道」，以及兩排高聳黑板樹林及六月阿勃勒盛開的自行車道前往中興大學。此外，逢甲夜市、一中街夜市、文心夜市、中華路夜市及豐原廟東等小吃，是品嚐美食的好去處；當騎得氣喘吁吁之際來到烏日啤酒廠，來杯現榨生啤酒，舒爽快活無比。

彰化市昔為平埔族「巴布薩族半線社」之所在地，是清代台灣中部平埔族各社往來及漢人移民開拓路線的必經之路，彰化的孔子廟、八卦山大佛看夕陽、扇形車庫都值得參觀。另外，鹿港尚有諸多典雅古樸老建築，如龍山寺、文武廟、意樓、金盛巷、十宜樓、丁家進士大宅、甕牆、鹿港民俗文物館、福興穀倉等。最後行經田尾公路花園，悠遊鄉間小徑，沿途有綠油油的田野或燦爛金色稻穗搖曳相伴。

達人帶路

鐵道・圳路・山腳線——千里步道彰雲嘉試走活動路線

摘錄自千里步道「彰雲嘉試走活動手冊」

第一天在彰化，我們將以糖廠鐵道舊路線、濁水溪舊河道和八堡圳兩側的自行車道，做為跨越大平原的主要路線。讓我們在豐饒大地上，尋找三百年來，半線先民拓荒的足跡，重溫蔗糖黃金時代五分車往來輻輳的盛景。之後，進入全國十大環保模範社區——永樂村，途經埔心驛站、紫羅蘭親境大道、竹仔腳公園、八方湧樂亭、三角公園、生態農學步道、村民廣埕、常民文物館、牛埔厝祭祀廣埕等景點，最後至村童讀經、農村文化產業中心的「草地學堂」。

在員林車站附近的「員林立庫」，亦是不能錯過的重要景點。「員林立庫」是台灣僅存兩處鐵道穀倉之一，目前已經提列為歷史建築。離開員林，沿著灌溉彰化平原的八堡圳，往八卦山山腳路前進，經過湳雅社區劉家十三條龍大夥房與月眉池後，可夜宿清水岩童軍營地。

彰化扇形車庫興建於一九二二年，是很值得造訪的縣定古蹟。

第二天一大早，可先參訪清光緒六年創建，經九二一大地震倒塌後剛修復完成的蕭氏宗祠——斗山祠，之後沿著山腳路南下，途中拜訪田中東興社區的生態教育農園，與復興社區鐃富心靈法語的文化走廊，一路自在悠遊於八卦山腳下，欣賞沿途觸目可及、古樸秀麗的三合院風光。

午餐後，沿著濁水溪邊上的下水埔堤防蜿蜒西行，來到彰化農民文學作家吳晟的家鄉——溪州圳寮，再行經「西螺大橋」即可前往雲林西螺、虎尾。

綠意盎然的潭雅神自行車道。

念念山線・戀戀山城

…千段崎古道、舊山線鐵道…

一片斷垣碎瓦中，石岡經歷九二一地震重生；
而台鐵舊山線、東勢線則在樂活休閒與單車風潮中，以嶄新的風貌重見天日；
生態旅遊的價值，如何深入以重建社區？兩鐵並行的概念，能否重新找回鐵道與在地生活的連結……

尋訪百年古道千段崎

四月天，最適踏青的好季節，我們再次尋訪新竹北埔南坑村的千段崎古道。

一行人浩浩湯湯，光是村子裡熱情勇健的老人家就十多位，以及我們特別邀請來，希望能促成跨界合作的企業志工朋友們。雖然今年因為氣候關係，四月中旬還未見桐花身影，但是新竹山區仍充滿綠意和驚喜，隨處可見的鮮紅野草莓和透紫桑椹果，以及一串串樹上黃熟的土芭蕉，和垂掛枝間的柑橘，無不可口誘人。站在山嶺俯瞰竹苗境內綠巒相連，只覺大地富饒天地有情。李喬《寒夜三部曲》中所描述的那片既能滋養無數生靈，又可作為逃避日本警察追捕的隱僻之所，應該就在這片錯綜起伏的山巒郊野中。

而這一天，陪伴我們一起出遊的社區長輩們，都是打從小時候便生長在這兒、或年輕時嫁來，一世辛勤耕作守著家園的淳樸人，他們雖然年長，走起山路卻絲毫不見氣喘疲累。說起千段崎，都是感情。

千段崎鋪設已超過百年，共有一千四百一十三階，被譽為「北埔天梯」，以純手工砌石打造而成。據開闢這條古道的陳家後代描述，當年請來的打石師傅，就地取材，直接採用大南坑溪谷的石頭，當時，一塊錢工資可打四十塊石階。在公路還未開通前，千段崎曾是外坪山區四十二份、南庄鄉橫屏背等地山區居民，往來北埔的唯一捷徑要道，更是北埔鄉人到南庄東河古道的起點。古道除了人行，石階右側還挖有「牛路」（似土溝，給水牛走的路），便於鄉民在山林古道上牽引牛隻。

千段崎古道旁，在日據時代也曾聚集數家造紙業者，是當時新竹有名的造紙集散地。所採用造紙材料，即是山裡處處可見的桂竹筍。然而近一、二十年，千段崎因鮮少人走，已多處崩毀或掩沒於竹林深處，其中一段石階甚至被山老鼠偷挖走了。社區老人們很希望透過志工人力的投入，和傳統砌石手作工法，讓千段崎古道的風華再現，「三十年前，

上：千段崎回程中，於山腰上俯瞰曾經風華一時的姜家大院，村民希望有一天將它修復作為遊客中心。
左下：千段崎雖已隱沒荒草，但仍可見堆疊排列整齊的石階。右下：由村民合力創作的千段崎藏寶圖。

媽祖遶境還抬轎走這條路喔……。」千段崎，是他們的驕傲。

暫時揮別千段崎，南坑村的老人家們和我們一路相隨，在新竹荒野志工也是南坑村在地人「飛鼠」陳紹忠的帶領下，繼續往峨眉方向踏青郊遊去，尋訪另一條秘徑，飛鼠口中「千里步道不能不到訪的」——石硬子古道。

映著歲月光影的石硬子

石硬子，一個鏗鏘有力的地名，卻是個清麗沉靜、自成風景的山林小村，尤其從北埔峨眉邊界路窮之處，順著無名山徑土路沿溪走來，尤顯石硬子的遺世獨立。

飛鼠在帶領我們和社區老人們尋訪的兩週前，才和新竹荒野的夥伴們花了一整天的時間，為小溪床架上了由六枝巨大的麻竹和藤蔓編造而成，約五公尺長、半公尺寬的綠竹橋。竹橋色澤依舊鮮嫩，看得

千段崎古道旁仍可見當時鋪設步道時所用的石材，和切割大石的方形鑿洞。

出才搭建不久，且飽含山林水氣與綠意，讓我這個對搖晃橋身總是特別敏感的「肉腳」，也能勇敢的緩步通行。

我們一行二十多個人，隨著飛鼠順著土徑前行，社區老人家經過一上午的千段崎行腳，仍毫無疲態，每個人都有說有笑的，還數落飛鼠之前怎都沒帶他們來過，飛鼠趕忙解釋：「這條路之前已經很久都不通了……，才剛完整的探出路線、搭好橋。」一走在毫無水泥覆蓋的土徑上，穿梭在林蔭之中，隨處都是小樹寶寶們冒出頭青翠稚嫩的身影，自從千里步道開始推動「步道變綠道」運動後，我對樹木便多了一份觀察和親切，只不過滿山的小樹寶寶，黃藤、青剛櫟、短尾葉石櫟、九芎、青楓、楓香……，我用盡了所有的大腦空間，還是無法完全記住它們。

行行重行行，飛鼠所說的半小時路程，已走了將近一個半小時，陽光日漸西斜，於是有人開始問了：等一下是原路折返嗎？或是這條路會通到那兒去嗎？飛鼠的答案是：「都可以，就看大家要走多久。」還不知道要如何判斷這個答覆的意涵，眼前竟出現宛如世外桃源的小聚落。原來，有個地名真的就叫做「石硬子」。

吸引大夥兒不自覺走進的一戶三合院，門牌上寫著「峨眉石硬子十七號」。矮牆內外乃至整個小聚落，草木扶疏花朵美麗，整個空氣裡透著花香，老婆婆臉上一片祥和親切，聚落旁一戶小樓上有個坐

純手工打造的綠竹橋。

在輪椅上的女孩，被吵雜的人聲吸引探出身來，女孩帶著淺淺的笑，靜靜的看著我們這群不知打那兒來的步行者。

十七號門堂木匾上清楚三個大字「清河堂」，老婆婆站在堂前招呼大家坐，一些客氣的推辭後，我還是坐下了，因為從小路上看著這排放置在三合院前庭廊簷下、泛著時光痕跡的木椅子，是這樣舒適、早已不斷呼喚著跋涉而來的我們：坐下吧、歇個腳、喝杯水、聊聊吧。

石硬子十七號附近看起來就僅三、五戶人家，老婆婆說這裡都是同一家人，五房兄弟，年輕人都在外頭工作，假日才回來，我忍不住用蹩腳的台語由衷的感佩：「妳把這兒整理得這樣舒適、整潔，連花草盆栽都長得這樣漂亮……」，老婆婆只是笑著說「有嗎？你們不嫌棄。」老人家竟已八十多歲，知道我們從北埔走來，很是驚訝，還說這條山路她年輕時也常走，那時候常有人得背著小孩走這條路到北埔去給醫生看，但峨眉獅尾的路開通之後，就很少人走了。

乾淨典雅的小堂院，泛著舊日時光的靜謐……。

聽飛鼠說，之前縣政府也曾想打通這條路，取捷徑往南庄，但是地方上的人怕路開了，會破壞這裡的清幽，因此至今尚未開路。不禁要再次感佩這兒的人真是饒具智慧，可以在講求快速開發、水泥道路無限蔓延的主流思維下，仍懷抱著樂與大自然和諧相處的溫敦，為這片土地留下一處清幽，也撫慰著每個行者勞頓的身心。

山線路網上的戀戀小棧——內灣天人岩屋

二〇〇七年，千里步道北桃竹苗四天三夜的山線單騎試走活動，我們一路從台北土城、桃園大溪，經過龍潭、關西，來到新竹的橫山、內灣。沿著山勢不斷爬升的路徑，毫不留情的折磨著我的小腿肌力和十指操控變速換檔的技術，每一輪的踩踏幾乎都要用盡全身的力氣才能越過那臨界的高點。終於，我們抵達內灣。在逛過劉興欽漫畫紀念館和內灣火車站後，我們騎上單車來到天人岩屋。對於才深陷在老街觀光人潮裡的人來說，只要多花個十五分鐘路程，就可以來到另一個靜謐天地，真有一種神奇的魔幻感覺。

「天人岩屋」其實是個獨立的家庭教會，岩屋的主人——天人牧師和師母——利用這個遺世而獨立的小世界、因著基督的愛，持續協助更生人重新回到社會中，也提供青少年和兒童在不適體制學校，或家庭無法照顧時，能有一個短暫卻安全、能夠提供多元發展的生活環境和空間。

岩屋位於油羅溪堤岸邊，成排的單車放在高腳屋下，一眼就可看出它也是個單車驛站；二樓地板其實就是架高了的一樓，三百六十度環場大玻璃窗也是屋牆，讓你不論晨昏陰晴都可以盡覽岩屋周邊每一個角度的景色；屋牆外還特別設計有攀岩壁，讓暫時居住在這兒的青少年孩子們，可以有鍛鍊體魄和身體技能的機會。天人牧師為大家介紹岩屋周邊環境時說：這裡三分之一用來蓋屋居住，三分之一用來栽種蔬果，另外三分之一則任其野放演替，讓動物棲息、讓植物生長。

造訪岩屋的這一天晚餐，我們食用的佳餚，就是從牆外伸進屋內掛在十字架上的絲瓜，以及從園子裡摘來的青菜，搭配環繞滿屋的蛙鳴與蟲聲。而住在岩屋的這個晚上，大家脫下鞋襪，赤腳走在屋內地板上，或盤坐大廳或蜷身在廊間長椅上，各自三三兩兩自在的聊天喝酒品茶，我則趁著涼夜與星空，與友伴沿著油羅溪堤岸，信步彎進日間熱鬧哄哄的老街。沒了人潮與喧囂的老街，在星空下搖身一變，彷若一座大型文化歷史劇場景，而漫步在其中的我們，因此也成了劇中一幕定格的畫面。

這一夜，在岩屋，不知是多日路途上累積的疲累，或是澄澈的靜謐使然，每個人都睡得特別香甜……。

一個退休司機員的舊山線火車夢

這一天，我們延續之前北桃竹苗跨縣市試走行程，大夥兒在竹南火車站集合，即將展開苗栗—台中的

由回收建材搭建而成的天人岩屋，是具備多功能用途的綠建築。

跨縣市騎乘活動。

一行人在竹南火車站旁整頓隨身裝備、再次檢查即將陪著我們四天三夜一百六十公里的「坐騎」後，隊伍一路南騎，經東興大橋、劉家夥房後，來到永和山水庫、獅頭山、護魚步道，明德水庫、鶴岡社區，經客屬大橋，沿途拜訪了關刀山大地震紀念碑，並行經遠近馳名的后豐鐵馬道與東豐綠廊，也拜訪從九二一地震中重建起來的石岡鄉萬興社區與梅子社區。

在一片斷垣碎瓦中，石岡經歷了九二一地震後重生，結合了生態旅遊的單車風潮，透過兩鐵並行的概念，重新找回鐵道與在地生活的全新連結。還記得住在石岡的那個晚上，在白天塞爆了的遊客一一踏上歸途後，安靜的山城之夜終於降臨。褪去了喧囂，十月的夜晚，泛起了一股濃濃的涼意，掛在澄淨夜空中彎彎的月亮，如果伸手摸得到，應該也透著冰涼吧；沒有腳踏車與人潮的「綠色走廊」，映在月色裡，別有一番獨特風味。

大夥兒在位於東豐綠廊自行車道旁的石岡民宿——「綠色走廊遊客中心」用過晚餐後，陸續來到戶外，有人幫忙擺放椅子、有人幫忙搬來播放影片的器材……，沒一會兒功夫，一個戶外電影院就成形了。因為這個晚上，這兩天一直陪著我們的「地陪」坤秀大哥，要來放映他退休後，以七十歲高齡開始學習拍攝，親自運鏡、剪接所完成的紀錄片「戀戀舊山線」。

坤秀大哥是台中山線社大的學員，也是千里步道來到台中縣的導覽解說「地陪」，尤其是說到「火車」，更是如數家珍，因為他就是舊山線火車三十多年的司機員。「戀戀舊山線」短片是他以身為蒸汽火車司機員及長期擔任舊山線鐵道導覽志工的專業，和對舊山線鐵路的深刻感情，所製作完成的一部紀錄片。

那晚，在石岡，當我們坐在由東勢線舊鐵道所轉型建置的東豐自行車道旁，看著坤秀大哥這部片子時，舊山線能否重新營運，回到大家的生活裡，尚是一遙遙無期的浪漫夢想，坤秀大哥只能透過影片，以及他所請來影片中年輕貌美而今已白髮蒼蒼老婆婆的現身說法，帶著我們去到他緬懷的蒸氣火車世界裡，分享他的舊山線火車夢。

然而，非常幸運的，舊山線在停駛了十二年（一九九八至二〇一〇年）之後，真真實實的回來了：在許多文史工作者、鐵道迷與舊山線沿線社區的努力與爭取下，舊山線在二〇一〇年六月重新開始試營運，再一次奔馳在舊山線上的CK124蒸汽火車頭更造成轟動，不僅國內外的鐵道迷，從各處慕名而來或是想重溫舊夢的人，讓重新奔馳在舊山線上的每班火車，幾乎班班客滿。

而在許多報章媒體上，我們也再次看到坤秀大哥熱情地為旅客導覽解說的身影——在一列列鳴著笛聲、穿過綠野和鐵橋的蒸汽火車上……。

文・周聖心

舊山線停駛期間，沿線車站與鐵道的懷舊風情，仍吸引許多人專程遊訪回味。

達人帶路

千段崎古道——先人開鑿的北埔天梯

文·陳紹忠（油點草自然農場主人）

千段崎古道連繫著早期山區通往南庄鄉東河村的捷徑，共有一千四百一十三個石階所組成，坡度頗陡有如一條通往天際的梯子般，有北埔天梯之稱，距今已超過百年。從崎口起點前行，石階右方有潺潺的舊紙寮溪帶來涼意，溪中石塊為建造石階的最佳材料。崎口上方有塊大石，可以在上面看到當初打石的傳統工法鑿痕。

沿崗頂崎石階通往崗頂，是目前千段崎保存得最完整的段落，石階方整，古意盎然，且階梯右邊的舊時牛路（牽牛時走的小徑）清晰可見。走完蜿蜒幽靜的千段崎，爬上崗頂的梯田上方，視野豁然開闊，而古道旁的姜屋大院遺址更不能錯過，院前空地以大片石板鋪設成，作工嚴謹。屋旁防風林為這一帶難得的原始樹群。姜家屋前能夠遠眺群山至新竹海岸線，早年甚至可聞火車駛進新竹火車站的汽笛聲和蒸汽白煙。回程時經過煤礦舊礦坑口，今礦坑內不遠處已坍方，但入口處花草繁盛，坑道內則有台灣特有種的葉鼻蝙蝠繁殖其中，地面積水處則有二至三種蛙類在此生活，因此靠近礦坑時，請尊重牠們的生活環境，切勿擅意闖入坑道。

不妨挑選一日晴朗，正午時分走進北埔小鎮時光隧道，在老店吃碗道地客家粄條、喝碗自己氣喘呼呼磨成的擂茶，下午再驅車前往大南坑千段崎，走一段百年古道，感受沿途濃密竹園帶來整年的涼蔭與綠意，潺潺溪水，蛙聲相伴，藍鵲成群，風景秀麗，登高望遠，忘卻一身疲憊。

台中試走路線

【精選慢速地圖⑨】

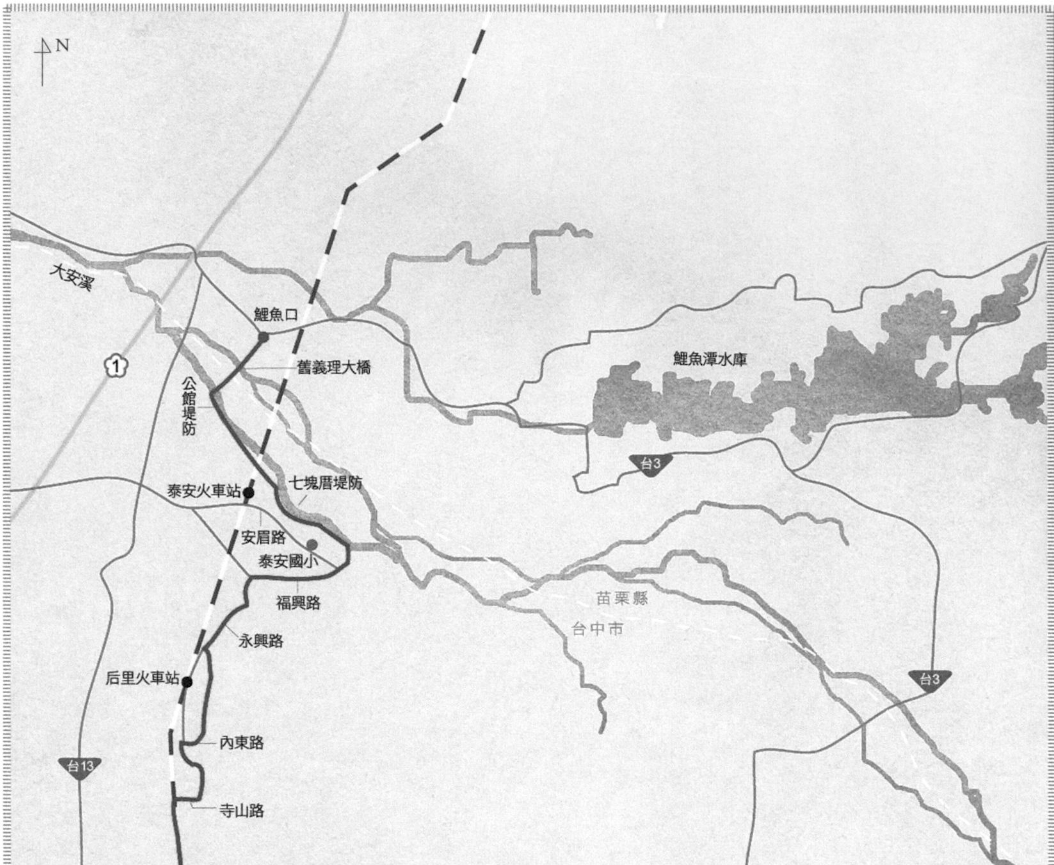

路線起訖：1.后豐鐵馬道：苗栗舊義理大橋—豐原國道四號高架橋下
2.東豐鐵馬道：東勢客家文化園區—豐原國道四號高架橋下—豐原火車站
單車里程：1.后豐鐵馬道：十二點五公里　2.東豐鐵馬道：十五公里

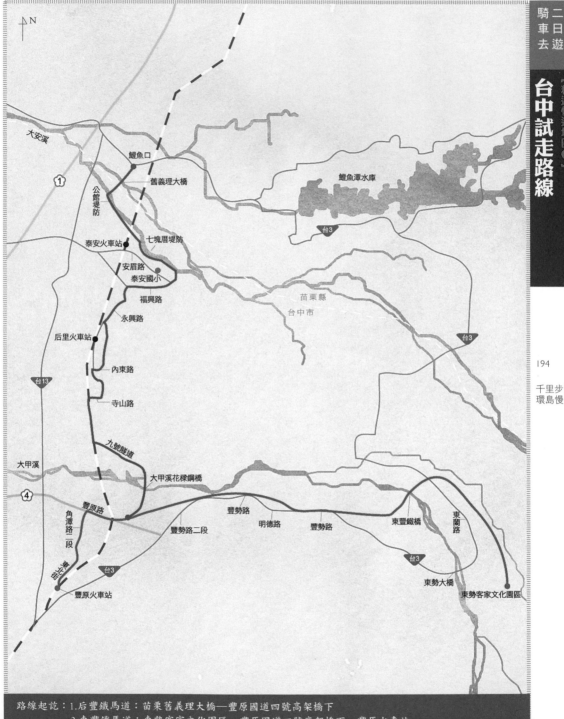

【台中試走路線】地圖網址：http://www.tmitrail.org.tw/?page_id=6694

行—前—通—知

建議旅程時間：兩天一夜，可夜宿梅子社區周邊民宿。

建議裝備：

⊙適合騎乘單車的輕裝準備即可。

⊙自備或於當地租賃單車。

建議交通方式：

⊙可搭乘火車至台鐵豐原站或泰安站、后里站，於當地租賃單車後開始行程。

⊙於東勢區上可搭乘豐原客運返回台鐵豐原站。

台灣有許多百年老樹，多半也是在地人情感依戀的所在。（圖為銅羅興隆國小老樟樹）

路線起訖：雲林斗六市—苗栗獅潭國小
路線里程：一百六十四公里
建議行程天數：七～八天

【環島慢速地圖 ⑨】

斗六——獅潭

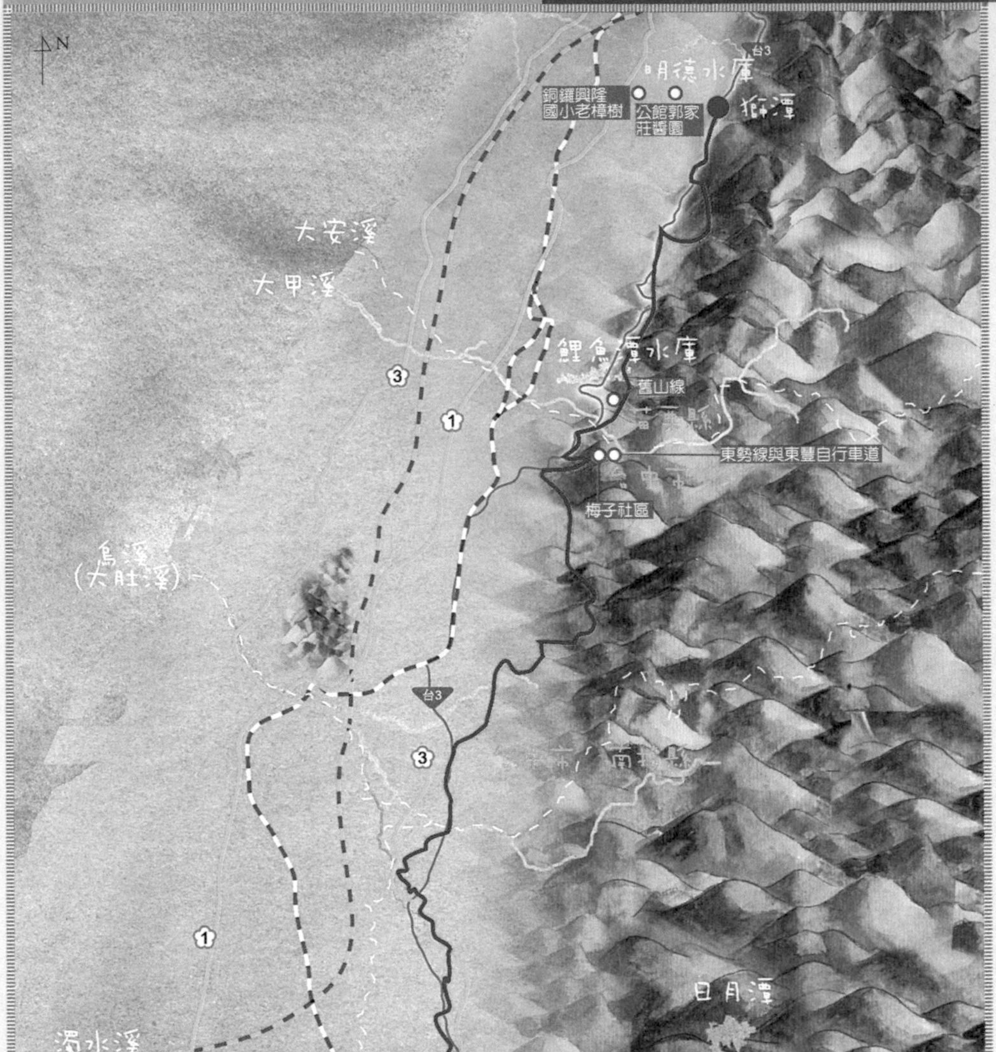

【斗六－獅潭】地圖網址：http://www.tmitrail.org.tw/?page_id=6706

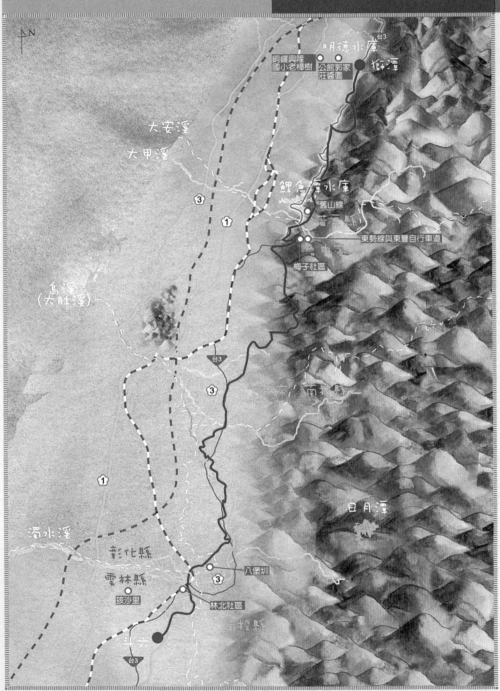

路—線—報—馬—仔

從斗六市郊往北經斗六工業區、湖山社區，到達八色鳥的故鄉——林內鄉湖本村，一路上的林蔭綠意令人心曠神怡。登至坪頂村後續行至彰雲大橋，進入彰化縣。

十

從源泉火車站開始沿集集線鐵道，經八堡圳、林先生廟、源泉派出所，經員集路到名間市區。接著經過新街村到南投市區，可順道一遊著名的藍田書院，再沿貓羅溪畔優美的河堤路到營盤口，繞行草屯鎮欣賞田園風光，然後跨越烏溪橋抵達霧峰區。

十

地震博物館、舊省議會、林家古厝……，舊名阿罩霧的霧峰值得慢行尋幽訪勝；接續行抵大里、太平，行經九二一地震的地表破裂帶——車籠埔，再由頭汴國小進入北田產業道路，沿途的休閒農場和餐廳、民宿，預告即將來到「花鄉」新社。

十

由銅鑼鄉產銷班細心栽培的草莓園，是119鄉道旁重要的產業風景。

從新社往北經雙翠水壩到仙塘坪、五福臨門神木，再走挑物古道至石岡區的東豐自行車道，看過石岡大壩及地震生態館，跨過東勢鐵橋、蘭勢大橋進入卓蘭市區，接著雙連農路到優美的雙連潭、景山農場，抵達眼前所見皆是草莓園的大湖鄉，再從汶水的清安道路過錦卦大橋，走山間農路回到省道台三線再北上至獅潭國小。

非去不可

孩沙里

孩沙里位於莿桐鄉的興桐村，是台灣少見的集村型態，這裡的米自清朝以來即被稱為「五百甲圳」米。迎風騎在綠油油的田埂旁，真是身心舒暢。不過孩沙里除了春夏的稻田景致，現更富盛名的是，冬天的向日葵及波斯菊花海。能有這樣四季鮮明的景致，歸功於鍾川上先生以及一群「能捨」的老農，休耕養地力；還有一個熱心的橋和國小簡三郎校長，每年舉辦「小農夫習稻營」，讓小朋友以有機的方式參與，並生產出一包包「橋和牌」鮮甜白米。此外，建於清光緒年間的莿桐樹仔腳天主堂，是雲林第一座天主堂。當時天主教為了入境隨俗，都會融入地方民間信仰，所以可看到天主堂前有一像廟宇式的牌樓，相當有趣。（文．曾永賓）

林北社區

林北社區是離濁水溪源頭最近的地方，這裡有濁水溪的引流工程，擘畫嘉南大圳工程的日籍水利工程師八田與一，以及曾為這些工程戮力工作的先民，就在這裡完成水利工程史上艱鉅的任務，將濁水溪導流作為灌溉用的給水路，在一九二九年將嘉南平原約五萬兩千甲的荒畝變農田。溪水源頭也孕育雲林罕見的客家庄「彭厝」，這裡仍保有客家儉樸的文化與習俗，庄內的一口老井，至今仍在汲水利用。事實上，台灣雖然是個自來水早已普及的地區，但位於濁水溪源頭旁的「彭厝」，竟直到十年前才開始有了第一條自來水管。也因此，當地住民對這口老井有著極深的感情，老井旁豎著用巨竹書寫的「食水愛念水源頭」，更可體會居民崇敬自然惜水愛物之心。（文．曾永賓）

八堡圳

彰化早在明鄭時期，漢人就已經進入彰化，在平埔族「半線」社（今彰化市區）附近設立營盤，八堡圳也在清康熙年間開發，圳名保留清代行政區域名稱，一個「堡」便相當於今天的鄉鎮區域，而八堡圳顧名思義就是涵蓋八個堡區的水圳，灌溉面積涵蓋一半以上的彰化

地區，作為縣域農業墾耕的主力可見一斑。在二水，有一間紀念協助施世榜開圳成功的林先生廟。八堡圳完成於康熙五十年間，彰化的八堡圳、台南的通埒圳、新竹的隆恩圳，並稱台灣三大古老埤圳。（整理自千里步道「彰雲嘉試走活動手冊」）

梅子社區

梅子社區是一個淳樸的客家農庄，在九二一大地震中，社區內代表客家文化的三合院（土角厝）全部倒塌，死傷慘重，災後的梅子社區滿目瘡痍，昔日祥和的梅子風情已不復見，但在社區內鄉親化悲傷為力量，最短的時間內由災區蛻變為適合深度旅遊的觀光社區。梅子社區因東豐綠色走廊橫越而過，吸引各地遊客前來，也提供社區居民一條綠色隧道。此外，社區裡有條供發電用的水圳，名為「電火圳」，水圳周邊自然生態豐富，沿著電火圳往石岡國中步行，更可遠眺吊神山風景，飽覽大甲溪流域、東豐綠色走廊等迷人景觀與豐富生態。（整理自千里步道「苗中試走活動手冊」）

東勢線與東豐自行車道

東勢線（又稱東豐鐵路）起訖點為豐原與東勢。東勢線為民國四十七年的六大建設之一，築路工程於民國四十七年三月開工，民國四十八年一月十二日通車。通車初期每日有八班往返之旅客列車，以及兩班往返之客貨混合列車。被譽為台灣鐵路最美麗支線的東勢線，從豐原開出後與縱貫線平行北上，直到大甲溪南岸才右彎，沿著大甲溪行駛，沿途行經朴口、石岡、梅子以及東勢等站，全長共十四・一公里。全線最令人印象深刻的是列車行經石岡站附近的瀑布景觀，以及列車穿梭在果園與田園裡的景象。然而因公路發達，利用東勢線鐵路的旅客減少，

營運末期只剩五班往返列車行駛，於民國八十年八月底停駛，結束三十二年服務的歷史。後經台中縣政府的規劃，利用舊路基改設成「東豐鐵馬道」自行車專用道路；「東勢線」自此呈現全新的面貌。（文．周聖心）

舊山線

一九〇八年全線通車的舊山線鐵路，在一九九八年九月結束了近百年的營運。然而，在沿途鄉鎮與文史工作者、鐵道迷的努力和爭取下，終於在二〇一〇年六月重新復駛。舊山線能夠復駛，除了許多人的殷殷期待和努力爭取外，很重要的原因便是在停駛的這十二年間，鐵道沿線相關鐵道設施都保存得相當完整，而勝興車站、龍騰（魚藤坪）斷橋等沿線蘊藏豐富的文化史蹟與自然景觀，結合文化資產與在地特色，每到假日便吸引無數遊客，也讓台鐵與苗栗縣政府願意投注資源，讓它重新回到人們的生活裡。（文．周聖心）

銅鑼興隆國小老樟樹

一九三五（乙亥）年四月二十一日清晨六點許，台灣中部地區大地震，苗栗縣轄內的罹難人數達一千三百餘人，其中又以興隆國小所在地的銅鑼鄉最慘重，死亡人數為兩百二十七人，興隆國小的這棵老樟樹便成為當時的緊急醫療救護站。老樟樹是學校的精神標誌，也是地方的圖騰，見證興隆國小近百年校史。據估計這棵大樟樹的樹齡至少八百年以上。（文．苗栗自然生態學會）

公館郭家莊醬園

郭媽媽老家原以販售豆腐維生，婚後郭媽媽突發奇想，嘗試改良當時豆腐乳過鹹的缺點，推出全新風味的豆腐乳，歷經挫折後，終於找到最為大眾接受的口味。（整理自千里步道「苗中試走活動手冊」）

達人帶路

深度探訪獅潭——遺世獨立的秘境桃花源

假如你厭倦大湖採草莓的洶湧人潮，又討厭南庄太商業化的老街，那我就要介紹一個在南庄大湖中間被遺忘的山村角落。

從一百三十幾年前馬偕博士進到這個恬靜縱谷（圖示⑨馬偕教堂），還有那日據時期連土地公都要被欺侮的年代（圖示⑦豬皮伯公廟），更有那號稱土地大到連飛鳥穿越都要休息一下球球哥（圖示③黃南球）。從山村這一頭走到那一頭，只有雜貨舖四間、豬肉攤兩攤、機車行、服裝店、修農機店，以及四家小吃……。這一個傳統的小山村，只有生活必需的店存在。

走到這裡，彷彿穿越時光隧道，你可以看見炊煙、聽見老阿嬤趕孫洗澡的聲音、婦人提著桶到洗衫坑敲敲衣服……。當年要去買個嫁妝都要翻山越嶺大半天，

文・李業興（苗栗縣自然生態學會總幹事）

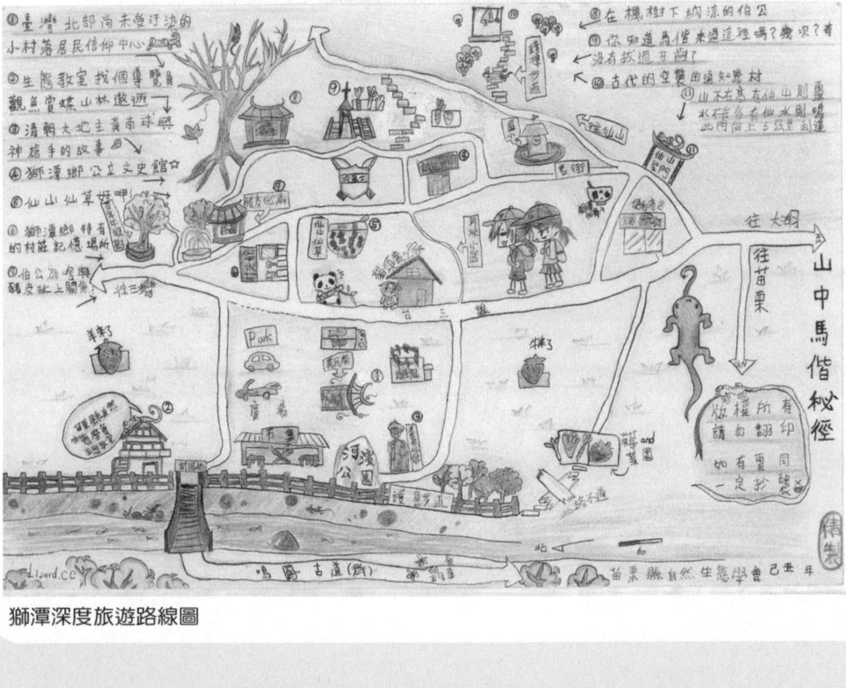

獅潭深度旅遊路線圖

靠雙腳一步步背回來，在苗栗大街上背著大水缸還要忍受異樣眼光，更有那新嫁娘坐著轎在蜿蜒山路上掉到山谷，新郎終生再也不娶的悲歡年代（鳴鳳古道群）。

從省道台三線來到這裡，可以先在百壽有機農場DIY有機芽菜手卷補充體力（僅假日供應），接著到台灣西部唯一專業蠶場「泉明蠶寶寶農場」體驗DIY蠶絲被！下午茶則可以享受仙山仙草，接著到藍屋生態教室進行獅潭老街文史導覽。若是有機會安排兩天一夜行程，可以夜宿獅潭鄉新店村，隔天再前往鳴鳳古道享受自然生態。

獅潭護魚步道的成功營造，反映了山城居民守護自然環境的生活形態。

台北．里山

…環台北一周的新郊山運動…

古台北盆地曾經是一座湖，沿著湖畔便能繞行台北一圈；如今湖水退去，怎麼串連現代的環台北路線？這條路線，又延伸出如何的新郊山運動思維……

週週爬郊山的生活革命

幾年前我的好友林宗弘在社群網站上發起了「週週爬郊山」，起初只是三、五位邁入「前中年」朋友們的週末郊山活動，後來卻變成「石階再見」步道運動的發軔，還出了一本書，書名就叫《週週爬郊山》，書裡推薦了大台北二十五條沒有石階、只有泥土路的越嶺天然步道，鼓勵民眾用腳投票、拒絕石階工程。由於週週爬郊山都是一群無車階級的肉腳族，行程幾乎仰賴捷運、公車，為了要到山的另一頭接上公車站牌，就自然而然地跨行政區越嶺、踢產業道路，有時，山區小黃也是我們的好朋友。

週週爬郊山有個管理員，渾號「九紀山人」，是我和宗弘的學長，他在留法期間，歐洲大陸到處趴趴走，愛上環繞巴黎健行的步徑，他總會想出很多怪點子，來落實懶人登山法，比如善用山村民宿點與大眾交通運輸工具，就可以達到不必負重的長距離健行。他曾帶著自助旅行聖經「寂寞星球」（Lonely Planet）負責介紹台北的外國編輯走郊山，試圖推廣有別於一〇一大樓與珍珠奶茶觀點的台北指南。想想，站在大台北的天際山稜線上，從四面八方俯瞰台北萬家燈火的屋頂、大廈，還有無所不在的一〇一大樓，是不是有一種「眾人皆醉我獨醒」的況味？

他們後來都加入了千里步道運動，而九紀山人更提出串連「環台北一周」路線的點子。在全台步道路網山海主幹道串連將近完成之際，千里步道也開始思考於都會近郊建構起環台北一周的區域路網，讓都會生活的人們可以就近親近山林、關心土地，進而在路線串連完成後，沿線社區可以參與步道認養與守護的後續工作。

環台北一周路網，有點像是千里步道願景的縮小版。對某些人來說，環島或許太過遙遠，我們能不能在人口最稠密的大台北，找到一條可以生活也可以休閒的步道路網？路網的想像是一個結合社區與自然的都市健康運動，希望透過個人與社區的接力合作，串連出沿著山脊稜線、郊山古道、小百岳、

上：台北的盆地地形，非常適合規劃環台北一周路網，有點像是千里步道願景的縮小版。
下：環台北一周路網，可以是山脊稜線、水路圳道、自行車道、城市古蹟等不同主題特色的環線。

水路圳道、自行車道等自然、文史、社區多元主題特色的環線。

在這樣的路徑上，將可以創發出兩天一夜沿山進、緣溪行的「新郊山運動」，只需要週休二日的時間，省去在高速公路上塞車的交通往返之苦，就可以享受爬大山般的過夜體驗；同時還可以就近住宿在一日可及的山間聚落，或是整建一些偏遠廢校成為可供住宿的山屋驛站，以深度慢速旅行的方式，促進地方觀光產業；而兩天一夜的行程兩端，也多可以連接到大眾運輸系統可及之處，減低二氧化碳的排放。

環台北一周的多元想像

大台北地區最不缺的就是路，問題是要找什麼樣的路，才能串連成一個具有美麗風光、又有豐富生態與文史故事的環線。最初，為了激發想像，我拋出一個一天內可以輕鬆環完台北的路線，就是重現清朝台北府城的城廓遺跡，以城門東門、西門、南門、北門、小南門連成一線，光是認識台北府一．四平方公里的範圍，就是重返一百三十年前台北一周的歷史散步了。

參與千里步道成立、長期關心水岸守護與地方學的社大講師林明志，更拋出一個從全球暖化、海平面上升的未來，連結到康熙台北湖的歷史脈絡。有學者預測，一旦海平面上升六公尺，會有將近三分之一的台北泡在水裡，這種景況於台北並不陌生。一六九四年台北盆地發生康熙大地震，地震規模高達芮氏規模七，之後大小餘震不斷，將近一個月。造成台北盆地多處土地液化，產生了深達三至四公尺，面積超過三十平方公里以上的台北大湖。郁永河在《裨海紀遊》裡面描述：「由淡水港入，前望兩山夾峙處，曰：甘答門（今關渡），水道甚隘，入門，水忽廣，漶為大湖，渺無涯矣。」台北大湖自康熙年間形成到嘉慶十四年淤塞，歷時約一百年。

按照學者的模擬，以海拔十公尺為基準，在台北盆地邊緣畫出一條線，現在的松山、南港、新店、樹林、新莊、五股、蘆洲都在水裡，而大屯山系、內湖丘陵、南港丘陵、烏來山區、林口台地到觀音山一帶都在湖面上，因此繞行湖邊山脊、丘陵與台地，即是環繞台北的山線，從Google Earth軟體上將這些高點連接，即成一條環線。對照今日來看，在湖面下的區域，正是基隆河、淡水河、新店溪、大漢溪流域所構成的平原。目前這些水岸都有自行車道相通，萬華社大講師熊伯清就主張將華江橋雁鴨生態公園與永和社大的新店溪生態園區，以河系與自行車道串連，就是最優的水岸生態導覽路線。

台北市獨木舟協會理事長李元治從這些昔日在湖底的水系著眼、從河川視角看台北，於是他將河系分五段串連，自景美溪上游順流而下、經新店溪、淡水河到達出海口，再利用潮汐溯基隆河逆流而上，直到水返腳（汐止），用獨木舟環台北一圈，其中從汐止到景美溪上游的段落，則以自行車橫越南港丘陵，如此宛如鐵人三項的行程，估計約五天可環台北一周，而且可以與河濱自行車道的路線，來個水陸會師。

古道達人Tony則以重修淡蘭古道路網，作為「新郊山運動」的提案。淡蘭古道是在乾隆末葉到嘉慶中期，先民前往噶瑪蘭的路線，嘉慶十二年官府正式修築連接淡水廳與噶瑪蘭廳的軍事與郵驛要道，大約是在台北湖逐漸淤積退散之際，淡蘭古道的路線大致從水返腳，一條從八堵到基隆、瑞芳過三貂嶺進入噶瑪蘭，也有從暖暖、十分、平溪進入三貂社，往南一點則有從大坪林入山或深坑石碇山區前往宜蘭的。這些路線可以從台北到基隆越嶺到宜蘭，本身也可以形成環繞的路網。

提倡台灣小百岳的張賀融，則列舉北北基的二十座小百岳山頭，串連這些小百岳的登山路線，無法以山相連的則以市區道路連結。後來，永和社區大學步道行動教室的鄭文正，大致上就是以台北郊山路線的串連，將台北分成四大區塊，東南部分包括筆架、皇帝殿連峰、南港山系等，東北以大屯山系為主，西南則有鳶尾山、白雞山、天上山系，至於東北則以市區自行車道連結觀音山，規劃出環台北一周的路線，並且帶著亞斯伯格症的兒子，父子倆依照新郊山運動的精神，前後花了二十天，一步一腳印的環完台北一周。此外，還有東海山社畢業社友張志湧等人提出難度更高的縱走烏來山區十三連峰環線，估計要走十二至十五天，幾乎就是重裝備的登山行程了。

守護淺山生態、留住都市綠肺

攤開大台北的地形圖，台北是一座被周邊郊山環繞的盆地，郊山像人的五指一樣，尾稜延伸進入都會區，與居民生活空間犬牙交錯，而從盆地仰望天際，總可以看到層層疊疊的山巒若隱若現。由於都會不斷擴張，民眾先是向山要地、開墾種植；而後住宅上山、別墅林立、公路不斷深入；至於假日郊山休閒，也想以地毯、廢料搭建步道、涼亭、運動空間，甚至種植外來觀賞植物，開闢宛如後院的生活場域。而許多因為特殊歷史因素的軍事管制區，卻意外在城郊邊際保留下尚未受到各種人為開發的綠地，例如二〇二兵工廠、富陽公園、土城彈藥庫、關渡平原等，為郊野豐富生態，提供了躲避都會擴張的最後棲息環境。淺山生態持續為都市提供健康的空氣、乾淨的水源與富饒的土地，卻因看似荒野而飽受開發力量的覬覦。

日本稱這種介於大自然與都會之間的過渡地帶為「里山」，日本動畫家宮崎駿與藤子不二雄都曾為此繪製卡通，希望喚醒民眾的里山保存意識。有意思的是，日本的里山保存並非什麼都不做的保育，而是主張人應該適度地介入管理，甚至重建食衣住行等日常生活與里山的關連，例如採集竹筍野菜、疏伐竹木作為薪柴或建材、利用植物織布染布、甚至清理落葉倒木，以維持林木的健康演替、增加樹木對二氧化碳的吸存，透過公民團體與地方政府之間的合作管理，讓社區居民負起守護里山環境的責任，同時也作為民眾接觸自然的環境教育場所。

合家歡協會與千里步道在金山兩湖荒野生態教育園

區建立的步道志工基地，可以說是台北里山經營的初嘗試。由於社區人口外移與老化，金山區三和國小兩湖分校幾年前被廢校而荒蕪，原本是山坡農地也因為休耕而回歸自然，合家歡協會金山小棧承租了廢校與荒地，將廢校重新整理出簡易的住宿與上課空間，舉辦天文營、夜觀生態等活動。留歐的黃毅遠、黃丹力夫妻甚至帶著三個小孩搬到金山，在山間一隅以自然農法耕一畝看天田，並且就近照管生態教育園區的經營。

由於山坡地廢耕許久，山豬、穿山甲都回到荒野生態園區生活，區內有一片遇雨自然形成的生態池，每逢冬天就會飛來候鳥歇息；區內還有一間廢棄的石頭屋，雖然早已沒有屋頂，但堅固的牆面爬滿了爬藤植物，一年到頭充滿綠意；園區還有一片觀景平台可以俯瞰金山市區，天氣好的時候，甚至可以遠眺海面作業的船隻與散布的三兩小島。

二〇〇九年金山小棧站長阮文清連絡上千里步道，因為舉辦環境生態教育活動，不免需要步道等設

步道志工正在金山荒野生態園區步道上整理鋪面。

和美山步道利用枕木取代水泥，是更為融入自然環境的步道營造方式。

施，但是他們不想要大興土木的工程，更擔心貿然修築步道會影響區內豐富的生態，甚至為了保留荒野原始的自然感，希望除了規劃主要動線以外，其餘步徑不予施作，以保留穿越芒草樹叢間把身體弄髒的體驗機會。合家歡協會希望引進手作步道的理念，千里步道也因此獲得一處能夠讓步道志工常態操作的定點，以完整落實從生態調查、路線探勘、步道選線，到工作項目討論與施作、步道資訊電子化建置等步道規劃步驟與經營理念。

在民間團體與專業的步道老師全部義務投入之下，金山兩湖荒野生態園區至今招募了近五百人次的志工，貢獻假期時間與心力，合力就地取材，疏伐木材、撿拾石頭，砍草、清路幅，砌駁坎，設置石階、木梯、導流溝等，完成了園區主動線近七百公尺的步道施作，創造出全國第一也是目前唯一「從無到有」全部由志工參與、建置而成的自然步道！金山的雨量很豐沛、金山的土很特別，是那種會滲入指縫中，黏在身上也黏住人心的黏土。下雨時特別溼滑、而天晴的時候又很乾硬，在不同的天氣中工作，恰好可以不斷修正補強，手作步道工法更讓步道做完看來就像古道般渾然天成。因為就地取材，我們也深刻觀察到北部筆筒樹生病的現象；疏伐木頭的同時，也規劃分區除去先驅芒草，再為園區種樹回去，以便永續善用林木資源。未來我們還想在這塊基地，嘗試用在地的土與草做自然建築。

最近，荒野保護協會也開始在大崙尾山推動步道志工，與社區草根造路以及公部門的步道工程進行溝通、對話，希望走出有社區與志工參與、與周邊景觀生態充分融合、做過不留痕跡宛如藝術作品的自然步道。近十年來，已有荒野保護協會由志工參與的五股溼地認養、永和社大認養經營福和橋下新店溪溼地生態園區等成功案例，期待未來能有愈來愈多社團與社區參與認養營造生活綠基地，並進一步構築出延伸淺山生態進入都市的綠帶，讓城市也有飛鳥、蝴蝶與昆蟲棲息、穿越的生物廊道，也能提供居民舒適行走、揮汗勞動的空間。

文・徐銘謙

行—前—通—知

建議旅程時間：一次走完至少需二十天，建議可挑選適合的登山路線就近進行一日遊，或二至三天的行程。

建議裝備：

⊙串連路線以台北盆地郊山為主，雖然不是高海拔的崇山峻嶺，但部分路線環境較為原始，若有過夜行程，建議還是需要基本的登山裝備，如登山鞋、登山杖、睡袋、睡墊、簡單乾糧、背負效果較佳的登山背包等。

建議交通方式：

⊙多數登山口皆有公車站牌，建議以大眾運輸工具代步，省去折返取車行程。

台北近郊親山步道；圖為就地取筆筒樹幹作為階梯材料之金瓜寮溪步道。

路線起訖：苗栗獅潭國小—新北市新店區
路線里程：一百五十三公里
建議行程天數：七～八天

【環島慢速地圖⑩】

獅潭——新店

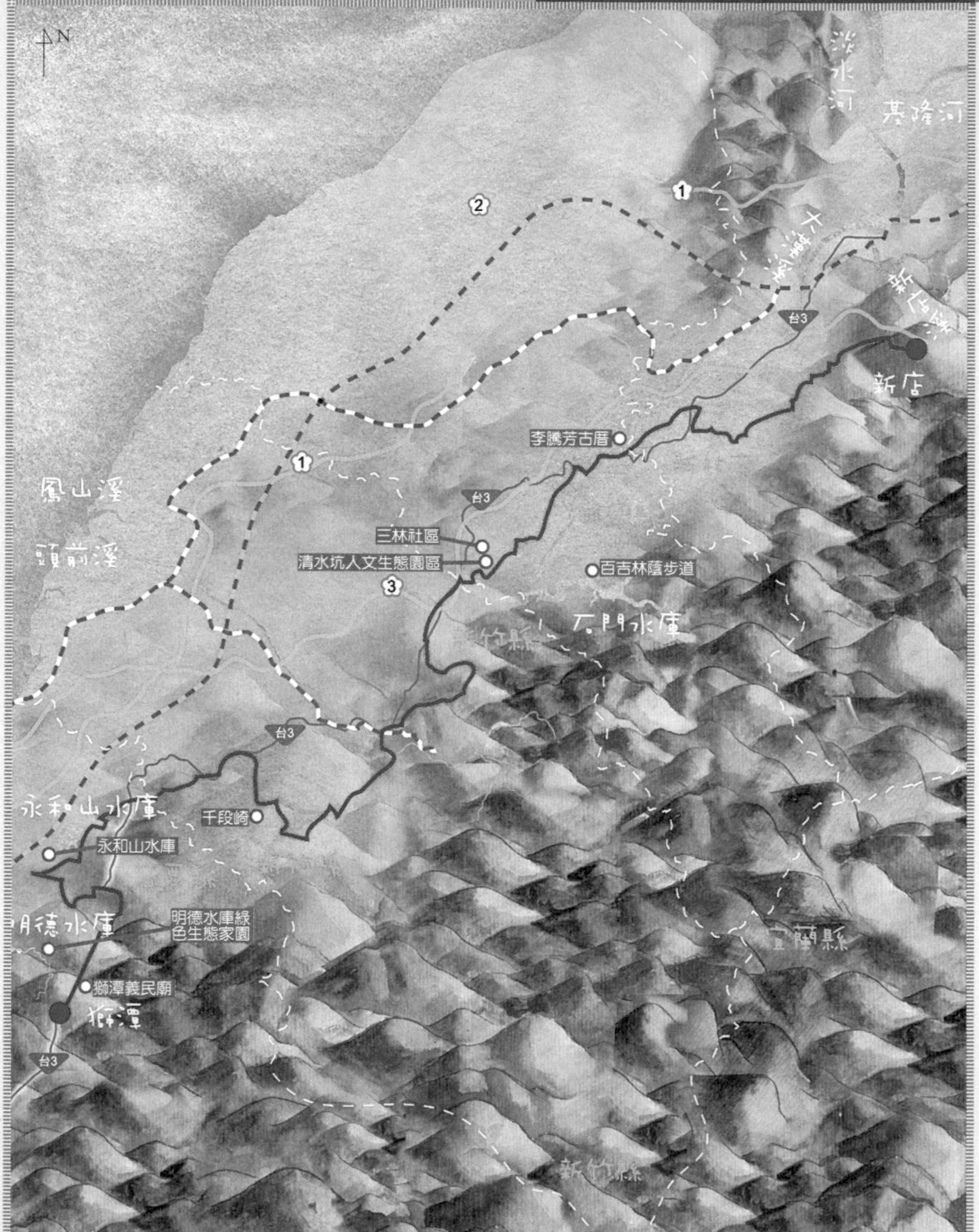

【獅潭－新店】地圖網址：http://www.tmitrail.org.tw/?page_id=6707

路—線—報—馬—仔

從獅潭國小出發後，得逛逛錫隘、鳴鳳、仙山等古道，在村子裡品嚐仙草和客家料理才有意思。離開市區後沿省道台三線往北，沿途許多民宿就坐落在靈秀的山邊湖畔，令人心生嚮往。

十

從三灣鄉永和山水庫到水頭屋大橋，進入峨眉鄉的峨眉湖十二寮休閒農區，再到北埔鄉的冷泉一遊，中間經過獅頭山、五指山等著名風景區，走上橫山鄉的大山背，騎龍古道、百年伯公、糯米橋、豐鄉瀑布等景點美不勝收，再沿著據說是竹科人舒壓的私房綠道——竹三十縣道，散步過玉山社區。

十

繞過關西的高爾夫球場來到龍潭鄉石門社區，再從三坑村循龍潭—鶯歌自行車道到大溪鎮，在大溪橋、武嶺橋上欣賞大漢溪床的條理岩層，再拜訪老街人文和美食；然後由位在省道台三線旁的烏塗窟龍山寺，攀過小山、接上弘道路進入三峽市區。

十

穿過三峽老街後走進山景優美的白雞路、紫微路再接到成福路，走一小段一一〇縣道，從安和社區活動中心進入天上山登山步道，沿稜線經五城山、安坑山、烘爐塞山，最後從豬肚山、及人中學旁的山徑下山，行抵安康路是為終點。

在新竹內灣騎著單車奔馳，此時只有白雲、清風相伴。

非去不可

獅潭義民廟

獅潭鄉新店村義民廟創建於一九〇七年，客家先民黃南球在山區墾拓時，與當地原住民發生衝突，為求地方安寧而捐建，以祭祀禦敵捐軀的兩百多位客家先民。一九三五年中部大地震，義民廟震毀後重修，成為當地居民的信仰中心。民國八十年間，廟宇因年久老舊而進行第三次重修。有別於其他義民廟大多坐北朝南的格局，這座義民廟則為坐南朝北，因為獅潭峽谷面向北方，為了鎮住風口，才採取如此特殊的布局。至於鳴鳳古道的入口，就位於廟旁的小路。（整理自千里步道「苗中試走活動手冊」）

明德水庫綠色生態家園

明德水庫綠色生態家園原為明湖環湖公路上的廢棄果園，經過苗栗自然生態學會一年多的經營規劃，籌措經費、披荊斬棘、耙地整理、開渠引水，最後挖出四個水生植物池，栽種包括台灣萍蓬草等台灣原生水生植物。如今水生植物池中，睡蓮的紅花綠葉貼住靜止的水面，四周散點著台灣萍蓬草、野菱、野薑花、水蠟燭，池邊更是長滿了甜根子草、開卡蘆、蓖麻等，外圍有些山黃麻、稜果榕、構樹、野桐等先驅植物進駐，荒廢果園活了過來，大鳳蝶、台灣麝香鳳蝶、紫斑蝶、永責黃斑蔭蝶、紫蛇目蝶亦隨之翩翩而至。（文・苗栗自然生態學會）

永和山水庫

永和山水庫位於苗栗縣，頭份鎮與三灣鄉永和村間中港溪支流北坑溝上游，原名東興水庫，於完工後改名為永和山水庫。本水庫主壩為土石壩，於民國六十九年七月開工，歷經四年三個月完成，為新竹苗栗地區甚重要之民生及工業用水水源。水

庫周邊環境因水源保護，道路兩旁樹木林立，是健行散步與自行車騎乘的好地方。動植物豐富，紅嘴黑鵯、小彎嘴、大冠鷲等常在途中相遇。而水庫早已經成為鸕鶿與魚鷹的度冬區，往水庫內有枯枝挺立處觀察，必有所收穫。（文・苗栗自然生態學會）

清水坑人文生態園區

清水坑最早的地名叫「石磏仔」（客語），比喻地上石粒片片，經過此地時，需要站至石頭上，跨越一個接一個的石頭才得以過去。後來到日本時代改為「打鐵坑」，常被人誤以為這裡有早年製造農具之打鐵店，但此處之所以名為「打鐵坑」，最根本原因乃這裡地表下，充滿石礫，開墾荒地時，鋤頭鑿地碰觸石頭火花四溢，會發出如打鐵之「鏗鏘聲」，故以名之。清水坑位於三林社區東南角，為兩座小丘陵地之間的狹長河谷盆地，天然湧泉終年不斷，於山腳下匯流成一條清澈見底的小溪，居民以其為溪水清澈甘甜之地，故又改名「清水坑」，並於二〇〇五年規劃成清水坑人文生態園區。（文・黃詩芳）

三林社區

三林村由「三角林」與「清水坑」合併而來，除部分陸軍總部官兵、中科院員工之外，全是客家人。據說此地原為凱達格蘭平埔族原住民的聚居地，古名「馬陵埔」；清乾隆九年漢人進入開發大漢溪邊的三坑一帶，後來又有黃、胡、葉、楊等姓族人見本區地勢平坦開闊而移居開墾種植，見此新墾區土地略呈三角形，名之為「三角林」。社區擁有宛如世外桃源的田野景色，映入眼簾的盡是一片片綠油油的稻田與石頭駁坎，低頭可見路旁以天然湧泉為水源、清徹見底的水圳。（文・黃詩芳）

百吉林蔭步道

百吉舊稱八結，地名由日治時期於湳仔設八結堡而來。

一九一〇年，日本人於此開闢輕便車道，即為百吉林蔭步道的前身，成為大溪、八結兩地交通孔道，自一九四四年打通八結隧道後，輕便路才漸無人跡。一九六八年北橫公路重建八結隧道，更名為「百吉隧道」，八結才改為百吉。百

吉林蔭步道即為桃一一八號鄉道，入口位於百吉隧道北端；此路雖有「鄉道」之名，卻因為已無兩地交通功能，在入口約一公里處設有欄杆，禁止汽車進入而成為僅供行人步行的休閒步道。（文・陳朝政）

李騰芳古厝

李騰芳古宅是清代中葉以後，台灣一般在家族地位上昇後，為了光耀門楣而擴建家宅的實質典範。門廳、廳堂及左右廂房的屋脊上有十二支燕尾翹起，環繞著中庭，極為引人注目，其整體建築細膩、優美、規模宏大，集傳統之精華於一身，為桃園縣目前唯一的二級古蹟。古宅座落於青翠田野中，紅磚、黑瓦與綠野相輝映，十分醒目，是一座由前落的三合院及後落的四合院所組成的大宅院。古厝建材以紅磚、砂岩、土礱磚牆為主，牆面以白色和磚紅色為主外，多用黑色，此為三至九品官之象徵。其餘大紅、

金、青、綠等色塊，均以小面積點綴其中，此種安排，使李宅更為典雅樸質，難掩其書香氣息的風範。（摘錄自桃園縣政府網頁）

達人帶路

悠遊內山，作客山城——千里步道北桃竹苗試走路線

文・黃詩芳、陳朝政

首日自板橋出發，沿大漢溪自行車道經過土城、鶯歌抵達桃園大溪。大溪古名大嵙崁，原意是「很大的水」，而大溪和平老街底還保有一段通抵崁津（大溪港）的古老石階。經大溪至月眉庄，可一探二級古蹟李騰芳古厝，接續行至百吉。

隔日離開百吉，沿桃六十三號鄉道繞過石門水庫，經過一連串的陡坡便來到桃園龍潭鄉名為「三林」的客家村落。上三林社區前有一段極陡農路，爬上台地之後，連幢的客家夥房與大片的茶園風光，絕對教人精神振奮。走在社區整齊堅固的砌石駁坎上，可以想像先民於開墾初期，於溪底撿拾一塊塊大小適中的卵形石頭，再以客家人硬頸精神，團結合作地將石頭依序堆疊成腳下所踩踏的百年駁坎。

清水坑的水質清澈甘甜，種出來的稻米也好吃。

因社區東北角有條清澈小溪，又名之為「清水坑」，在地住民會在清涼清澈的水圳搭設「黑白洗」（洗衣服的地方），展現了人與水親密的生活文化，也讓人忍不住想脫鞋泡腳，感受溪水的清涼。社區還有一條古道——打牛崎，相傳打牛崎古道因陡坡難行，農民運送農產品及民生必需品，皆需靠牛車運送，但牛車行到此陡坡，連牛都懶得走，農民必須鞭打牛隻，才能勉強上坡，因此有「打牛崎」這有趣的名字。

清水坑保有完整田園風貌，寧靜優美的梯田景致令人流連忘返。

慢行水鄉宜蘭

…千里步道示範區願景…

在宜蘭，無論你往山裡去、往海邊走、沿著河堤、或走進任何一個農村，只要慢慢地走，帶著好心情，你總能發現意想不到的精采風景。

不知誰曾這樣說過：沒有不美麗的風景，只有不美麗的眼睛……

宜蘭近山又近水

四、五年前，「千里步道」首次舉行跨縣市試走活動，三天兩夜從台北出發，以步行及單車兵分三路進宜蘭，步行一隊走北宜公路接跑馬古道，另一隊從新店走桶后越嶺道進入礁溪，而自行車隊則從木柵經平溪、雙溪的產業道路進入宜蘭大溪，最後在頭城會合。

三月初春，我帶著自願報名的十位勇腳健將，在木柵動物園集合出發，沿著一〇六縣道經平溪，到十分寮轉入台二丙線，一路向東行至雙溪，再沿雙泰大溪產業道路往南行，通往宜蘭的東北角海岸。

才剛進「千里步道」工作不久的我，第一次被分配主責自行車隊，內心著實惶恐不安。在這將近四十公里一路陡上的北宜路段，夥伴們以出筋的小腿用力踩踏，汗如雨下，眼看時速已慢得跟走路差不多，也沒有人肯放棄（下車），彷彿在以慢動作表演單車特技般。

連接雙溪到大溪的雙泰大溪產業道路，沿路走來一輛汽機車也沒有，騎到中途，大夥兒索性把車丟在一旁，在路中央躺下來。原本我一直顧前看後深怕有車輛突然經過會發生意外；過了好一會兒，一點汽車的引擎聲也沒有，此時一陣風帶來山神的呼喚：「躺下來吧！」讓我也慢慢放鬆平躺下來，閉上雙眼感受樹蔭與山風的清涼，感受自己與這條路、與這片山林逐漸合一。那是我頭一次領會：路不該只屬於車，也屬於人。

進入宜蘭大溪之後，沿著濱海公路往南騎一點路，即可抵達海邊的大溪國小。開放式的門廊與中國園林建築，剎那間讓人誤以為來到風景區的景點。學校的操場幾乎與沙灘相連，這大概是台灣離海邊最近的國小吧！這裡的小學生，每天都能下海游泳盡情和大海玩耍，不會游的至少也能站在操場上看著海邊的人玩划板衝浪，或是看著龜山島，假想它是每天趁人們不注意從海底偷偷浮起的海怪⋯⋯。在大溪（或是頭城以北），向西幾百公尺即能進入翠綠的山林，向東又可隨時與海親近，住在那兒，想

上：宜蘭諺語「龜山戴黑帽，若毯雨就落」，由此可見龜山島與宜蘭人的生活息息相關。
左下一：離海邊最近的大溪國小，也有山環繞。 右下一：單車隊伍在滿是綠意的陡坡路段奮力騎著。
左下二：在宜蘭有許多農人已逐漸採行有機耕作。右下二：以步行及單車兵分三路的試走隊伍，就在近山又近水的宜蘭大會師。

必有著都市人想像不到的幸福滋味吧！

體驗宜蘭海濱之美

當隊伍騎經濱海自行車道時，遠處美麗的龜山島一路伴隨，清晨由海邊升起的陽光特別亮麗，把每個人的左半臉照得紅通通的。而看似平坦的步道，騎起來卻忽上忽下，好像在滑板訓練場一樣。後來透過隨隊導覽老師的解說，才知道原來我們騎在沿海沙岸的「沙崙」上。

全長三十六公里的沙崙，像一條長蛇伏臥在海濱，與海上的龜山島遙遙相對，緊緊鎮守著宜蘭，是宜蘭諺語「龜蛇把海口、地靈人傑」的由來。其承擔了防風、防鹽、防飛沙、防海浪侵蝕、防水土流失的重責大任，對宜蘭平原極其重要，可以說「沒有它就沒有宜蘭」。但其實它也阻礙了平原排水造成水患，是使沿海地區變成一大片溼地的主因。

提到沙崙，不得不提到位在壯圍鄉的靠海小漁村——過嶺社區。此地原本即是高大的沙崙，由北往南者均須經過此嶺，故名「過嶺仔」，現今已成平坦之地。過嶺靠海，村民沿著沙丘內側蓋房子避海風，在沙丘外側撿拾枯木當柴火，在海邊蓋罟寮捉鰻魚苗、牽罟網魚，在沙丘上種花生、西瓜等經濟作物，聽說因海邊砂土含有較高的鈣離子，加上海風吹拂，過嶺沙丘種出來的落花生特別可口美味。也可見沙丘和居民的生活真是密不可分。

離開頭城進入壯圍不久後，自行車道即被兩旁的濱海植物給包圍了，有馬鞍藤、林投、木麻黃、海檬果、黃槿等，像在列隊歡迎我們，雖然望不到海景，卻也有另一種綠色隧道的美感。這些定沙植物具有耐旱、耐濕、耐寒、耐熱、耐鹽分的特性，之所以能定沙是因其發達的根系能在惡劣的環境中取得水分的緣故；其中以林投特別顯眼，葉子像一把長劍的林投，因為葉緣兩側和中心有利刺，故容易傷人，毬果卻長得像鳳梨一樣可愛，時常讓人產生「鳳梨」長在樹上的錯覺，因此有個「大鳳梨」的外號。在地的小孩會將長細竹竿戳住毬果，比賽看誰甩的遠，或是把樹葉折成蚱蜢、鴿子和毛毛蟲，是有趣的童玩材料。

步道規劃有成，功歸在地人

宜蘭是千里步道路網規劃最早也最完善的縣市，有位幕後功臣，就是當年試走領隊——任職於宜蘭社大社區經營組的藍浩瑋。步道運動發起人黃武雄老師曾說過這樣一句話：「如果各縣市都有一個浩瑋，環島千里步道路網的勘查很快就完成了！」

浩瑋做過化工、交通工程等實務，研究過水泥與建材，當過客運站長兼大客車司機，宜蘭全縣走透透，規劃步道路線對他不但易如反掌，聽他導覽沿線人文自然特色時更是如數家珍。黃老師說：「聽浩瑋導覽宜蘭，無異於在上『宜蘭學』的密集課程。」這樣的形容實在頗為貼切。

跟著浩瑋在宜蘭探查步道時，他嘴裡常提到「社區日曆」，也是宜蘭重要的特色，更是宜蘭引領全台社區營造運動十多年來的成果之一。民國八十八年由宜蘭文化局與仰山文教基金會共同推動的「社區日曆」運動，鼓勵民眾寫下社區的一件事情，藉由照片與兩百字以內的圖片說明，成為社區日曆的一頁。一天一張社區日曆，一年就有三百六十五個社區故事，不但是社區影像的真實紀錄，也是社區意識凝聚的過程。至今運作十年，宜蘭已經有一百二十個社區擁有自己的「社區日曆」。

浩瑋在仰山工作過，因為協助推動「社區日曆」，使他成為「宜蘭達人」。熱愛自行車的他還在宜蘭與羅東兩所社大創設孔明車隊社團，除了教授自行車組裝、保養、調整及騎乘技巧，也為步道旁的河川進行水質檢測，培力步道沿線文史生態景點導覽解說志工，帶動宜蘭縣自行車觀光（綠色旅遊）的風氣。我深深覺得：浩瑋是宜蘭的「瑰寶」。

自行車天堂

受到黃老師發起千里步道運動的感召，浩瑋開始規劃宜蘭縣的千里步道路網，他以南北向山、向海兩線為主幹道，再將現有東西向得子口溪、宜蘭河、蘭陽溪、冬山河等四條河岸的自行車道串連成環狀，並連接宜蘭、羅東兩個運動公園，構成一個蘭陽平原的慢行網絡。這個極似一輛「腳踏車」形狀的宜蘭步道路網，以「自然生態」、「社區人文」、「安全」為主軸進行串連，進入步道路網，就能看到宜蘭最珍貴的自然生態，走入社區，就能感受最在地的人情味。

在規劃時，浩瑋選擇了擁有自然鄉野美景且車輛稀少的山腳路、田間路，和河堤、濱海等自行車道。走在千里步道路網上，除了幾處無法迴避的主幹道交匯處或無替代路線的公路，絕大部分都能不受汽、機車的威脅，可悠遊自在的感受沿途山明水秀的風景。而如果把宜蘭市和羅東鎮當成腳踏車前後輪的中心，無論從哪一個點出發，走溪北「前輪」或溪南「後輪」一圈，大約只需半天就可回到原點。如果有一整天的時間，即可以八字形的方式走完前後輪兩圈。不過，這是全長約九十五公里的主

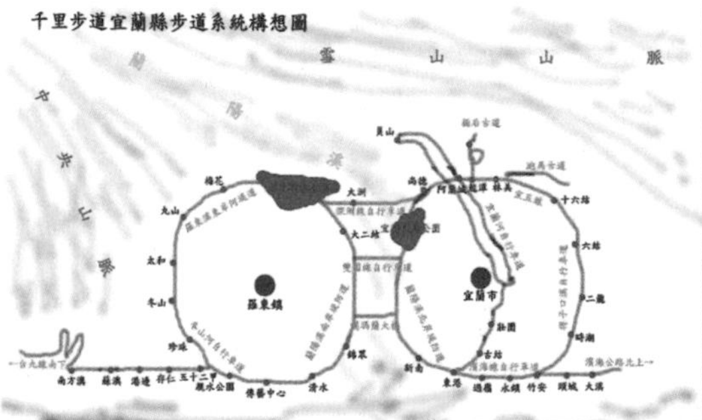

像是一輛「腳踏車」形狀的宜蘭步道路網。

宜蘭已經有一百二十個社區擁有自己的「社區日曆」。

宜蘭是千里步道路網規劃最早也最完善的縣市，幕後功臣就是藍浩瑋，照片中是他和孔明車隊的合影。

幹道，如果想探訪步道支線（也就是區域路網、社區步道）所花的時間當然就不只這些了。

步道支線的區域路網是由二十四個小環圈組成，全長約有四百二十公里，透過如微血管的小環圈更能深入社區村落。走在這些路線上，也許會因為沒有標示而迷路，卻可能因此看到令人驚豔的美景。我就曾意外發現一處清澈見底的湧泉池塘，看到水塘裡頭好多不知名的魚兒自在漫游著；也曾從博學多聞的在地人——祖棋大哥，聽過位於太和村十三份坑非常有趣的「日本籍」土地公的故事；或是遇到正在路旁水圳洗蔥的阿婆，她會告訴你三星蔥特別的地方或此處地名的由來，雖然濃厚的宜蘭腔常讓人鴨子聽雷摸不著頭緒……。

人與自然共榮的慢行樂活道

宜蘭長期推動無煙囪產業，沒有工廠的廢氣污染，加上緩慢的生活步調，即使只是隨處走走逛逛，只要親近山海自然，總能洗滌身上的疲憊，難怪有人說「鄉村是心靈的故鄉」。唯一美中不足的是，夏日走在鄉間，柏油路面像是平底鍋煎烤著行人，少了大樹可以遮蔭，即使路上的風景再美，也會讓人想加快腳步匆匆離去。

曾帶著一家三口，從台北步行至蘇澳的台南社大台江分校吳茂成執行長曾有感而發：

> 「如果我可以給宜蘭寫一封信，我會說路旁若有樹，該有多好，雖然一眼望去皆有綠，但無法遮蔭！……群樹彷佛就留在山裡。
>
> 走在鄉徑河堤旁，望想著漂浮著熱光的路頭轉角，能有一棵木麻黃，響著松風，庇蔭著過往的行路人。此刻的熱，讓我憶起兒時木麻黃路的清涼，讓我理解到阿嬤在路頭茨前奉茶的貼心！……」

從二〇一〇年開始，「千里步道」與宜蘭及羅東社大共同合作，選定宜蘭作為全國第一個示範縣市：以刨除道路兩旁柏油改鋪碎石增加路面透水性、規劃緩衝綠帶，路肩種植花草樹木取代水泥護欄、水路渠道生態化、改善水銀燈之光害照明、以人工除草取代噴灑除草劑及車輛柔性管制等規劃設計，希望能將千里步道運動之核心理念於硬體環境上具體呈現，並以此示範成效帶動其他縣市進行仿效或規劃參考依據。

目前，在冬山鄉太和與八寶兩個位於冬山河上游新寮溪與舊寮溪中間的村落進行示範路段的規劃，起點為八寶村的公埔橋，經公埔圳旁農路以及舊寮溪堤岸旁的農路，連接上新寮溪堤頂自行車道，最後銜接上冬山河自行車道系統。

從示範路段起點公埔橋上往下望去，看到的是兩岸石頭駁坎、石梯步道與茂密的野薑花所構成的美麗圖像，地底湧泉形成的公埔圳，流水潺潺，不少遊客帶著釣具前來，也有大人帶著孩子坐在溪水中的石頭上泡腳，感受水的清涼。聽說以前水圳裡都是滿滿的台灣蜆和毛蟹。但幾年前公埔圳以混凝土砌石工法整治之後，茂密岸樹不再，河水失去遮蔭使得水溫升高，原有的水棲魚類、台灣蜆、螺貝類已逐漸減少。

當我們在說明會上提出要縮減道路（仍保留農機具下田處）、規劃緩衝綠帶、種植路樹花草、改善光害、將水泥圳溝改回自然砌石等構想時，居民表達了心中的擔憂：除了擔心影響日常交通的便利，還擔心行道樹在夏天颱風時期被吹倒；落葉與除草等後續問題誰來負責？砌石水圳會不會漏水，以及樹蔭是否影響農作物生長等問題。

經過多次溝通，我們將居民普遍性的意見逐一納入了規劃方案之中。譬如植樹從小樹種起，較不會被風吹倒，存活率也高；樹種選擇以原生本土種為主，水茄苳和九芎都是在地常見樹種，或者考慮有在地特色的果樹，讓沿路採果成為另一種樂趣，也增加維護的意願等。種樹的地點與間距將實地細部測量、考量太陽日照的方位移動，以影響農地最少的方式進行規劃。至於後續管理維護工作，則期待能透過社區居民的凝聚力量，把日常維護當成自家的事情來做。

白天悠緩散步在兩旁樹蔭茂密、無汽機車干擾的鄉間步道，看著路旁鋪滿青綠花草的土溝裡流動著清澈的水，草上飛舞著蜜蜂蝴蝶，溝裡蜆仔螺類靜靜躺著享受水的冰涼，大肚魚、溪哥和泥鰍開心玩著捉迷藏，沒有光害的寧靜夜晚，抬頭仰望就能看見浩瀚無垠的星空，草叢間閃閃發亮的螢火蟲也飛來作伴……。期待透過示範區的推動，讓宜蘭的步道從主幹道到社區生活小徑，皆能成為擁有生物多樣性的綠道路廊（Green Way），同時也是慢行樂活道（Lohas Way）。

文・黃詩芳

散步在無汽機車干擾的鄉間步道，水圳裡有蜆仔螺魚蝦，人與水互動親近，抬頭能看見浩瀚無垠的星空……，這樣的生活是大家心裡的期盼。

宜蘭區域路網【精選慢速地圖⑪】

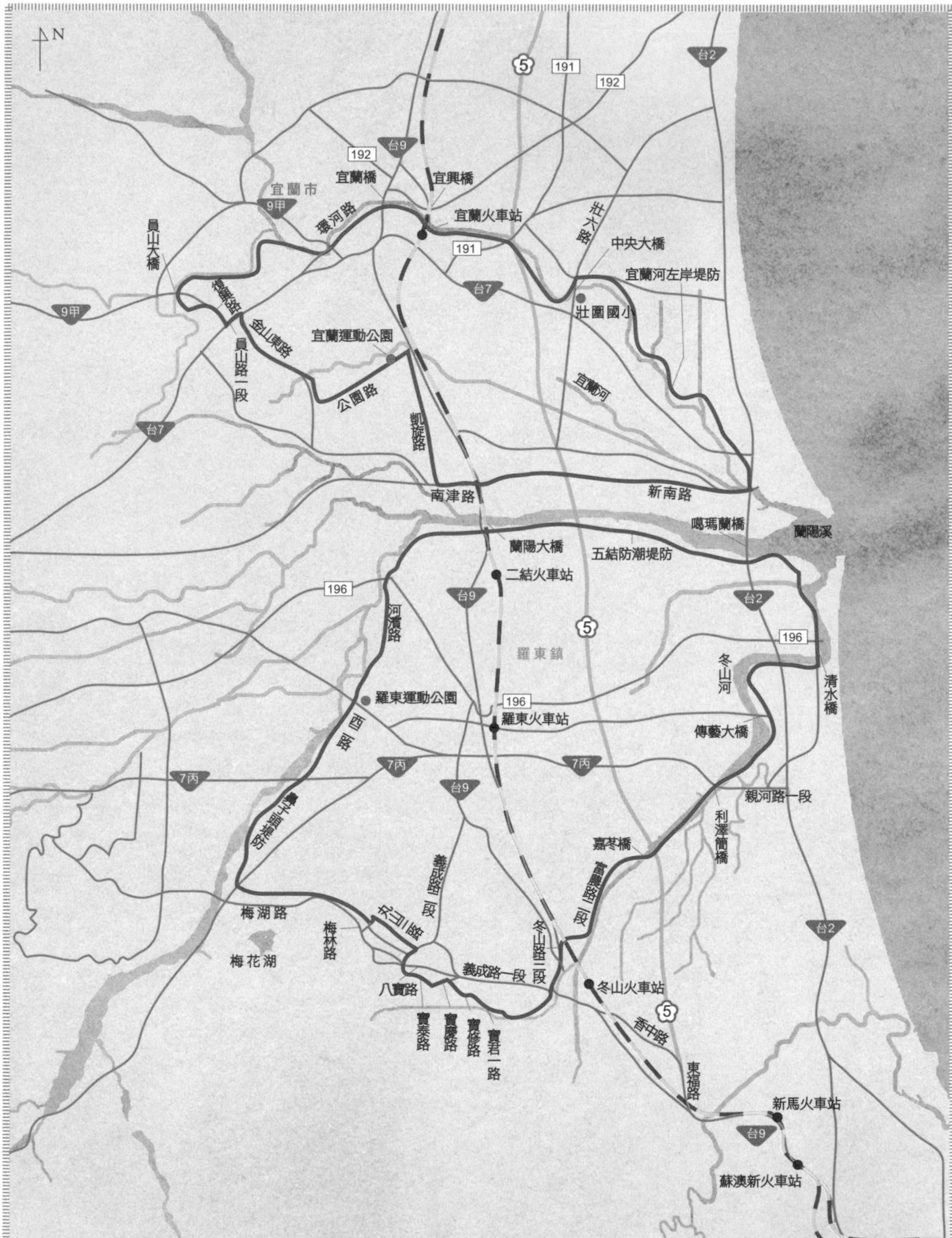

路線起訖：1.溪北環線：宜蘭運動公園—宜蘭運動公園　2.溪南環線：羅東運動公園—羅東運動公園
單車里程：1.溪北環線：三十公里　2.溪南環線：三十三公里

【宜蘭區域路網】地圖網址：http://www.tmitrail.org.tw/?page_id=6696

行─前─通─知

建議旅程時間：兩天一夜；兩個環線以蘭陽溪為界，分別以宜蘭市、羅東鎮為中心，可依行程安排在宜蘭或羅東住宿。

建議裝備：

⊙適合騎乘單車的輕裝準備即可。

⊙自備或於當地租賃單車。

建議交通方式：

⊙可搭乘火車至台鐵宜蘭站或羅東站開始行程。

⊙可搭乘葛瑪蘭客運或首都客運至宜蘭、羅東開始行程，目前兩家國道客運皆可攜帶單車上車。

宜蘭河濱自行車道的環境非常親水自然。

路線起訖：新北市關渡大橋—屏東墾丁
路線里程：六百四十一公里
建議行程天數：十～十一天

【環島慢速地圖⑪】

東部海線

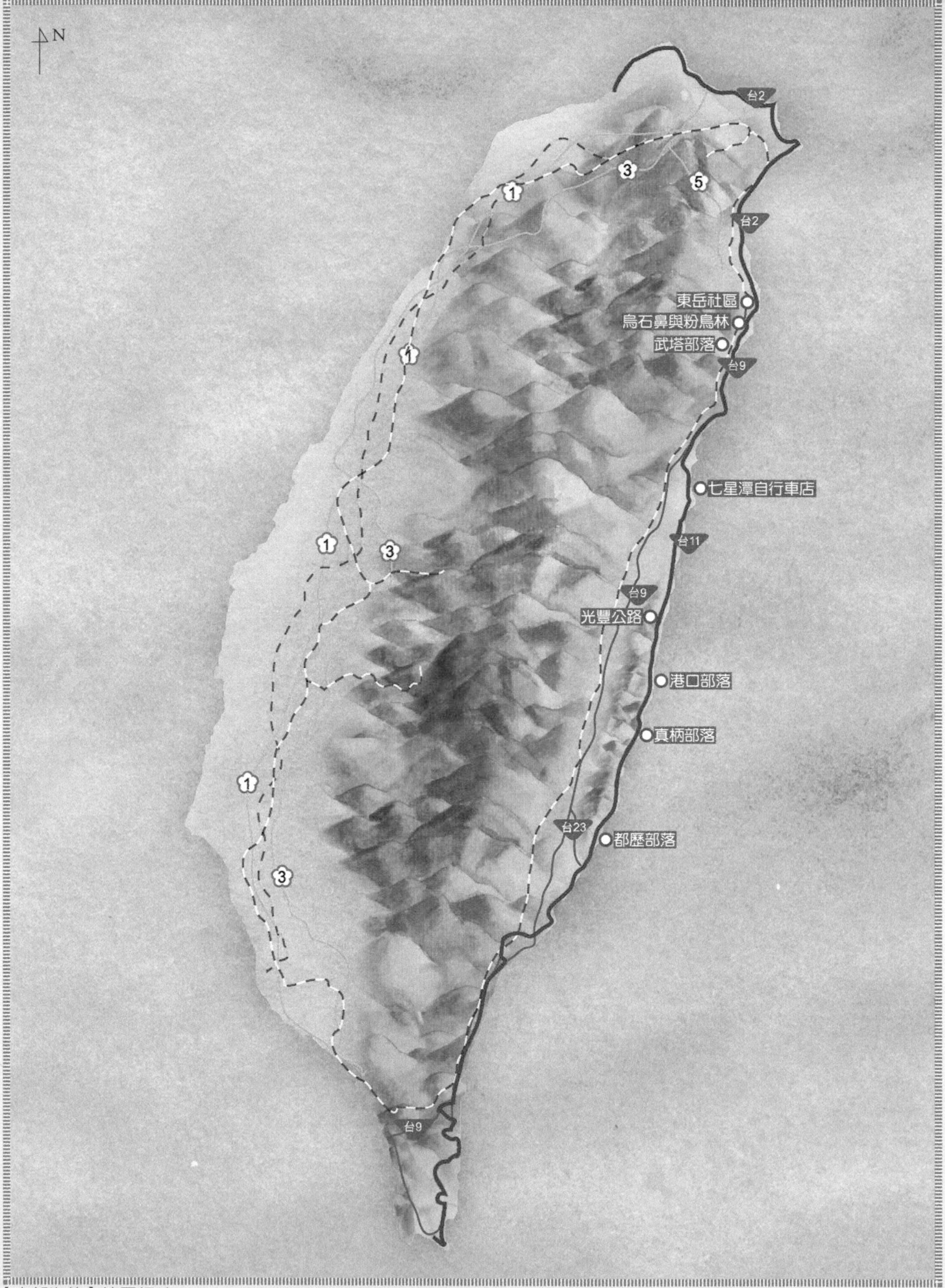

【東部海線】地圖網址：http://www.tmitrail.org.tw/?page_id=6708

路—線—報—馬—仔

從關渡往北沿濱海公路省道台二線往宜蘭方向騎行，沿途或有自行車道可以替代車行馬路。到宜蘭頭城後，過竹安橋有宜蘭濱海自行車道避開省道至蘇澳，再接上省道台九線。由於蘇花公路不利單車與步行，建議可從台鐵武塔站上車接駁至崇德站。

＋

自崇德往南至三棧接上一九三縣道，至花蓮大橋改行省道台十一線一路往南，在水璉到鹽寮、已封閉的省道舊路上，有公路總局在全島公路極東點設置的地藏王菩薩像，以及美麗的海岸線與陡崖跳浪景觀。

＋

在抵達牛山前為一段長上坡，對單車騎士頗具挑戰，經過蕃薯寮、芭崎、磯崎海水浴場，從長虹橋跨過秀姑巒溪進入靜浦。繼續南行經石雨傘、三仙台、成功市區、杉原海岸、伽路蘭、小野柳後，可從活水湖沿琵琶湖自行車道進入台東市。

＋

接著經過知本，繼續沿省道台十一線往南，過達仁續行省道台九線至壽卡接一九九縣道，經過東源轉進一九九甲縣道到旭海再接上省道台二十六線。沿著省道經過港仔接著走二〇〇縣道，經滿州折轉二〇〇甲縣道再接省道台二十六線便可抵達墾丁。

台東的三仙台是旅人必訪景點之一。

⊙注意事項：由於海線里程較長，建議行程天數以單車日行六十公里計算。

非去不可

東岳社區

東岳原稱東澳，又因東澳山中盛產貴重藥草金線蓮而得名「伊柚（Iyo）」。東岳村位居東澳溪入海處，東澳嶺烏岩角西南方，其三面為東澳嶺、西帽山、太白山所包圍，其地以一街之隔與蘇澳鎮的東澳里毗鄰。東岳村主要成員為泰雅族馬巴阿拉系統族人。相傳清末，基比亞罕社有位頭目哈泳卡里友（Xayun-Kaletsi）率數名壯丁，翻山越嶺，入鹿皮溪，發現大澳溪下游，一片曠野，野獸奔馳其間，返社後經社眾同意率社人下山，幾經遷徙才於今東岳村現址落腳。由於鄰近省道台九線與北迴鐵路東澳站，交通便利，加上依山傍海、自然景觀獨特，而東澳灣與新永春隧道「湧泉」，更是令人心嚮往之的去處。

（摘錄自千里步道「慢行島嶼之東——蘇花行腳」活動手冊）

烏石鼻與粉鳥林

蘇花公路由北往南行至約一百一十六．七公里處，向東遠望可見到一處突出海灣狀如象鼻的岬角，這便是現已畫為海岸自然保留區的烏石鼻，而位於岬角根部北端海岸邊的小漁港，則是熱門磯釣點的粉鳥林。由於烏石鼻岬角人跡罕至，加上雨量豐沛，生態豐富、林相蓊鬱，而自粉鳥林漁港向北延伸至東澳村的新月形沙灘，與岬角山海交織的景色，更被譽為蘇花公路最美的一景。（文・陳朝政）

武塔部落

宜蘭縣南澳鄉武塔村位於北迴鐵路武塔站東方約三百公尺處，即大南澳南溪下游左岸、鹿皮山東方，海拔五十公尺的沖積平原。武塔村位於蘇花公路必經之地，人口約五百餘人，是原住民泰雅族聚集的部落，村民多來自上武塔舊社的塔拉幹社，故建村時稱為武塔。南澳溪流經此村，水質潔淨如翠玉，水流清暢如浮雲，隨處可見魚蝦悠遊其間；每年四、五月盛產青毛蟹，近年又放養香魚繁殖，更增添南溪豐富的生態。日據時代流行歌曲——莎韻之鐘即是從本村南溪傳唱開來，到莎韻橋下賞石、戲水、露營，傾聽潺潺的溪水、蛙叫蟲鳴，擁抱充滿綠意的原始之美，到此一遊將會是一趟永生難忘的休閒知性之旅。（摘錄自千里步道「慢行島嶼之東——蘇花行腳」活動手冊）

七星潭自行車店

從一九三縣道由北往南即將抵達柴魚博物館前，左手邊有一條叉路，小路盡頭接上花蓮縣七星潭自行車道，自行車道邊就有間小小的自行車出租店。從千里步道環島路網串連至花蓮的一開始，非常低調的自行車店吳老闆夫婦便成為「超死忠」的千里步道志工，凡是在花蓮舉辦的活動無役不與。在台灣捲起單車熱潮前，生長在七星潭灣的吳老闆就預見花蓮適合發展慢行樂活的深度旅遊潛力，毅然決然投入自行車租賃與維修的工作，即便在大型單車連鎖業進駐亦不擔心影響生意，反樂見因此吸引更多人用單車慢行品味花蓮之美，是具有口碑和豐富人情味在地友善小店。（文．陳朝政）

光豐公路

省道台十一甲線俗稱「光豐公路」，日治時期為「東海道」（花蓮到台東）的一部分。花東海岸地形上、生態上、景觀有其得天獨厚之處，湛藍天空與清澈海水，連綿的沙灘與海岸，是賞景、泛舟、潛水的好地方。（文．曾志明）

港口部落

省道台十一線未開通前，港口居民沿著臨海這條古道走至石梯坪，然現今這條路已荒沒，海灘聚集著驚人的垃圾，期以人為方式修復古道往日美好面貌，並藉此串連各工作室，以更深入體驗部落的傳統文化，並了解與在地和自然環境如潮間生態、海洋等相關生活。

然而，東管處有計畫開發古道，預計在項鍊咖啡所在地新闢停車場，並依循古道舊跡重新開路至港口，屆時必將帶來一場破壞。古道的垃圾又是怎麼出現的？在港口莎娃綠岸工作室Lafay和港口國小的老師曾多次帶著學生一同淨灘，但不久垃圾依然堆積……；過去春天港口部落開滿百合花，隨著路的開通，文化及傳統生活方式劇烈產生變化，百合也消失了，有沒有可能那留存在記憶中遍野百合美麗景象可以再現？期能復育百合，每一個時節來到港口，都擁有難忘的期待，撫慰被文明吞蝕的脆弱心靈。（文・摘錄整理自東華大學「二〇〇八年浪遊縱谷」手冊）

真柄部落

位在長濱鄉三間村台地的真柄部落，相傳祖先是大約一百年前自豐濱的靜浦和八里灣遷徙而來，背倚真柄溪、面向太平洋，若沿溪上溯至真柄溪峽谷，將見到景色原始而美麗的瀑布群。真柄部落原名馬稼海（Makerahay），意謂乾涸，至日治時期才改為真柄。真柄部落擁有長濱鄉唯一完整的沙灘，部落稱之為情人灘，是觀賞日出、明月的絕佳去處。（文・陳朝政）

都歷部落

台東成功鎮的都歷部落，是成功以南最大的阿美族部落。都歷社原址位在西側的山坡地，一九七〇年代才因交通便利遷至省道邊，派出所上方水田間有日治時期的神社遺址，舊部落就位在神社上方。位在省道台十一線一百二十五公里處的都歷，背山面海、風景秀麗，阿美族語Tolik意指「編織的故鄉」，相傳部落祖先翻山越嶺才覓得這塊擁有美麗海岸線，以及「喝不完的水」的有福之地，而今族人長於編織，亦不辜負以Tolik為名。（文・陳朝政）

達人帶路

花東浪遊北路

文・蔡建福（東華大學環政所副教授）

花東浪遊北路行程從豐濱出發。相傳阿美族先人看見貓公溪畔平台土地上長滿夏秋開滿白花、清香宜人的植物，族人稱之為Fakong，學名為文殊蘭，豐濱的古名「貓公」即為阿美族地名諧音。

從豐濱往南望，可看到酷似日本富士山的八里灣山，標高九百二十四公尺，因形狀又名貓公富士山，相傳神話中，阿美族先人思剌（Sla）和拿告（Nakwa）於此漂流上岸再分散繁衍到各地，由於這個民族發源地的神話故事，讓豐濱披上一層浪漫的神祕色彩。

沿著筆直的海岸，我們一路聽著太平洋的海濤聲，將經過一個噶瑪蘭族集居的「立德部落」；立德居民來自宜蘭一個同名的部落「利澤」，豐濱鄉的立德部落和新社部落是保存噶瑪蘭文化最完整的地方，族人們仍然使用噶瑪蘭語，保留傳統的香蕉絲編織藝術。

繼續沿著海岸往南走，來到石梯坪漁港；這裡是東部重要的賞鯨基地，東華大學環政所師生多年來也協助業者推動賞鯨標章，希望在發展觀光的同時，也能努力做好海洋動物與環境的保護。

而另一個環境議題則是原住民土地的問題；在地原住民對土地仍秉持分享的概念，不分彼此在這個區域農耕、採集、舉辦祭典，然而漢人一來便違反這些原則，恣意地在上面蓋民宿、蓋公共設施、鋪水泥鋪面，著名的月洞等幾處原住民重要的祭祀場所，也被管理單位外包成為廠商營利的地方，處於弱勢的部落居民喪失了土地的發言權和文化的主體性，這個區域近來發生的土地抗爭運動，需要更多人來了解與協助。

第二天將沿著秀姑巒溪左岸來到奇美部落，座落在海岸山脈中央、秀姑巒溪蜿蜒河階台地上的奇美部落，是一個擁有阿美族古文明、完整嚴格的年齡階層訓練與頭目制度的部落。部落這些年來積極推動文化再生，策展自己的文物、發揚獨特的飲食文化，建立了部落廚房、興建傳統茅屋，並開始嘗試加入有機耕作，並努力地學習英文導覽解說，因應全球化的趨勢預備與國際接軌。（摘錄整理自東華大學「二〇〇八年浪遊縱谷」手冊）

秀姑巒溪除了泛舟、玩水之外，還有許多迷人的原住民部落等著你去造訪。

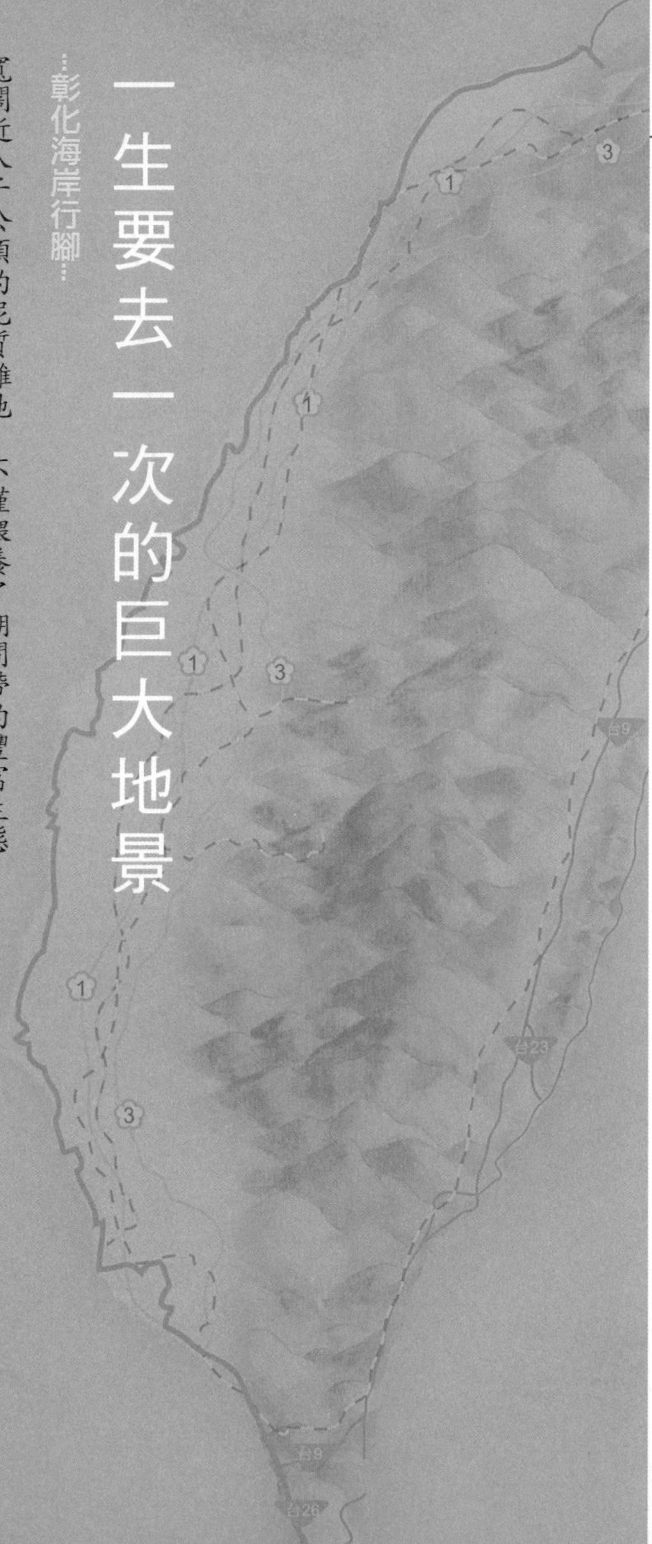

一生要去一次的巨大地景

…彰化海岸行腳…

寬闊近八千公頃的泥質灘地，不僅餵養了潮間帶的豐富生態，更是在地人養家活口的經濟來源，然而缺乏遠見的石化工業意欲染指此地，打算用水泥填去這片生態樂園……

二〇一一年農曆年初的冬天，灰色雲層的天空下，獨自站在台灣西部海岸線堤上。放眼望去，四周無人，東邊是一畦一畦連綿不斷，以水泥或土堤間隔、隨風起伏波光潾潾的漁塭水田，孕養著漁民的生活盼望；西邊是一百八十度占據所有視線範圍，水平擴展的淺灰色長灘，延伸至遠處海天交界的一條白色地平線，耳邊只聽到海風呼呼吹過的聲音……。

「台灣媽祖魚」回來吧！

這裡是彰化縣福興鄉的福寶溼地，由此往南沿著堤岸而行，行政區屬於芳苑鄉的漢寶、王功、芳苑直至大城鄉一帶海岸，皆是由濁水溪泥沙往北側堆積而成的泥灘溼地，南北向約三十公里，東西向寬二至五公里不等的廣大面積，是台灣少數仍保有自然原始風貌的海岸地形。因位於河流出海口附近，微生物及礦物質豐富，數千年來提供生態系中各類物種所需的能量，餵養了數量龐大的候鳥及魚群，甚至大型哺乳動物——俗稱「台灣媽祖魚」的中華白海豚，也在泥灘地附近的海域洄游生活；豐富的蚵、蛤、鰻、蟹等海中生物也成為當地居民的重要食物及生計來源。一直以來，這是一處人與自然互取所需，和平共處的寧靜之地。

二〇〇九年，千里步道正式展開沿海環島路線的探查，第一次來到彰化西海岸，並與彰化環境保護聯盟合作，規劃了一次以認識芳苑溼地、結合海岸開發議題為主軸的「海岸行腳」。由於台灣的交通規劃以縱向發展為主，長距大眾運輸多南北向地來往大城鎮；想要由都會區往沿海聚落，若不自行開車，總要費一番工夫才能查到各種轉乘資訊。

以我們由台北出發前往彰化芳苑為例，先花近三小時搭火車到彰化市，再由火車站轉搭班次有限的客運，才能到達目的地，費時超過四小時，也跨過了大半個彰化縣；又如台灣其他海口鄉鎮，如台西、布袋、四湖等地，也都需要幾番輾轉。島嶼東西向交通的不便，對習慣大眾運輸密集班次的台北人來

上：占據西部海岸的麥寮六輕，白天濃煙不斷，與當地景致格格不入。
中：北起福興漢寶、芳苑王功，南至大城濁水溪口的泥灘地，擁有完整的豐富生態系。
下：漲潮時豐盈的海水帶來無盡的養分，讓退潮後的泥灘地生機盎然。

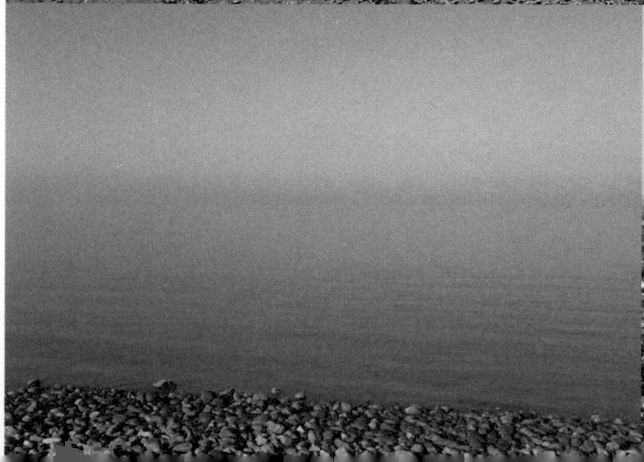

說是一次難以想像的耐心體驗，對於沿海鄉鎮的居民而言，卻是生命中的常態；不論是返鄉或遊訪，這些地方都因此遙遠了起來……。

初見芳苑，彷彿置身外太空

由於從小生長在北部，海岸的印象多是東北角著名海蝕地形的嶙峋礁岩與洶湧激浪；首次踏上芳苑低矮的海堤，看到一整片的平緩水面，訝異於潮水漲退的巨大景觀差異——滿潮時，潮水將所有東西淹沒，小浪頭輕輕吻著腳下堤岸；潮退時，緩緩露出的黑色泥灘地竟廣闊無比不見盡頭。彰化環盟理事長蔡嘉陽博士耐心地為我們解說：「海在外面。」那時，我什麼都看不到。極目遠望，最終在地平線的盡頭處，隱約辨識出一條水平貼著地面的細長白線，我心中疑問，這是怎樣的巨大人工物，建造在離岸如此遙遠之處？「那是浪。」蔡博士解開謎底。只能瞠目結舌，繼續盯著那道遠在天邊的白線。

曾聽兩次沿台灣海岸線步行環島的朋友說過，在彰化海邊當地居民的語詞中，只有「海流」、沒有「海湧」；寬達五、六公里，面積廣達八千公頃的潮間帶，是天然的消波塊，將海浪的力量均勻而溫和地分散，只在漲潮時用細細流動的海水，為數以千萬計的生物及微生物帶進各種食物，孕養著這片泥質灘地。水泥消波塊或阻滯潮水流動的紅樹林，只為景觀帶來了巨大的突兀與生態上的困擾。

當泥灘地露出來，就是蚵農們最忙碌的時間，駕著鐵牛車往四、五公里外的蚵田採收。

若是想體驗「陸地的邊緣」，潮退之際可以順著採蚵水泥車道向海的方向走，踏著泥灘地可一路走到離岸三、四公里之處。置身一望無際的地形景觀當中，向岸回望，是獨立於陸地之外，又像是外太空場景，充滿魔幻與不真實感。如此巨大又沉靜，站在這片泥質灘地所孕育的生命地帶，能夠強烈感受大自然的力量，也成為腦海中深刻烙印的景象。空氣中有海的味道。潮水一漲一退，像是地球轉動，平穩而緩慢的呼吸。

全台唯一的牛車採蚵風景

芳苑沿海多是養蚵人家，日出而作、日落而息，配合潮汐出海或收工，數百年皆是。當泥灘地露出來，也就是蚵農們最忙碌的時間，駕著鐵牛車往四、五公里外、平時被潮水淹沒的蚵田採收。多數蚵農年歲已大，雖說相較使用蚵筏水上作業的東石、七股，芳苑的水平吊掛養殖難度較低，但若鐵牛車陷入泥地動彈不得，在距岸三、四公里的地方

芳苑沿海多是養蚵人家，日出而作日落而息，配合潮汐出海或收工，數百年皆是。

該如何求援？能自己識路回家、又能作伴的黃牛才是芳苑蚵農討海生活的最佳夥伴。

許多漁家不捨相依為伴的黃牛，芳苑至今仍有二十多輛由黃牛所拉的蚵車，不走水泥車道，而是直接踩著泥灘及海水過去，成為全台唯一以牛車採蚵的獨特風景。村落中，牛軛與牛棚是小巷旁常見的景象，阿桑親暱喚著牛的名字，餵草、搓背、擦洗，口中唸著只對牛兒女訴說的心事，黃牛的眼睛溫和有神，就像是懂得這一切……。從小豢養到大，在海上一起工作互相照應，人與牛相處所累積的互動與信任，這情感不是鐵牛可以取代。

收蚵回到村落，傳統房舍屋簷下，幾位婦人圍坐在一起，以熟練手法對付成堆成山的牡蠣，當中不乏從其他地方運來的生蚵，以賺取工資；剝殼、挑肉不到兩秒，一氣呵成，單純的動作卻不簡單，數十年的歷練寫在臉上、寫在蚵殼割傷的手上，對照肥滿白皙、生計所繫的蚵肉，一台斤究竟該值多少？

帶著對生活型態與開發議題的省思，我們暫別小漁村，返回台北都會；緊接著，國光石化的開發與否，成了近年來台灣環境最重要的攻防戰。

守衛這片國際級溼地

彰化西南角這片八千公頃的泥灘地，看似毫不起眼，不過是成片黑撲撲又髒兮兮的泥巴，空氣中鹹鹹的海味甚至混合著爛泥腐臭的氣味，卻有著不應忽視的價值與地位。然而來自城市的人，難以理解這片「泥巴灘地」的價值；曾有財團與中油公司募股集資推動國光石化園區，計畫在芳苑鄉與大城鄉的海灘溼地，填海造陸四千公頃以興建輕油煉解廠。這個面積是淡水紅樹林的四十倍、台北市大安森林公園的一百五十倍以上。同時，其他的四千公頃也將因為整體環境的變化、海流堆沙的改變、棲地的切割與工程車輛機具進出的擾動，變得無法支撐現有的豐富生態樣貌。這樣一處具有高度生態價值的國際級溼地，將遭到永遠無法回復的傷害。

經濟開發壓迫了生態環境，也壓迫當地靠海維生的居民；環境的破壞勢必導致漁業產量減少，如果國光石化運轉後排放到空氣中、到水裡的污染，更會直接影響到漁產食用安全與居民的健康。保證將提供一萬個工作機會的國光石化，卻要造成三萬名近海養殖的漁民失業？國際儲油量終有枯竭，石化產業還能維持幾年？

再訪芳苑，感受西海岸的靜謐

二〇一一年初，我思量著如何再訪芳苑，去親近、聆聽那片巨大灘地的寧靜。最終規劃了一段由鹿港出發、在王功港結束，距離近二十公里的單日徒步之旅；沿著千里步道西部海線，走在遠離省道的魚塭路上，是靜靜欣賞西海岸獨特之美的好時機。

福興及芳苑是牛乳、雞鴨肉品的重要產區，沿途總會轉過許多酪農場，與黑白花色的乳牛面對面，在酷熱的步行旅程中來枝清涼牛奶冰棒，是旅途中的小驚喜；經過養鴨場，與圈在網中的鴨群ㄚㄚ對叫，則是途中少數的對話機會。

沿途，連綿的魚塭與泡在水中的荒廢農田，是水鳥安靜生活的居所，總見到牠們一群群悠閒地待著。尤其福寶生態園區於二〇〇二年至二〇〇七年間，彰化環境聯盟推動以人工經營的水鳥溼地，吸引水鳥到鹽化荒廢的農地，為溼地創造另一價值。現在則由地方的生態觀光教育協會長期經營，租用廢耕田作溼地供鳥類棲息，人只要安靜藏匿在賞鳥小屋中，就能以極近的距離，觀察水鳥的一舉一動。最多的是小白鷺、黃頭鷺等鷺科；瘦長腿的高蹺鴴輕巧地踩在水中，長喙優雅地翻動泥水捕捉食物餵養幼鳥；田鷸與彩鷸同樣悠閒漫步；體型嬌小的小環頸鴴則是以輕盈飛快的腳步，在灘地上以有趣的節奏：前進—停止—前進，不斷移動著。在冬候鳥前來的季節，還有機會看到保育類的大杓鷸，整群數百隻地棲息在芳苑泥灘地，以及整片飛起的壯觀場面。

只要停下腳步細細觀察，就會有豐富的鳥類生態可以欣賞；鳥類專家蔡嘉陽博士說，水鳥會長時間停在某處，比山鳥容易觀察，而這樣的觀察經驗在生命中極具意義，提供人與自然產生連結的機會。

除了鳥朋友，一路寂靜。也許是正逢冬季，也許是產業無法支持這麼多人的生計，整天只遇見幾位巡視魚塭的大哥，往往兩、三個鐘頭見不到一個人。對長年生活在擁擠都會中的我，長時間的步行只有自己與自己對話，是檢視腦中紛亂雜音的機會；這樣寂靜獨行的一天，也是我生命中最特別的經驗。

我們要怎樣的海岸？怎樣的未來？

雖然沒有藍天白沙，北起福興、漢寶、芳苑王功，南至大城濁水溪口的泥灘地，卻蘊含比熱帶雨林更高的吸碳率、單位面積產量，有巨大完整的豐富生態系；泥地的有機質餵養白海豚、大杓鷸、和尚蟹、彈塗魚，還有鰻苗、蚵苗、黃牛車與蚵農，一望無際的灘地，如此協調的自然地景，放眼國際也

與蚵農為伴的黃牛、古早味的柑仔店與整排風乾的烏魚子，這就是寧靜的午後小漁村。

難以找到類似的生態人文景觀，台灣真的需要會帶來大量污染與疾病，讓土地永久無法回復生機的大型煉油產業嗎？

彰化居民與全台各地的學校、社團、環保團體為守護這片溼地，發動認養、守護白海豚行動；村民更是協力動員，每年舉辦白海豚路跑、認識溼地與生態的體驗活動，希望讓更多人知道此地面臨不當開發的處境，讓更多人一起守護這片美麗的溼地、傳統漁村的生存價值。二〇一〇年四月推動的「全民一一九守護白海豚」，便募集至少六萬人願意付出六十億元的代價保留這片溼地，是一次成功的環境信託宣傳行動。

五次環評小組會議、五場專家會議，二〇一一年四月，政府終於做出國光石化在大城暫緩開發的決議。然而，若沒有積極轉型朝向生態旅遊的整體規劃，無法保證其他大大小小的開發案不會看上這裡重來一次。台塑六輕就在隔著濁水溪河口的另一端，豎立的煙囪日夜不停排出濃煙，將自身掩藏在一片迷濛中。大城海岸追求的未來，是往南看到的「經濟發展」模式？或是往北所見的自然平衡？

一生要去一次的巨大地景

文・楊雨青

因著在千里步道工作的機緣，有機會見到許多獨特的地景，這些地方充滿驚異，總令人忍不住讚嘆：錐麓古道的峽谷斷崖如此壯麗；划著獨木舟進入淡水紅樹林潮間水道，置身宛如被森林層層包覆的感覺。這些難得的經驗，被我們戲稱是「身為台灣人一輩子要去一次的地方」。

但若問我何處是「一定要去一次的地方？」我會說，就是這片彰化西南角的泥灘地——沒有高山峻嶺、峽谷流水或鬱綠山林，有的只是灰濛濛的天空、廣袤無垠的泥灘地，與純樸傳統的小漁村。只要願意，就可以走近、走進，置身於這巨大而沉靜的地景。

【精選慢速地圖⑫】

彰化海岸行腳

路線起訖：彰化鹿港鎮—彰化芳苑普天宮　步行里程：三十五公里

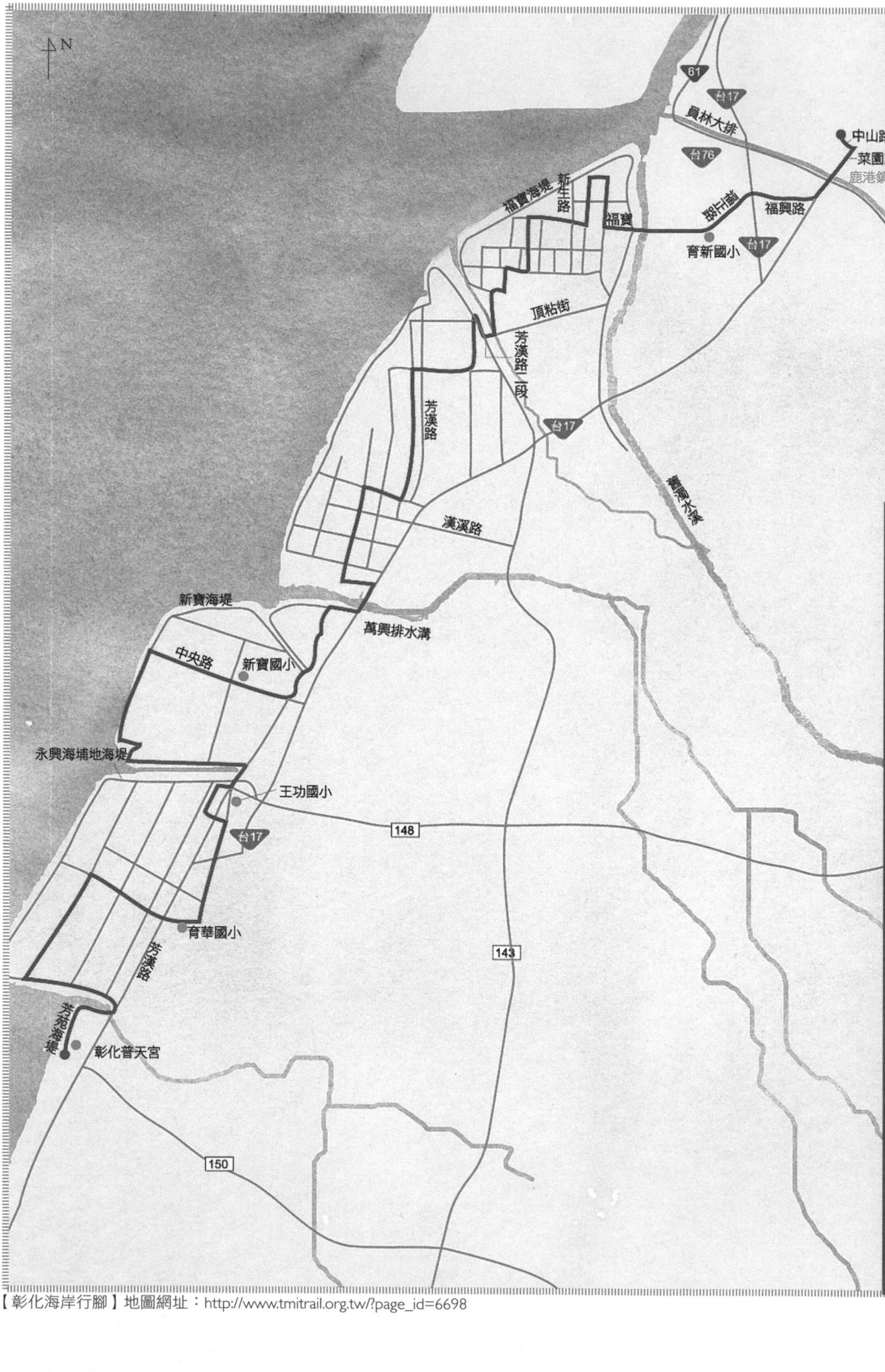

【彰化海岸行腳】地圖網址：http://www.tmitrail.org.tw/?page_id=6698

行—前—通—知

建議旅程時間：兩天一夜，可於王功村或漢寶園住宿。

建議裝備：

⊙兩套簡單衣物、環保餐具打包成行囊即可上路。

⊙海岸海風較強加上較無遮蔭，需注意防風、防曬。

⊙輕便舒適走路鞋。

建議交通方式：

⊙可搭乘統聯客運在鹿港鎮下車。

⊙可搭乘火車至台鐵員林站再轉乘彰化客運至芳苑或鹿港。

中部海岸是台灣酪農業主要產地。

由海堤外一公里往陸地看，普天宮、賞鳥小屋都成了地平線上的風景。

路線起訖：新北市關渡大橋—屏東墾丁
路線里程：六百一十八公里
建議行程天數：十～十一天

【環島慢速地圖⑫】

西部海線

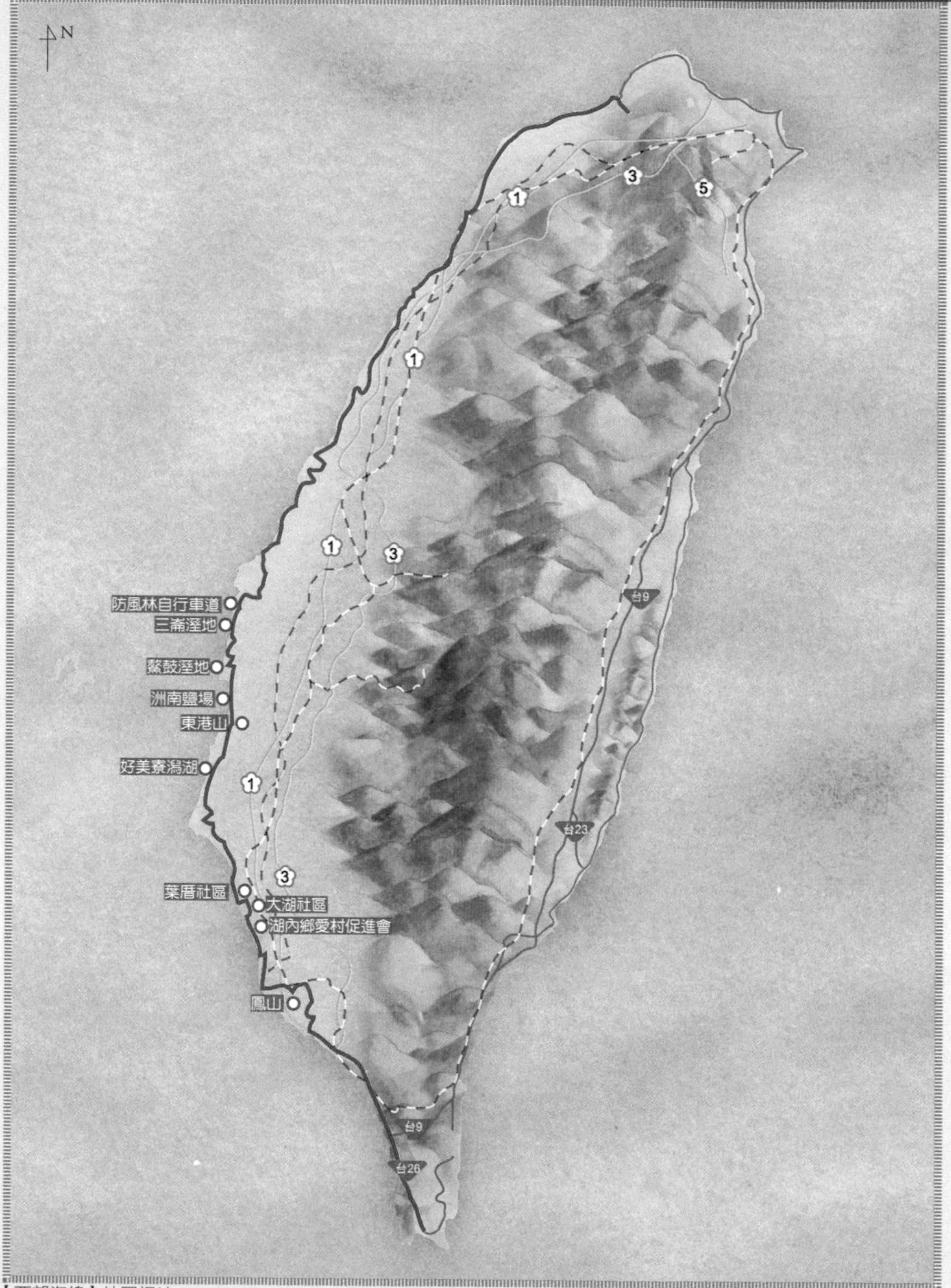

【西部海線】地圖網址：http://www.tmitrail.org.tw/?page_id=6709

路—線—報—馬—仔

從關渡出發後，沿八里自行車道經十三行博物館向西行，再接回省道台十五線經林口、大園、觀音、新屋進入新竹縣。新豐至竹北有沿海小徑可以替代省道，行抵南寮漁港往南便是知名的新竹十七公里海岸線，沿線長十七公里的自行車道景觀怡人。

＋

經香山、竹南跨過玄寶大橋沿龍山路進入後龍鎮，跨越後龍溪橋再往海岸避開省道，經媽祖香火鼎盛的白沙屯、通霄精鹽廠、秋茂園、苑裡等，從省道台六十一線經台中大安後跨過大甲溪橋進入清水。

＋

從梧棲經過台中港區後於中彰大橋跨過烏溪進入彰化伸港，續行往南通過鹿港鎮後再往海岸，沿福寶海堤、漢寶海堤、王功新生地至芳苑海岸。芳苑至大城擁有廣達八千公頃的泥灘地，孕育豐富的生態，而沿海的近海養殖產業更是當地居民賴以維生之所在。

＋

離開大城跨越西濱大橋後，繞過麥寮從同安厝、五條港進入四湖，沿著四湖海岸防風林邊的自行車道往南，經口湖抵達東石後，若時間允許，可繞進鰲鼓溼地一遊。離開東石經布袋、北門、將軍、七股，主要沿省道台十七線前進，行抵高雄後於路竹烏樹林往西沿永安漁港、彌陀海堤續行，到高雄市區則有自行車道路網接往鳳山。

＋

鳳山的路線主要沿曹公圳圳道通向高屏溪畔，往南至雙園大橋進入屏東，再沿著濱海的道路至枋寮後，繼續跟著屏鵝公路抵達墾丁。

⊙注意事項：

由於海線里程較長，建議行程天數以單車日行六十公里計算。

魚塭和小路緊緊相依，是西部海岸線特有的景致。

非去不可

防風林自行車道

位於四湖鄉海清宮前方南側的「綠色一線天」自行車道，往南綿延至箔子寮漁港，全長約四公里，農業時代是一條牛車車道，兩旁遍植木麻黃，是一片濃蔭蔽天的防風林，也是雲林西南沿海難得的綠色隧道，不但適合步行更適合騎著自行車漫遊。全線風景怡人，濃蔭蔽日，此一天然綠色隧道，提供人們來此休閒，感受城市與漁村不同風味與景觀所形成之環境氛圍，在林蔭下的步道騎自行車，放輪遠去，更能使人心舒暢，沿途並可觀賞養殖魚類與天然野生動植物的自然生態。（文．吳雙喜）

三崙溼地

三崙溼地靠近箔子寮南端堤岸，沿著森林步道走到堤岸就可以看到，位置十分隱密。素有「亞瑪遜河」美稱的三崙溼地，為一天然形成的濕地，面積廣闊。連防風林裡都會有大小不一的溼地，動植物豐富，有白鷺鷥飛越，並於木麻黃樹幹築巢、濕地裡蘊藏著招潮蟹、彈塗魚、海茄苳等生態，值得探訪。這裡風景優美、海風涼爽，站在旁邊的堤岸上還可以遙望台灣海峽喔！（文．吳雙喜）

鰲鼓溼地

一九六〇年代台糖在北港溪出海口南側，圍築了一片農場；卻因地層下陷及廢耕，逐漸演化成生態豐富的鰲鼓溼地。這裡有著一種因人為規劃建設後的無能為力，反而凸顯土地自我療傷的獨特魅力。（文．蔡炅樵）

洲南鹽場

一八二四年闢建的洲南鹽場，於二〇〇一年廢曬、二〇〇八年重生。在鹽埕縱橫交錯的歷史紋理與荒野濕地中，鹽田土地公與老鹽工，邀請你靜下心來，體會人與自然環境如何友善互動。（文・蔡炅樵）

東港山

台灣最矮的山在那裡？布袋的東港山，以全台海拔最低的一等三角點，隔著嘉南平原遙對台灣最高峰玉山。這座當年倒風內海的沙汕離海已遠，農民曾以肥沃的沙土改良附近農地，寫下「愚公移山」番外篇呢！（文・蔡炅樵）

好美寮潟湖

好美寮沙洲上的木麻黃防風林，雖飽受布袋商港凸堤效應的威脅，但這片內海仍孕育一片堅守不退的紅樹林，以及隨著潮起潮落而壯觀展現的蚵田。（文・蔡炅樵）

葉厝社區

葉厝里舊名「葉厝甲」，為葉姓家族所居住的村落，葉姓祖先自明鄭永曆二十一年東渡來台後，即定居於二層行溪南岸形成本庄，目前約有八百多戶、兩千七百多人。社區居民潘瑞華為傳統宋江獅民俗藝師，社區發展協會理事長辜德仁、總幹事李清忠有心將葉厝社區形塑成「台灣五行獅的故鄉」，除安排潘瑞華傳授社區民眾傳統宋江獅技藝，將社區活動中心發展成宋江獅研發基地，並於民國九十九年四月二十五日盛大舉辦一場「超級大獅王社區文化巡禮踩街」活動，號召四百多名居民頭戴獅頭面具結伴踩街，熱鬧滾滾。（文・蘇福男）

大湖社區

大湖社區面積遼闊，是湖內區最大的村落，素以驚人的「志工動員力」聞名，短短幾年間，社區先後完成二十多個營造點，靠得就是這股社區志工無私奉獻的傻勁。社區的營造過程，是先將大湖國小校園後面閒置多年的國有地，闢建成環村自行車道和健康步道，以此營造成果，招募更多社區民眾投入志工行列，並首開全國社區先例，運用社區活動中心現有空間、設備和志工人力，開辦「身心障礙者日間照顧服務中心」，大湖社區環

村自行車道串連至隔鄰的田尾社區，全程約十公里。（文・蘇福男）

湖內鄉愛村促進會

本會位於湖內區湖內里，有感於區內其他社區開始推動社區營造，在居民的建議下，於民國九十二年由里長發起，邀請里內熱心人士籌組「湖內鄉愛村促進會」，並陸續成立環保志工隊、啟動社區營造，居民開始參與社區環境改造，目前已自力營造湖內公園、蝴蝶公園、正義社區綠地等，並於民國九十六年度結合在地藝術家進行環境集體藝術創作。湖內里有三寶「青蔥、花生、青花菜」，在湖內鄉愛村促進會理事長葉清鎮和東方設計學院觀光系助理教授黃建超等人的協助下，民國九十九年四月二十五日舉辦「剝蔥（花生）文化節」活動，行銷地方產業文化。（文・蘇福男）

鳳山

一七八八年，清朝時期鳳山縣治從左營舊城遷移到鳳山新城，從此鳳山成為高高屏地區的政治、經濟及文化中心。一八〇四年鳳山知縣吳兆麟興建縣署及六座城門，位於鳳山區三民路四十四巷鳳山溪旁的東便門是僅存的一座城門。一八三七年時的知縣曹謹，在城池四隅建築砲台六座，目前尚存平成砲台、訓風砲台及澄瀾砲台三座。同年，曹謹召集巧匠從大樹鄉九曲塘引高屏溪水，水圳開鑿完成後，知府熊一本為嘉勉曹謹賢能，特將水圳稱作「曹公圳」。鳳山至今留有近三百年歷史的龍山寺，近兩百年歷史且是台灣現存規模最大的鳳儀書院，見證鳳山乃歷史文化城。而鳳山也有年輕化的一面，包括國父紀念館旁的大東公園人工溼地，整治內、外濠溝並於濠溝兩旁栽種植物及鋪設步道，設置鳳山區文化觀光推廣中心，提供免費借腳踏車及團體預約導覽服務，衛武營都會公園全園開放，則提供很好的休閒運動及藝術表演空間。此外，大東文化藝術中心、鳳儀書院及南部兩廳院，都將陸續整修、興建完工。（文・呂勝男）

達人帶路

嘉義沿海生態之旅

文・蔡炅樵（布袋嘴文化協會總幹事）

來嘉義沿海生態旅行，不妨先拜訪東石的鰲鼓濕地，請「有樂創意工藝」的蔡恭和帶你認識溼地環境與生態，聽他敘說小漁村的人文故事及「鐵鳥下蛋」。然後，往南趨車到布袋新厝仔的洲南鹽場，請布袋嘴文化協會導覽「快樂鹽田心鹽村」，赤腳走過鹽田，感受這裡的海水、土地、季風與陽光，並且品嚐晶白鹽粒入口即溶的回甘滋味。

當你享用達人推薦的海鮮或觀光漁市小吃，午後，可以搭乘觀光漁筏遊賞好美寮潟湖區的蚵田，並登上沙洲踩浪、生態觀察。

來到鹽田的故鄉，別忘了品嚐晶白鹽粒入口即溶的回甘滋味。

【步道運動十周年改版序】

歡迎加入步道運動的下一個十年

千里步道運動自二〇〇六年四月二十三日啟動迄今轉眼十週年了。五年前（二〇一一）經由無數志工與在地夥伴通力合作串聯完成三千公里環島山線與海線主幹道時，《千里步道．環島慢行》一書，孕育而生。出版之後，不僅獲評「中時開卷好書」、「金鼎獎生活類好書入圍」、「環保署綠芽獎特優獎」等肯定，最重要的是，有將近兩萬名讀者透過這本書更深入的認識台灣，或是帶著這本書以雙腳慢行、雙輪踩踏走讀台灣、深入農漁山村原鄉部落，也帶給堅守家園友善環境傳承生活智慧文化的在地夥伴／社區部落，更多的支持。

迎接步道運動十周年的新階段來臨，重新展讀這本環島系列第一部曲，書中每一個山海聚落、同行漫步的友人身影、曾佇足遠眺的黃昏或清晨，甚至油菜花田金黃色的某一定格、轟隆隆帶著蔗香駛過的五分火車印象……，都還鮮明如昔；許多當時看似偶然相遇的朋友，如今已成為步道運動中重要盟友和參與者。故事仍在書寫著，記錄著我們一起在這美麗島上不曾放棄過的夢想。

也許，你第一次聽聞千里步道；也或許，你一直在尋覓可以共同努力，一起走向遠方的千里同行者。期待透過這本書，邀請您的加入步道運動的下一個十年，不論是：親近山林雙手守護的手作步道、進入農漁山村促進在地小民經濟的生態旅遊、或是都市叢林裡的城市綠島串聯公民參與行動，以及此刻正全面展開的淡蘭百年山徑串連守護計畫……。

十年，轉瞬間。期待同行，再回首時，我們將為福爾摩沙美麗台灣留下更多的土地故事、歷史記憶，和最美的路徑。

文．周聖心

台江山海圳綠道旁的文學對話

主講人：小野VS.賴清德
共同築夢單位：台南市政府、台南社區大學、台南社大台江分校
時間：二〇一一年十月十九日15：30～16：00
地點：海尾村鄭家古茨口

我們沿著台江山海圳綠道，走進文學世界，走進「環島慢行」這本書的故事裡，我們走進海尾，這漁村的鄭家古茨前，遇見了孩子與鄉親，遇見了市長、小野老師！

看見了希望！

秋末的午後，風涼了，海佃、海東國小的孩子，純真的歌聲、長笛聲，將沉睡的門口埕的悠靜，喚醒了起來。

文學從土地談起，台江山海圳綠道旁的文學對話，吸引了上百位鄉親，阿公阿嬤、社大師生、國中小師生們，齊坐在鄭家古茨的門口埕！

文學開講！公共對話！

環島慢行，千里來聚，小野笑說，這是他第一次跟政治人物對話！惹得大家開心一笑，劃破原本憂心的嚴肅。

他自然的打開話匣子—

我猜賴清德也非常緊張，因為他不知道我要問什麼，怕我問他初戀啊…什麼的…可以問一些他沒有想到的，他會全部灑出來，但是還有第二個原因

是，我上網去查賴市長的資料發現他很像一個日本明星，就是在緯來日本台有一個連續劇，叫做仁醫，仁愛的仁，醫生的醫，仁醫的男主角長得跟賴市長一模一樣，在台北市的所有人都只記得賴市長是電影明星，不記得他是一個市長……

充滿感恩情懷的步道

小野老師果然是一位很好的主持人與導演，他具有轉化情境的能力，說故事的能力。

賴清德市長也有著同樣的看法，他說，從來沒有和作家像這樣對話過，他很緊張，但是，小野的洞察力非常敏銳，一眼就看出他的緊張。

邀請小野老師前來台江，這已是二〇一一年五月的事，當時推動六年的台江山海圳綠道，與全國千里步道形成連結的網絡關係。不過，五月的因緣不具足，小野老師捎來一封信，稱讚台江山海圳是一條感恩的步道，談到台江拓墾的歷史文化故事，他答應一定要再來！

童年記憶中的椪糖滋味

小野與台南結緣很早，他說，從小時候在艋舺吃椪糖開始，就開始認識台南。

艋舺的南邊有很多原住民，還有很多那個比較荒涼的地方，我在那邊出生，在那邊長大直到二十歲，我從來沒有離開過艋舺，我的初中高中大學都沒有離開過艋舺一公里，所以我二十歲才離開一公里之外，所以我是一個對外面很不了解的人，我小時後，時常從我家裡揹著書包到學校去，要走三十分鐘，因為很偏遠，我沿路就一直吃東西……這樣玩，我吃過一種東西，叫做椪糖，就是用紅糖這樣……一直攪一直攪，把紅糖擺在一個小的勺子裡面，用火這樣燒，然後慢慢就椪起來，我小時候吃過那個椪糖，我長大之後跟我台北市的所有朋友講說我小時候有吃過一個椪糖，我身邊所有台北市長大的小孩都說，「台北哪裡有椪糖？」他怎樣都想不起來說童年有椪糖。

椪糖的滋味一直留在小野的記憶中，直到有一天，他來到了台南，再次吃到椪糖，才驀然發現這似曾相似的童年滋味，再次看見童年。

在台北生活的台南人

有一天我長大了，到台南去，我突然吃到椪糖，我說這個是我童年的東西，我後來完全搞懂了，原來我住的台北市的萬華的南邊，我身邊有非常多台南南部來到台北求生活的人，原來我身邊都是一堆台南人，我講的閩南語不是台北腔，是南部腔，所以我就發現我是在台北市出生，真正我的母親是在台南。

生命真是有趣，住在台北，吃到的，聽到的，卻是台南的滋味鄉音！

人的移動聚合，一如千里步道，在擦身間交會，在河濱山野，二〇〇六年，小野與黃武雄、徐仁修老師發起的全國千里步道運動，這項運動，埋下小野再次與台江相會的因緣，從台江走向台灣。

有山、有海、有歷史古蹟

有一天我們的下一代回憶的時候，會想到說二〇〇六年的有一群人在找這個千里步道，到了二〇一一年的時候，五年後，到了今天大概找到了，那其中讓我最感動就是台南這一段，因為我最感動就是台南這一段是真的要把它連起來，一條有山有海有歷史古蹟的一條，真的是一條完整的、很長的一條步道，這時我們終於知道說在賴市長的規畫之下，他真的願意有一條是很完整的，否則的話，我們每一段都是有點破碎的，所以今天我特別代表千里步道，五年前開始做這件事情，到五年後來到台南向賴市長感謝：我們千里步道也是要留給我們的下一代小朋友。

賴市長呼應小野老師的看法，千里步道運動令他感動，他舉葉石濤的話，台南市是一個悠然過日子的地方，不是一味的發展經濟，打造水泥建設。

坦白講我有個希望就是說這塊土地讓我們台南市民能夠悠然的在這個地方生活，那我想要打造山海綠道，是在選舉的時候就提出來的，但是我也不諱言今日跟你坦承，的確也是受你的影響，是在競選的時候就曾經受到三位的影響，然後在加上茂成的協助，那所以我們把他弄為政見，那現在當市長把他化為成真。

千里步道讓人重新接觸土地

賴市長想要打造一條代表台南市的千里步道，擁抱文化、生態、地理、歷史，返樸歸真的山海圳綠道。他認為，千里步道可以改變台南或是台灣人的生活，讓人接觸到土地，讓人重新接觸到大自然，讓人重新有機會去擁抱這塊土地，讓人有機會重新跟人建立感情、互動，他覺得這個是非常了不起的事，只有像愚公這樣的憨人，才能做得出來的事。

選定這個嘉南大圳總共四十五公里這麼長的山海圳綠道來打造，那我們大概是會有幾個段落，好比說就嘉南大圳的出海口，我們把它稱為生態保護綠道，在往上面一點就是海佃路那邊叫做生活文化綠道，在往上一點就南科了，那邊有生活古文明綠道，那邊有一個史前博物館，那史前博物館就是在大夯坑年代，距今大概五六千年前考古遺址挖出來的，未來史前博物館蓋完之後是台南的資產，然後在往上一段是烏山頭水庫，水利工程的綠道，那明年中的時候，大概可以通到南科，讓五萬個在那邊工作的朋友們有機會：如果住在台南市的話，有機會用腳踏車上下班。

讓人重新接觸土地，事實上，二〇〇〇年時，小野拍「台灣人民的歷史」紀錄片，就一路尋著台灣史的長河，來到台江內海，看見史前人類、平埔族、荷蘭人、鄭成功……，如今推動千里步道，他再次來到台江，他說，經過時間、時代的過去，我們終於要回到一個原點，終於要開始講這塊土地的故事。

每個點都有每個點的故事

他認為，台江山海圳綠道正是千里步道的原點、起點，有歷史、有古蹟、有風景、有生態，一切剛剛好。

這段來連我們千里步道是非常對的，當時黃武雄教授他就提出來說，所謂千里步道的每一段，除了生態要保護，不要把它破壞以外，還要有歷史故事，每個點都有每個點的故事，還要有更早期的一些開發，所以山海圳聽起來就代表台灣的歷史。

有山，台灣有非常高的山，甚至於最高的地方，還有寒帶的植物跟動物，台灣有海，四面都是海，所以台灣很多冒險性的，台灣有山有海，還有圳，因為台灣很多地方沒有辦法去灌溉，所以當時挖了很多的圳，烏山頭水庫就是日本人八田與一建了一個水庫，用了水庫的水來灌溉嘉南平原的稻田，每一個來到台灣的人，不管他是誰，他只要對這塊土地有貢獻的，我們都很敬佩他，不管他是歐洲人、荷蘭人、日本人什麼樣的人，不管是誰，他只要來到這塊土地，對這塊土地有貢獻，我們台灣人都會非常懷念他。

山海圳道串起顆顆的珍珠

對賴清德市長來說，推動山海圳綠道，這一切也是剛剛好，賴市長認為，台南市政府做這件事情，具有幾個優勢，一是找到好的人才，二是有很強的在地力量，三是縣市合併，讓我們有了圓夢的契機。

他希望，用生態的方式來打造這條山海圳，將治水與親水一起融入到綠道之中，打造環村綠道，將嘉南大圳流域內的庄社串成珍珠，營造台南市第一條低碳的生活、生態、文化綠道。

山海圳綠道的建置基本上是用生態的方式，能夠提供給市民一個好的生活的使用方式來打造山海圳綠道，當然我們也把治水、親水這樣的觀念把它放進去，我們希望這條四十五公里長的山海圳綠道沿線串起顆顆的珍珠，包括這個點也是一顆珍珠，鄭老師你家也是珍珠的一個，我剛剛提到的我們海尾還是南科考古遺址甚至烏山頭水庫，種種通通都是這一條路線，串起的種種珍珠都值得我們再三把玩、再三回味的一個珍珠，那我們大概建置的方式是用這樣方式處理，我也希望用這條綠道提供給市民非常棒的低碳生活，台南市很不容易在競爭激烈的過程中贏過高雄、雲林、嘉義、屏東得到示範城市，南部的示範城市、低碳的示範城市，這一條山海圳綠道也是台南市低碳示範城市的一個精心傑作。

讓所有人知道，台灣有條千里步道

聞言，小野老師心有所感，賴清德市長談的，剛好完全符合千里步道最早的想法，在綠道中有歷史、生態及文化的風景。

他希望，千里步道的起點，就從台江走起。

聞言，與會的綠道夥伴們，齊力鼓掌，笑了起來。

剛剛市長講這段，剛好非常巧的完全符合最早最早我們聊到說所謂的千里步道，有歷史、有古蹟、有風景、有生態一切剛剛好，所以它做為一個千里步道的起點是蠻好的，不曉得同不同意，我們以後千里步道的起點就從這邊作為起點，我們在跟後代子孫講說二〇〇六年開始有一些傻瓜想要弄千里步道，沒人相信他們做的成功，五年中間經過很多人幫忙，最後終於做了，過程中發現台南市是千里步道的起點，而且這個起點非常的完美，希望以後不只台灣人來，全世界的人來台灣觀光，都要記得說台灣有一條千里步道，然後跟他解釋什麼叫千里步道，千里步道的起點怎麼開始呢？要從鄭成功荷蘭人講起，講起這條步道，然後看到南科那邊，挖到台灣人早期怎麼生活，我們最早、最早的祖先，我覺得這樣子是一個非常完美的故事。

文學開講，公共對話

文學從土地談起，這場山海圳綠道旁的文學對話，讓我們有機會看到公共政策的文學性，讓我們有機會聽到文學的公共性，原來公共政策不是專家才能談，原來文學也不是無關現實，當我們走上山海圳綠道，望著水圳田畔時，我們開始了文學的想像，公共的願景。

當我們齊集台江門口埕時，公共的對話就開始了！

「文學開講，公共對話！」小野與賴清德做了很好的示範，匯聚全國千里步道諸友之力，讓在地的小學生，在地的阿公阿嬤一起來聆聽，在海尾鄭家古茨前的門口埕，成了我們的公共論壇，夢想的小聚場。

小野與賴清德市場精彩的對話，在鄭家古茨迴盪，意猶未盡，才剛結束，孩子們就纏著賴市長拍照、圍著小野老師簽名，今天的主人家鄭家阿嬤吳成受最高興，十分開心，她告訴我，好久好久，門口埕未曾如此熱鬧了！

「阿嬤笑了！孩子開心了！」我這就是山海圳綠道，要帶給我們的幸福吧！

吳茂成（台南市社區大學台江分校執行長）

千里步道，環島慢行【10周年紀念版】

一生一定要走一段的土地之旅

策　　畫：台灣千里步道協會
作　　者：周聖心、徐銘謙、陳朝政、黃詩芳、楊雨青
特約主編：陳朝政
地圖繪製：曾玉潔
美術設計：陳瑀聲

總 編 輯：蔡幼華
主　　編：黃信瑜（責任編輯）
發 行 人：洪美華
編 輯 部：何喬
行　　銷：黃麗珍
讀者服務：洪美月、陳侯光、巫毓麗

出　　版：新自然主義
　　　　　幸福綠光股份有限公司
地　　址：台北市杭州南路一段63號9樓
電　　話：(02)2392-5338
傳　　真：(02)2392-5380
網　　址：www.thirdnature.com.tw
E-mail：reader@thirdnature.com.tw
印　　製：中原造像股份有限公司
初　　版：2011年7月（初版8刷）
二　　版：2011年10月（二版9刷）
10周年紀念版：2016年4月
四　　版：2016年8月
郵撥帳號：50130123 幸福綠光股份有限公司
定　　價：新台幣380元（平裝）
　　　　（購書運費100元，外島120元，900元以上免運費）

ISBN 978-957-696-834-1
總經銷：聯合發行股份有限公司
新北市新店區寶橋路235巷6弄6號2樓
電話：(02)29178022
傳真：(02)29156275

報馬仔小組：涂正元、陳懿文、馮旭宏、蕭國堅

在地達人：王能賢、朱玉璽、余國信、吳茂成、吳雙喜、呂勝男、李業興、林祖棋、洪輝祥、張正揚、陳冠琬、陳紹忠、陳漢順、曾永賓、曾志明、楊肇庭、劉文雄、劉育宗、蔡炅樵、蔡建福、藍浩瑋、顏士傑、蘇福男

圖片提供：文耀興、王能賢、王濟民、古國威、回看工作室、朱幸一、李天健、典匠資訊、姜春年、張淑玲、莊顏好阿嬤、許佑銘、陳紹忠、彭郁娟、馮旭宏、黃信瑜、楊沛青、廖明德、劉淑雲、蔡滄龍、謝宗宇、台灣千里步道協會

國家圖書館出版品預行編目資料

千里步道，環島慢行：一生一定要走一段的土地之旅 / 台灣千里步道協會 策畫；周聖心等合著
一四版.一臺北市：新自然主義、幸福綠光 出版.
2016.08　面: 公分
ISBN 978-957-696-834-1（平裝）
1.臺灣遊記 2.徒步旅行
733.6　　105014668

新自然主義
幸 福 綠 光

讀者回函卡

書籍名稱：《千里步道．環島慢行（10周年紀念版）》

■請填寫後寄回，即刻成為書友俱樂部會員，獨享很大很大的會員特價優惠（請看背面說明，歡迎推薦好友入會）

★如果您已經是會員，也請勾選填寫以下幾欄，以便內部改善參考，對您提供更貼心的服務

●購書資訊來源：□逛書店 □報紙雜誌報導 □親友介紹 □簡訊通知 □書友雜誌 □相關網站

●如何買到本書：□實體書店 □網路書店 □劃撥 □參與活動時 □其他

●給本書作者或出版社的話：

填寫後，請選擇最方便的方式寄回：

(1)傳真：02-23925380

(2)影印或剪下投入郵筒(免貼郵票)

(3)e-mail：reader@thirdnature.com

(4)撥打02-23925338分機16，專人代填

讀者回函

姓名： 性別：□女 □男 生日： 年 月 日

■ 我同意會員資料使用於出版品特惠及活動通知

手機： E-mail：

★已加入會員者，以下免填

聯絡地址：□□□□□ 縣（市） 鄉鎮區（市）
路（街） 段 巷 弄 號 樓之

年齡：□16歲以下 □17-28歲 □29-39歲 □40-49歲 □50-59歲 □60歲以上

學歷：□國中及以下 □高中職 □大學/大專 □碩士 □博士

職業：□學生 □軍公教 □服務業 □製造業 □金融業 □資訊業 □傳播 □農漁牧 □家管 □自由業 □退休 □其他

BOOK

新自然主義

BOOK

新自然主義